云南大学
周边外交研究丛书

晏月平 李忠骥 徐晓勇 等◎著

中国—东盟
文明交流互鉴之路

中国社会科学出版社

图书在版编目（CIP）数据

中国—东盟文明交流互鉴之路/晏月平等著. —北京：中国社会科学出版社，2022.4

（云南大学周边外交研究丛书）

ISBN 978 – 7 – 5203 – 9055 – 2

Ⅰ.①中… Ⅱ.①晏… Ⅲ.①文化交流—研究—中国、东南亚国家联盟 Ⅳ.①G125

中国版本图书馆 CIP 数据核字（2021）第 182395 号

出 版 人	赵剑英
责任编辑	马 明
责任校对	王福仓
责任印制	王 超

出　　版	中国社会科学出版社
社　　址	北京鼓楼西大街甲 158 号
邮　　编	100720
网　　址	http://www.csspw.cn
发 行 部	010 – 84083685
门 市 部	010 – 84029450
经　　销	新华书店及其他书店
印　　刷	北京明恒达印务有限公司
装　　订	廊坊市广阳区广增装订厂
版　　次	2022 年 4 月第 1 版
印　　次	2022 年 4 月第 1 次印刷
开　　本	710×1000　1/16
印　　张	16
字　　数	254 千字
定　　价	88.00 元

凡购买中国社会科学出版社图书，如有质量问题请与本社营销中心联系调换
电话：010 – 84083683
版权所有　侵权必究

云南大学周边外交研究中心
学术委员会名单

主 任 委 员： 郑永年

副主任委员： 邢广程　朱成虎　肖　宪

委　　　员：（按姓氏笔画排序）

王逸舟　孔建勋　石源华
卢光盛　刘　稚　许利平
李一平　李明江　李晨阳
杨　恕　吴　磊　陈东晓
张景全　张振江　范祚军
胡仕胜　高祖贵　翟　崑
潘志平

《云南大学周边外交研究丛书》
编委会名单

编委会主任： 林文勋

编委会副主任： 杨泽宇　肖　宪

编委会委员： （按姓氏笔画排序）
　　　　　　　　孔建勋　卢光盛　刘　稚
　　　　　　　　毕世鸿　李晨阳　吴　磊
　　　　　　　　翟　崑

总　　序

近年来，全球局势急剧变化，国际社会所关切的一个重要议题是：中国在发展成为世界第二大经济体之后，其外交政策是否会从防御转变为具有进攻性？是否会挑战现存的大国和国际秩序，甚至会单独建立自己主导的国际体系？的确，中国外交在转变。这些年来，中国已经形成了三位一体的新型大外交，我把它称为"两条腿，一个圈"。一条腿是"与美、欧、俄等建立新型的大国关系，尤其是建立中美新型大国关系"，另一条腿为主要针对广大发展中国家的发展倡议，即"一带一路"；"一个圈"则体现于中国的周边外交。这三者相互关联，互相影响。不难理解，其中周边外交是中国外交的核心也是影响另外"两条腿"行走的关键。这是由中国本身特殊的地缘政治考量所决定的。首先，周边外交是中国在新形势下全球谋篇布局的起点。中国的外交中心在亚洲，亚洲的和平与稳定对中国至关重要，因此能否处理好与周边国家良性发展的关系，能否克服周边复杂的地缘政治环境将成为影响中国在亚洲能否崛起并建设亚洲命运共同体的关键。其次，周边外交是助推中国"一带一路"主体外交政策的关键之举。"一带一路"已确定为中国的主体外交政策，而围绕着"一带一路"的诸多方案意在推动周边国家的社会经济发展，考量的是如何多做一些有利于周边国家的事，并让周边国家适应中国从"韬光养晦"到"有所作为"的转变，并使之愿意合作，加强对中国的信任。无疑，这是对周边外交智慧与策略的极大考验。最后，周边外交也是中国解决中美对抗、中日对抗等大国关系的重要方式与途径。中国充分发挥周边外交效用，巩固与加强同周边国家的友好合作关系，支持周边国家的发展壮大，提升中国的向心力，将降低美日等大国在中国周边地区与国家中的影响力，并化解美国在亚洲同盟与中国对抗的可能性与风险，促成周边国家自觉地对中国的外交政策做出适当的调整。

从近几年中国周边外交不断转型和升级来看，中国已经在客观上认识到了周边外交局势的复杂性，并做出积极调整。不过，目前还没能拿出一个更为具体、系统的战略。不难观察到，中国在周边外交的很多方面既缺乏方向，更缺乏行动力，与周边国家的关系始终处于"若即若离"的状态。其中该问题的一个重要原因是对周边外交研究的不足与相关智库建设的缺失，致使中国的周边外交还有很大的提升和改进空间。云南大学周边外交中心一直紧扣中国周边外交发展的新形势，在中国周边外交研究方面有着深厚的基础和特色定位，并在学术成果与外交实践上硕果颇丰，能为中国周边外交实践起到智力支撑与建言献策的重要作用。第一，在周边外交研究的基础上，云南大学周边外交中心扎实稳固，发展迅速。该中心所依托的云南大学国际问题研究院从20世纪40年代起就开始了相关研究；21世纪初，在东南亚、南亚等领域的研究开始发展与成熟，并与国内外相关研究机构建立了良好的合作关系，同时自2010年起每年举办的西南论坛会议成为中国西南地区最高层次的学术性和政策性论坛。2014年申报成功的云南省高校新型智库"西南周边环境与周边外交"中心更在中央、省级相关周边外交决策中发挥着重要作用。第二，在周边外交的研究定位上，云南大学周边外交中心有着鲜明的特色。该中心以东南亚、南亚为研究主体，以大湄公河次区域经济合作机制（GMS）、孟中印缅经济走廊（BCIM）和澜沧江—湄公河合作机制（LMC）等为重点研究方向，并具体围绕区域经济合作、区域安全合作、人文交流、南海问题、跨界民族、水资源合作、替代种植等重点领域进行深入研究并不断创新。第三，在周边外交的实际推动工作上，云南大学周边外交中心在服务决策、服务社会方面取得了初步成效。据了解，迄今为止该中心完成的多个应用性对策报告得到了相关部门的采纳和认可，起到了很好的咨政服务作用。

云南大学周边外交中心推出的"云南大学周边外交研究丛书"系列与"云南大学周边外交研究中心智库报告"等系列丛书正是基于中国周边外交新形势以及自身多年在该领域学术研究与实践考察的深厚积淀之上。从周边外交理论研究方面来看，该两套丛书力求基于具体的区域范畴考察、细致的国别研究、详细的案例分析，来构建起一套有助于建设亚洲命运共同体、利益共同体的新型周边外交理论，并力求在澜沧江—湄公河合作机制、孟中印缅经济合作机制、水资源合作机制等方面有所突破与创新。从周边外交的具体案例研究来看，该两套丛书结合地缘政治、地缘经济的实际情况以及实事求是的田野调查，以安全合作、经济合作、人文合作、环境合作、边界冲突等为议题，进行了细致的研究与客观独立的分析与思考。从对国内外中国周边外交学术研究与对外实践外交工作的意义来看，该两套丛书不仅将为国内相关研究同人提供借鉴，也将会在国际学界上起到交流作用。与此同时，这两套丛书也将为中国周边外交实践工作的展开提供智力支撑与建言献策的积极作用。

郑永年
2016年11月

前　言

1991年，中国与东盟开启了对话进程，揭开了中国与东盟国家友好合作的序幕。1996年，中国成为东盟全面对话伙伴。1997年，首次中国—东盟领导人非正式会议举行，宣布建立中国—东盟面向21世纪的睦邻互信伙伴关系。2003年，中国作为东盟对话伙伴率先加入《东南亚友好合作条约》，与东盟建立了面向和平与繁荣的战略伙伴关系。2008年12月，中国首次任命驻东盟大使一职。2011年11月，中国—东盟中心正式成立，作为一站式信息和活动中心，着力促进中国与东盟贸易、投资、教育、文化、旅游、信息媒体等领域合作。2012年9月，中国驻东盟使团成立并派驻大使。

2006年，中国—东盟建立对话关系15周年，双方在中国广西南宁成功举办了纪念峰会。2011年，中国—东盟建立对话关系20周年，双方领导人互致贺电，举行了纪念峰会、招待会等一系列活动。2013年，中国—东盟建立战略伙伴关系10周年，双方举行了中国—东盟特别外长会、互联互通交通部长特别会议、中国—东盟高层论坛等一系列庆祝活动。2014年，中国—东盟文化交流年，中国和东盟轮值主席国缅甸、中国—东盟关系协调国泰国领导人分别向文化交流年开幕式致贺信。2016年，中国—东盟建立对话关系25周年和中国—东盟教育交流年。2017年，东盟成立50周年，也是中国—东盟旅游合作年。2018年，中国—东盟建立战略伙伴关系15周年和中国—东盟创新年。2019年，中国—东盟媒体交流年。2020年，中国—东盟数字经济合作年[1]。2021

---

[1] 中国—东盟中心官网，"中国—东盟关系"，(2020年版)，http：//www.asean-china-center.org/asean/dmzx/2020-03/4612.htm。

年,是中国—东盟关系承上启下的一年,双方由"战略伙伴关系"升级为"全面战略伙伴关系"。中国—东盟经历30年全面深入发展,各领域都保持了良好合作关系,双方关系已成为东盟诸多对话伙伴关系中最具活力、最富有成果的一组,取得了丰硕成果,是东盟与重要伙伴合作的成功典范,这对地区乃至全球的和平稳定和发展作了重要贡献。

30年的交流互动,中国—东盟一路走来并非一帆风顺,既经历了世界经济整体复苏乏力、国际金融危机、外部政治势力干涉、新冠肺炎疫情全球蔓延等国际问题的考验,也有区域内部诸如应对亚洲金融危机、跨境传染病疫情、自然与气候灾害等一系列困难和挑战。即使是一路风雨、一路坎坷,也仍然无法阻挡中国与东盟共筑命运共同体发展步伐。加强中国与东盟的合作,既符合时代区域合作发展的要求,也有利于充分利用双方优势推动整个东亚地区的经济社会发展,实现资源在整个东亚地区的优化配置。未来推动双方共同合作、共同发展依然蕴含着巨大能量与潜力。同时,中国与东盟的合作也可以有力地抵制外来力量干涉,建立具有决策自主性的东盟命运共同体,并有力地促进东亚和地区繁荣稳定与长久和平。相信随着双方政治、经济、文化与安全合作全方位向更深层次展开,随着双方基础设施的互联互通及关系的进一步深化,中国—东盟在文明交流互鉴合作上将进一步得到加强。正如习近平主席指出:"文明因交流而多彩,文明因互鉴而丰富。文明交流互鉴,是推动人类文明进步和世界和平发展的重要动力。"[1] 推动中国同世界深入交流、互学互鉴,实现各区域间更多国家互联互往互通,更加自愿参与世界多边贸易成为可能,"我们应该从不同文明中寻求智慧、汲取营养,为人们提供精神支撑和心灵慰藉,携手解决人类共同面临的各种挑战。"[2] 历经半个多世纪的中国与东盟关系,正由"成长期"逐步走向"成熟期"。

本书除绪论外共七章:

"绪论"部分包括文明交流互鉴的由来及内涵解释、文明交流互鉴的

---

[1] 《习近平谈治国理政》第1卷,外文出版社2018年版,第258页。
[2] 《习近平谈治国理政》第1卷,外文出版社2018年版,第262页。

主要途径以及研究中国—东盟文明交流互鉴的重要性，重点研究了交流互鉴作为文明发展的本质要求，阐明中国—东盟文明交流互鉴对构建亚洲命运共同体的重要意义。第一章"中国—东盟国家交往和文明互鉴发展脉络"，主要针对在东盟成立前后、新时期等不同时代双方交流脉络与发展等内容。第二章"中国—东盟经济交流互鉴与发展"，着重从域内国家的经济收入、三次产业状况以及农业与能源合作所展开交流互鉴与发展。第三章"中国—东盟社会交流互鉴与发展"，主要阐述了域内国家在交通基础设施、医疗合作、教育和旅游等方面的交流互鉴与发展。第四章"中国—东盟文化交流互鉴与发展"，主要研究了中国—东盟各国人员交往、友好城市缔结以及文化交流等方面的互鉴交流发展。第五章"中国—东盟文明交流互鉴主要问题"，着重从中国—东盟在经济、文化、社会交往与认同等方面论证了彼此间存在的主要问题。第六章"中国—东盟各国文明交流实践与潜力评价"，运用主成分分析法重点讨论与评价了中国—东盟各国文明交流互鉴的实践经验与发展潜力。第七章"中国—东盟各国文明交流互鉴发展方向与路径"，主要探讨中国—东盟文明交流互鉴发展的新方向、新路径与新模式，从全球治理视角推动构建亚洲命运共同体。

由于研究水平与资料获得的有限，本书对中国—东盟文明交流互鉴研究还有诸多不尽如人意之处，比如在理论价值、理论支持、实践意义与发展新模式等方面，甚至可能还有某些错误之处，在此诚恳地期待读者提出宝贵批评意见与建议，以便及时纠正并在未来研究中获得新进展、新进步与质的提高。中国—东盟文明交流互鉴研究是一个需要多方协作、多元发展以及共同谋划的问题，是东盟研究中实践性很强的区域性问题，不仅有较强的地域特征、文化特征，还包括经济贸易以及各区域相关体制与制度特征。通过中国与东盟国家通力协作、共同努力、共谋发展，既促进了中国—东盟区域人文安全、经济和社会全面发展，也推动了中国—东盟关系从培育初期、成长期加速迈入成熟期。中国—东盟文明交流、文明互鉴，在于发展与地区和平，在于积极应对该地区不断涌现出的发展中的问题。中国—东盟文化文明交流建设与具体实施，一是要缩小国家间发展差距，让文化交流成为各国交流的重要向度；二是加快东盟命运共同体建设进程，把精力重点集中在互联互通、教育与人才培育、产能合作、跨境经贸、水资源、农业及减贫六大优先领域，提高全域人民生活水平，增强教育、旅游、信息技术领域的能力建设；三是促进各方合作交流、构建区域中长期发展框架、融入"一带一路"建设等举措促进中国—东盟可持续发展。

目 录

绪 论 …………………………………………………………… (1)
  第一节 文明交流互鉴内涵及相关解释 ……………………… (2)
    一 文明交流互鉴由来 …………………………………… (2)
    二 相关解释 ……………………………………………… (4)
    三 文明交流互鉴的途径 ………………………………… (7)
  第二节 研究中国—东盟国家文明交流的重要性与意义 …… (9)
    一 研究背景 ……………………………………………… (9)
    二 研究意义 ……………………………………………… (12)

第一章 中国—东盟国家交往和文明互鉴发展脉络 ………… (14)
  第一节 东盟各国基本概况 …………………………………… (14)
    一 东盟由来 ……………………………………………… (14)
    二 东盟发展阶段 ………………………………………… (15)
    三 东盟发展宗旨与目标 ………………………………… (16)
  第二节 中国—东盟关系建立及发展 ………………………… (18)
    一 中国—东盟关系的建立 ……………………………… (20)
    二 中国—东盟交往发展概况 …………………………… (21)
  第三节 中国—东盟文明交流互鉴的发展阶段 ……………… (29)
    一 东盟成立前 …………………………………………… (29)
    二 东盟成立后 …………………………………………… (32)
    三 新时期中国—东盟文明交流互鉴新特征 …………… (42)
  第四节 中国—东盟文明交流互鉴实施守则 ………………… (45)
    一 坚持相互尊重、平等相待 …………………………… (46)

二　坚持美人之美、美美与共……………………………………（46）
　　三　坚持与时俱进、创新发展……………………………………（46）
　　四　坚持兼收并蓄的精神气概……………………………………（47）
　　五　构建人类命运共同体…………………………………………（48）

第二章　中国—东盟经济交流互鉴与发展………………………（49）
　第一节　中国—东盟国家收入发展状况……………………………（49）
　　一　收入类型比较…………………………………………………（50）
　　二　国内生产总值比较……………………………………………（52）
　　三　经济发展状况…………………………………………………（58）
　第二节　中国—东盟国家三次产业发展状况………………………（67）
　　一　三次产业增加值发展状况……………………………………（67）
　　二　产业结构偏离度情况…………………………………………（70）
　　三　贸易与产业园建设状况………………………………………（72）
　第三节　中国—东盟农业和能源合作基础与交流…………………（75）
　　一　东盟国家农业发展简况………………………………………（75）
　　二　能源合作基础基本状况………………………………………（81）

第三章　中国—东盟社会交流互鉴与发展………………………（93）
　第一节　中国—东盟各国交通基础设施……………………………（93）
　　一　基础设施发展状况……………………………………………（93）
　　二　交通基础设施互联互通状况…………………………………（99）
　第二节　旅游合作基础与现状………………………………………（101）
　　一　旅游合作基础…………………………………………………（101）
　　二　旅游合作状况…………………………………………………（102）
　第三节　医疗交流与合作状况………………………………………（103）
　　一　医疗保障管理主体比较………………………………………（104）
　　二　医疗保障筹资比较……………………………………………（105）
　　三　医疗保障支付方式比较………………………………………（107）

第四章　中国—东盟文化交流互鉴与发展 (109)

第一节　中国—东盟人员交往状况 (109)
一　对外汉语教育交往 (109)
二　来华留学生发展 (110)
三　孔子学院建设发展 (111)

第二节　中国—东盟友好城市缔结与发展 (115)
一　缔结友好城市简要 (115)
二　缔结友好城市关系类型 (116)
三　边境城市友好城市发展 (118)

第三节　中国—东盟文化交流现状 (119)
一　文化交流概况 (119)
二　文化交流类型 (119)

第五章　中国—东盟各国文明交流互鉴主要问题 (123)

第一节　中国—东盟国家间经济发展不平衡 (123)
一　经济发展水平存在较大差异 (123)
二　文化差异与发展不平衡问题 (138)
三　经贸交流互鉴问题 (144)

第二节　中国—东盟文化交流与认同问题 (147)
一　文化认同问题的由来 (147)
二　东盟内部矛盾纠纷影响了深入合作交流 (157)
三　东盟政治风险对区域发展的影响 (158)

第三节　中国—东盟国家社会发展相关问题 (162)
一　教育合作相关问题 (162)
二　社会参与欠缺 (165)
三　民间交流缺乏了解与互信 (166)
四　疫情背景下中国—东盟合作面临诸多挑战 (168)

第六章　中国—东盟各国文明交流实践与潜力评价 (170)

第一节　中国—东盟各国文明交流实践 (170)
一　相关规划、政策支持及理论指导 (170)

二　文化交流平台机制建设突出成果与实践 …………… (172)
　　三　主要论坛及成果 ……………………………………… (175)
　第二节　中国—东盟国家文明交流互鉴状态及潜力评价 ……… (180)
　　一　文明交流与互鉴现状评价 …………………………… (180)
　　二　文明交流与互鉴潜力评价 …………………………… (186)

第七章　中国—东盟各国文明交流互鉴发展方向与路径 ……… (193)
　第一节　中国—东盟各国文明交流互鉴发展方向 ……………… (193)
　　一　文明交流互鉴的中国主张与方案 …………………… (193)
　　二　文明交流互鉴发展方向 ……………………………… (196)
　第二节　中国—东盟文明交流互鉴发展新路径 ………………… (200)
　　一　新的逻辑起点：文化成为中国—东盟各国交流的
　　　　重要向度 ………………………………………………… (200)
　　二　新的建设范式：从马克思主义实践哲学出发推动
　　　　中国当代文化建设形态的第二次飞跃 ………………… (203)
　第三节　中国—东盟文明交流互鉴新模式 ……………………… (204)
　　一　新的外交理念：推进区域公共文化建设 …………… (204)
　　二　新的思想引领：确立观念文化发展的主导性原则 …… (208)
　　三　新的制度环境：建构益于文化更平衡、更充分发展的
　　　　政策导向 ………………………………………………… (210)
　第四节　文明交流互鉴构建中国—东盟共建
　　　　　亚洲命运共同体 ……………………………………… (213)
　　一　文明交流互鉴与全球治理 …………………………… (213)
　　二　书写人类文明交流互鉴新篇章 ……………………… (222)

参考文献 ……………………………………………………………… (227)

后　记 ………………………………………………………………… (237)

绪　　论

　　1967年8月，印度尼西亚、泰国、新加坡、菲律宾四国外长和马来西亚副总理在曼谷共同发表了《曼谷宣言》，即《东南亚国家联盟成立宣言》，正式宣布东南亚国家联盟成立。东南亚国家联盟（Association of Southeast Asian Nations – ASEAN），简称东盟（ASEAN）。至2019年底，东盟成员国有文莱、越南、柬埔寨、泰国、新加坡、缅甸、印度尼西亚、菲律宾、马来西亚、老挝10国。总面积约449万平方公里，人口6.606亿（2019年），[①] 秘书处设在印度尼西亚首都雅加达。

　　随着"一带一路"倡议深入发展，以及东盟自贸区进程的持续推进，很大程度上促进了中国—东盟双方的文明交流进程，并实现了双方多层次、多领域、全方位的合作。从地理区位看，中国和东盟多数成员国或领土接壤或海域相连，且东盟位于"一带一路"陆海交汇处，是推进该倡议向纵深发展的一个积极角色。

　　自2002年中国和东盟签署《全面经济合作框架协议》以来，双方精诚合作，在服务和货物贸易、双边投资、技术合作、次区域经济合作等多个领域都取得了举世瞩目的成就。中国与东盟国家有着彼此合作发展的成功经验，也有着一起度过艰难时期（1997年亚洲金融危机、2008年国际金融危机、2020年全球新冠肺炎疫情等）的风雨共担、同舟共济时刻。加强双方合作符合域内各国共同利益，也顺应当下全球化发展浪潮。充满生机和活力的中国与东盟国家睦邻友好与长期合作，为域内国家经

---

① 根据世界银行数据库统计获得，2020年8月2日，https：//data.worldbank.org.cn/indicator/SP.POP.TOTL?view = chart。

济社会发展提供了广阔空间和众多商机。展望未来,随着双方战略伙伴关系的确定与东盟自贸区全面建成,中国与东盟的合作定会谱写出更加华美辉煌的篇章。在双方共同努力下,中国—东盟将在互利共赢、互惠发展道路上进一步携手合作,共创灿烂美好的明天。

第一节　文明交流互鉴内涵及相关解释

一　文明交流互鉴由来

(一) 文明交流互鉴一词由来

文明交流互鉴首次于2014年3月27日由中国国家主席习近平在巴黎联合国教科文组织总部发表重要演讲中提出,他全面而深刻地阐述了文明交流互鉴的看法和主张,第一次系统提出让文明交流互鉴成为增进各国人民友谊的桥梁、推动人类社会进步的动力、维护世界和平的纽带。该主要论断包括:文明因交流而多彩,人类文明因多样才有交流互鉴的价值,文明因互鉴而丰富;文明是平等的,人类文明因平等才有交流互鉴的前提。各种人类文明在价值上是平等的,都各有千秋,也各有不足。世界上不存在十全十美的文明,也不存在一无是处的文明,文明没有高低、优劣之分;文明是包容的,人类文明因包容才有交流互鉴的动力。海纳百川,有容乃大。人类创造的各种文明都是劳动和智慧的结晶。每一种文明都是独特的。在文明问题上,生搬硬套、削足适履不仅是不可能的,而且是十分有害的。一切文明成果都值得尊重,一切文明成果都要珍惜。文明交流互鉴,是推动人类文明进步和世界和平发展的重要动力。[1]

把文明交流互鉴作为一个情感纽带共同构建人类命运共同体,推动科教、经济贸易、人员往来等方面的发展,才能塑造一种更具内涵的精神生活、更加互利共惠的和平发展展望。只有交流互鉴,文明才能充满活力与生命力。

2014年4月1日,习近平主席在布鲁日欧洲学院以茶和酒作喻,强

---

[1] 习近平:《出席第三届核安全峰会并访问欧洲四国和联合国教科文组织总部、欧盟总部时的演讲》,人民出版社2014年版,第8—18页。

调中国主张"和而不同",欧盟强调"多元一体",携手"促进人类各种文明之花竞相绽放";2014年6月5日,在中阿合作论坛第六届部长级会议开幕式上,习近平主席也深刻阐明了"人类文明没有高低优劣之分,因为平等交流而变得丰富多彩"。

2015年12月4日,在南非城市约翰内斯堡举办的中非合作论坛开幕式上,习近平主席也始终强调世界因为多彩而美丽,要加强中非两大文明交流互鉴。

2018年1月29日,在联合国日内瓦总部,习近平主席再次提出"不同文明要取长补短、共同进步,让文明交流互鉴成为推动人类社会进步的动力、维护世界和平的纽带"。

2019年3月26日,在中法全球治理论坛闭幕式上,习近平主席主张"加强不同文明交流对话,深化相互理解和各自认同,让各国人民相知相亲、互信互敬";同年4月26日在第二届"一带一路"国际合作高峰论坛开幕式上,他强调要"积极架设不同文明互学互鉴的桥梁",形成多元互动的人文交流格局;2019年5月15日,习近平主席在亚洲文明对话大会开幕式上提出了加强文明交流互鉴的"中国方案"。

(二)相关重要领导人关于该主题的阐述与总结

2019年11月28日,在北京故宫博物院成功举行了首届文明交流互鉴对话会。来自世界各个国家和地区近百名高层出席会议,与会代表围绕"建设一个不同文明交流互鉴、和谐共生的美丽世界"的议题进行了广泛而深入的交流。全国人大常委会副委员长、中国国际交流协会会长吉炳轩出席开幕式并发表主旨讲话。他表示,当今世界处于剧烈变化时期,加强彼此间文明交流互鉴,是世界人民的共同愿望。习近平主席在亚洲文明对话大会上也指出,文明因多样而交流,因交流而互鉴,因互鉴而发展。我们愿以此次对话会为契机,架起世界文明互学互通的桥梁,拉紧维护世界和平的纽带,夯实共建人类命运共同体的人文基础。[①] 中共中央对外联络部部长宋涛在致辞时表示,文明的精华是制度,中国特色社会主义制度和国家治理体系,是中华文化滋养的结晶,为人类制度文

---

① 习近平:《深化文明交流互鉴 共建亚洲命运共同体——在亚洲文明对话大会开幕式上的主旨演讲》,《中华人民共和国国务院公报》2019年第15期。

明增添了新内涵。我们将矢志不移地推动中国特色社会主义制度更加成熟完善,并与世界各国分享治国理政的中国经验和智慧。与此同时,外方代表高度赞赏习近平主席倡导的文明观,认为中华文明是一个充满活力的文明载体,中方提出的"一带一路"倡议和构建人类命运共同体等理念,是中华文明的最新贡献。不同国家和地区,应在相互平等的基础上,加强对话交流互鉴,增进命运与共意识,避免导致矛盾,推动人类共同繁荣和进步。①

二 相关解释

(一)"文明"的内涵与分类

汉语中"文明"一词最早出自《易经》,曰"见龙在田、天下文明"(《易·乾·文言》)。现代汉语中,文明指一种社会进步状态,与"野蛮"相对立。根据现代汉语词典解释,文明包含三层含义:一是指"文化",比如物质文明;二是指社会发展到较高阶段和具有较高文化的,比如文明国家、文明社会;三是旧时指西方现代色彩的(风俗、习惯、事物)、时新的、现代的,比如文明结婚等。文明是人类文化和社会发展的一个新阶段。该阶段的特征是:物质资料生产不断发展,精神生活不断丰富,社会分工和分化加剧,由社会分工和阶层分化发展成为不同阶级,出现强制性的公共权力——国家。文明是在国家管理下创造出的物质的、精神的和制度方面的发明创造的总和。② 比如中华文明,不是被编撰成册,或者被做成某一个器物实现代代相传,更多的是展现在每一个中国人潜移默化的行为习惯中。中华文明的特质最令人瞩目的是中华民族的智慧、勤劳勇敢,值得东盟各国人民乃至全世界人民学习与共享。

文化是指一种存在方式,有文化意味着某种文明,但是没有文化并不意味"野蛮"。汉语的文明对行为和举止的要求更高,对知识与技术次之。文明是有史以来沉淀下来的,有益增强人类对客观世界的适应和认

---

① 《首届文明交流互鉴对话会在北京举行》,2019年11月28日,人民网—中国共产党新闻网(http://cpc.people.com.cn/n1/2019/1128/c164113-31479586.html)。

② 《中华文明究竟有几千年:5000年还是8000年?》,2018年2月7日,人民网—文史(http://history.people.com.cn/n1/2018/0207/c372327-29811154.html)。

知、符合人类精神追求、能被绝大多数人认可和接受的人文精神、发明创造以及公序良俗的总和。文明是使人类脱离野蛮状态的所有社会行为和自然行为构成的集合,这些集合至少包括以下要素:家族观念、工具、语言、文字、信仰、宗教观念、法律、城邦和国家等。由于各种文明要素在时间和地域分布并不均匀,产生了具有明显区别的各种文明,比如华夏文明、西方文明、阿拉伯文明、古印度文明四大文明,以及由多个文明交汇融合形成的俄罗斯文明、波斯文明、大洋文明和东南亚文明等独特性质的亚文明。"文明"一般分为物质文明、精神文明与制度文明,形成的标志是物质文化和精神文化都取得了显著进步,达到一个新的水准。更为重要的是,社会的组织和结构也进入了一个新阶段,即进入文明社会。其特征是:社会的阶层分化加剧,出现阶级和作为最高统治者的王以及为维护其统治服务的职业官僚阶层,社会各个阶层的等级及其人们的行为规范被制度化,出现强制性的、以社会管理为主要职能的公共权力——国家,国家的出现是进入文明社会最根本的标志。[①]

(二)"交流"的含义

"交流"中的"交"指的是互相,交流是"彼此把自己有的供给对方",比如物质交流、文化交流、交流工作经验等,可以是交换物质,也可以是人与人之间互动与沟通。交流是信息互换过程,通过沟通交流,信息流动传播的过程。

交流的意义非常广泛,有意识的也有物质的。如东汉班昭《东征赋》:"望河洛之交流兮,看成皋之旋门。"唐杜甫《陪李北海宴历下亭》中的诗句:"修竹不受暑,交流空涌波。"仇兆鳌注:"《三齐记》:历水出历祠下,众源竞发,与泺水同入鹊山湖。所谓交流也。"即谓江河之水汇合而流。又如宋陆游《晚步江上》中的诗句:"山林独往吾何恨,车马交流渠自忙。"茅盾《子夜》一:"从南到北,又从北到南,匆匆地杂乱地交流着各色各样的车子。"所谓犹言来往、来来往往;再如谢觉哉《书同文,语同音》:"字难写:'提起笔有千斤重';话难说:'字同音不同'。这是我们学习文化和交流文化的很大'绊脚石'。"巴金《关于〈春天里

[①] 《中华文明究竟有几千年:5000 年还是 8000 年?》,2018 年 2 月 7 日,人民网—文史(http://history.people.com.cn/n1/2018/0207/c372327-29811154.html)。

的秋天〉》:"他们之间就只有这样一种感情的交流。"冯梦龙《喻世明言》第1卷中:"浑家初时也答应道该去,后来说到许多路程,恩爱夫妻,何忍分离?不觉两泪交流。兴哥也自割舍不得,两下凄惨一场,又丢开了。"即所谓相互传播与交换。"交流"即信息或物质互换、相互沟通、彼此影响。

可见,"文明交流"(cultural exchanges)是指存在于那些对于社会文明发展能够发生不同社会作用的不同社会主体,即不同社会文明群体之间而发起的平等、友好,并以客观公正态度从事双方主体或多方主体之间交往活动的过程。

(三)"互鉴"的含义

"互鉴",即相互借鉴,是指相互学习、相互借鉴、取长补短、共同提高等含义。其中借鉴是指把别的人或事当镜子,对照自己,以便吸取经验或教训,比喻别人的可供自己对照学习的经验或吸取教训,以便取长补短。

"文明互鉴",即世界上不同文明之间加强彼此交流,实现相互借鉴。2014年3月,中国国家主席习近平在联合国教科文组织总部演讲时提出,"文明因交流而多彩,文明因互鉴而丰富"。[1] 多年来,他在一系列重大场合均阐述了"文明交流互鉴"主张,其内涵在不断丰富,影响在不断扩大。2019年5月15日,习近平主席再次在亚洲文明对话大会开幕式上提出,"文明因多样而交流,因交流而互鉴,因互鉴而发展"[2],引起了全球共鸣。可以说,文明互鉴是构建人类命运共同体的人文基础,是稳固各国人民友谊的纽带,推动人类社会进步的动力,维护世界和平发展的重要力量。2019年12月2日,"文明互鉴"被《咬文嚼字》公布为2019年十大流行语,已成为全球"热词",在国际、国内媒体上广为传播。[3]

总之,"文明交流互鉴"就是指能被绝大多数人认可和接受的人文精

---

[1] 习近平:《出席第三届核安全峰会并访问欧洲四国和联合国教科文组织总部、欧盟总部时的演讲》,人民出版社2014年版,第10页。

[2] 习近平:《深化文明交流互鉴 共建亚洲命运共同体——在亚洲文明对话大会开幕式上的主旨演讲》,《中华人民共和国国务院公报》2019年第15期。

[3] 《区块链、硬核、我太难了……2019十大流行语来了!》,2019年12月2日,中国新闻网(http://www.chinanews.com/sh/2019/12-02/9022548.shtml)。

神、公共文化外交新理念、发明创造和公序良俗的沟通传播和相互借鉴。

三 文明交流互鉴的途径

自古以来，由于地理空间的隔离，使得世界不同区域孕育了种类多样的文明形态，同时也由于经济、文化、政治、宗教、军事等方面的联系，使得不同文明成果相互流动。其中学术各界一致认为，文化和经贸交流是促进文明交流互鉴最为普遍的方式。

（一）经济贸易中的文明交流互鉴

与有2000多年历史，人尽皆知的"丝绸之路"相比，"茶叶之路"较少人知晓。"茶叶之路"是一条横跨欧亚大陆的万里商道，距今有300多年历史。"茶叶之路"绵延1.3万公里，途经中、蒙、俄200多座城市。这条活跃了多年的国际商道在地球北部镌刻了一条条深深的商贾文脉。"茶叶之路"的繁荣极大地刺激了我国北方经济发展，大批城镇在其影响下萌芽、发育、成长。这批城镇以呼和浩特和包头为中心，在其两翼铺展开的有科布多、乌里雅苏台、定远营、河口镇、集宁、丰镇、隆盛庄、多伦、张家口、小库伦、海拉尔和牙克石、满洲里。[①] "茶叶之路"和"丝绸之路"一起为我国与世界文明交流互鉴添了浓墨重彩的一笔。

旅游业的快速发展使中国旅游在世界旅游市场中发挥着举足轻重的作用。世界旅游业带动的产业综合增加值中，有1/6由中国贡献；世界旅游业创造的就业机会中，有1/4来自中国旅游业。在中国旅游融入世界经济体系进程中，中国旅行社企业源源不断地将中国游客送到亚洲国家，同时为来中国旅游的亚洲游客提供服务，并肩负着向亚洲各国人民面对面讲好中国故事、交好民间朋友、深化民间友谊的重任，是中国与亚洲乃至全世界共享中国旅游发展红利的"助推器"。在自由贸易试验区建设方面，就有学者探讨关于中国（上海）自由贸易试验区建设过程中借鉴吸收人类文明优秀成果并结合本国国情、本地实际进行创新的经验和启示。我国其他自由贸易试验区需进一步深化改革开放，借鉴复制中国（上海）自由贸易试验区经验；转变政府职能，提升政府管理和服务

---

① 董恒宇：《"茶叶之路"文明交流互鉴中的现实意义》，《内蒙古统战理论研究》2019年第6期。

能力，优化自由贸易试验区制度建设，促进贸易投资市场化、便利化。①

文明交流互鉴是推动人类社会进步的动力。从动力论角度来看，文明多样性是推动人类社会进步的原生动力，文明交流是推动人类社会进步的内生动力，文明互鉴是推动人类社会进步的外生动力。文明交流互鉴动力论深刻剖析了人类社会进步的动力构成与支撑，有力彰显了文明交流互鉴的重要地位与作用，有助于更清晰地把握人类社会进步走向并做出合理的应对之策。②

（二）文化方面的文明交流互鉴

在"一带一路"倡议大背景下，原先丝绸之路的各国都在谋求与中国全面深化合作、共同发展。在经贸合作、文化先行策略的推动和指引下，曾经在中亚地区具有广泛影响的《突厥语大词典》《福乐智慧》《五卷诗》《四卷诗集》，至今依然是相关国家和族群共享的古代经典，其中诸多文化元素早已融入人们的生活世界，并在众多非物质文化遗产项目中得以传承和实践，受到诸多国家的特别关注。当前，随着"一带一路"建设进一步推广，中国积极推动沿丝绸之路非物质文化遗产保护，依托相关民族古典遗产与多样性文化，充分展示其中的非物质文化遗产特征与现代张力，积极推动文明交流互鉴的打造，和遗产共享文化对话氛围的形成，让新丝绸之路成为跨文化交流和民心相通的和谐之路。③ 同时以"文明交流互鉴"观为指导，积极引导宗教与社会主义社会适应，加强各文明间交流交往交融是促进新疆宗教和谐、民族团结和社会稳定的重要举措。④

在文明传播过程中，技术与文明的秩序也十分重要，与数字传播技术相匹配的是人类命运共同体，"指尖上的文明交流"将成为文明对话的最灵动的渠道和最有效的机制。数字时代的人类命运共同体，应以多样、

---

① 江凌、任润蕾:《文明交流互鉴视角下中国（上海）自由贸易试验区高质量发展路径探析》，《经济与社会发展》2019 年第 6 期。

② 孙英、杨扬、田祥茂:《人类文明进步：文明交流互鉴动力论》，《西北民族大学学报》2019 年第 6 期。

③ 热依汗·卡德尔:《"一带一路"倡议中的文明互鉴与遗产共享——论维吾尔古典遗产与非物质文化遗产的文化桥梁作用》，《西北民族研究》2017 年第 8 期。

④ 纪亚光、马超:《"各美其美 美人之美 美美与共"——基于习近平"文明交流互鉴"观构建新疆宗教和谐》，《西北民族大学学报》2015 年第 5 期。

平等、开放和包容为原则,通过构建全媒体传播体系,努力提升联结性、对话性、共享性和智能性,同时注重安全性,从而实现文明对话与文明互鉴。① 在深度参与文明交流互鉴中,中华文化既要吸收其他文明有益成分,又要坚守自身优秀传统和鲜明底色。要以中华优秀传统文化、社会主义核心价值观、共同的理想信念为着力点,通过强化中华文化教育奠定认知基础、积极改善民生夯实中华文化认同利益基础、加大文化研究与产业开发和提升文化软实力、实施"走出去"战略提升文化影响力等路径强化中华文化认同,铸牢中华民族共同体意识。②

第二节　研究中国—东盟国家文明交流的重要性与意义

一　研究背景

（一）现实背景：日益紧密的经贸联系

与东盟对话始于1991年,1996年中国正式成为东盟全面对话伙伴国。2010年1月1日,中国—东盟自由贸易区正式全面启动。该自贸区建成后,世界贸易总额的13%都由中国与东盟双边贸易贡献,逐渐发展成为一个涵盖11个国家、20亿人口、接近6万亿美元国民生产总值、4.5万亿美元贸易额的区域,开始步入零关税时代。③ 中国与新加坡、马来西亚、印度尼西亚、菲律宾、泰国、文莱6个东盟成员国间有超过90%的商品与服务实行零关税。中国对东盟的平均关税从最开始的9.8%降至2010年的0.1%,相应地,上述东盟成员国对中国平均关税从12.8%下降到了0.6%。越老柬缅4个东盟新成员经过长期努力,2015年实现了对90%的中国产品零关税目标。2010年,中国与东盟双边贸易额达2928亿美元,同比增长38%。其中中国从东盟各国进口1545.6亿美元,增长比例为44.8%；对东盟出口1382.2亿美元,增长比例为

---

① 胡正荣:《人类命运共同体与文明交流互鉴——基于数字时代传播体系建设的思考》,《人民论坛·学术前沿》2019年第5期。
② 徐丽曼:《文明交流互鉴视域下中华文化认同初探》,《广西民族研究》2019年第4期。
③ 《中国—东盟自贸区今起正式启动》,2019年1月1日,中国新闻网（http://www.hi.chinanews.com/zt/2010/0101/2904.html）。

30.1%。中国从东盟进口产品类型多样，其中进口量最大的是能为东盟国家带来较多经济发展和就业机会的机电产品。2010年，中国从东盟进口829.4亿美元机电产品，占当年中国从东盟进口总值的53.7%。[①] 中国—东盟自贸区的深入实施，让东盟各国受益颇多。2010年，中国对东盟贸易逆差163.4亿美元，同比增长30.7倍，同年东盟成为中国第四大贸易伙伴。中国—东盟自由贸易区协议自成立之日起，就是世界上三大区域经济合作区域之一，同时也是有史以来由发展中国家组成的最大自由贸易区。

为进一步提高本区域贸易投资自由度和便利化水平，2013年10月，李克强总理在中国—东盟领导人会议上倡议启动中国—东盟自贸区升级谈判。2014年作为中国—东盟文化交流年，各项活动贯穿全年，中国和东盟各成员国举办了丰富多彩、形式多样的系列文化交流活动。2014年8月，中国—东盟经贸部长会议正式宣布启动升级谈判。

2015年11月，中国商务部部长和东盟10国部长在马来西亚首都吉隆坡正式签署了《中华人民共和国与东南亚国家联盟关于修订〈中国—东盟全面经济合作框架协议〉及项下部分协议议定书》（以下简称《议定书》）。该《议定书》是我国在原有中国—东盟自由贸易区基础上完成的第一个升级协议，涵盖商贸、投资、科教合作等领域，是对原有协定的进一步补充和完善。《议定书》的达成和签署，将成为双方经济发展的一个新的推动力，对加快建设更为紧密的中国—东盟命运共同体，促进《区域全面经济伙伴关系协定》谈判和亚洲及环太平洋地区自贸区的建设进程，都有着十分重要的意义。

在自贸区各项优惠政策的促进下，中国与东盟在贸易与投资规模上快速增长。中国与东盟双边贸易额从2002年的548亿美元增长至2020年的6846.0亿美元，同比增长6.7%。其中中国对东盟出口3837.2亿美元，同比增长6.7%；自东盟进口3008.8亿美元，同比增长6.6%，越南、马来西亚、泰国为中国在东盟的前三大贸易伙伴。2020年，中国对东盟全行业直接投资143.6亿美元，同比增长52.1%。其中前三大投资

[①] 《海关总署：2010年中国自东盟进口增长44.8%》，2011年1月20日，中国新闻网（https://www.chinanews.com/cj/2011/01-20/2801792.shtml）。

目的国为新加坡、印度尼西亚和越南。[①] 2020年东盟超过欧盟，跃升为中国最大货物贸易伙伴。至2018年底，中国对东盟累计投资额989.6亿美元，东盟对华累计投资额达到了1167亿美元，双向投资存量在10多年间增长22倍多。[②] 中国与东盟10国在科教文化领域的交流与合作的成果颇丰，实现了经济和社会影响力双赢。

（二）学术背景：文明交流层面相关研究较欠缺

关于中国和东盟之间的学术探讨，应该是丰富而且多元，但研究成果大多数集中在经济方面，特别是自由贸易区和自由关税区领域的研究颇多。另外在农产品方面，较多地关注到了农产品贸易波动[③]及其动态影响[④]，同时也有农产品贸易竞争互补[⑤]及贸易流量、发展潜力[⑥]的研究。研究集中于农产品方面是由于中国和东盟国家大多是具有传统农耕文化的国家，各国的气候相似和位置比邻，故有学者对两者的农产品比较优势[⑦]做出了分析，进而提出了农产品出口结构的比较[⑧]，对我国农产品贸易和区域农业发展提出了诸多发展建议和意见[⑨]。其中贸易的便利化也是学者所津津乐道的，不仅有贸易便利化对中国贸易影响的实证研究[⑩]，还

[①] 《2020年中国—东盟经贸合作简况》，2021年3月14日，中华人民共和国商务部官网（http://asean.mofcom.gov.cn/article/jmxw/202101/20210103033653.shtml）。

[②] 《中国与东盟2018年经贸合作简况》，2020年2月2日，中国东盟中心官网（http://www.asean-china-center.org/asean/dmzx/2020-02/4248.html）。

[③] 孙林、李慧娥：《中国和东盟农产品贸易波动的实证分析》，《中国农村经济》2004年第7期。

[④] 周曙东、胡冰川、崔奇峰：《中国—东盟自由贸易区的建立对区域农产品贸易的动态影响分析》，《管理世界》2006年第10期。

[⑤] 荣静、杨川：《中国与东盟农产品贸易竞争和贸易互补实证分析》，《国际贸易问题》2006年第8期。陈建军、肖晨明：《中国与东盟主要国家贸易互补性比较研究》，《世界经济研究》2004年第8期。

[⑥] 赵雨霖、林光华：《中国与东盟10国双边农产品贸易流量与贸易潜力的分析》，《国际贸易问题》2008年第12期。

[⑦] 吕玲丽：《中国与东盟农产品比较优势分析》，《中国农村经济》2004年第9期。

[⑧] 孙笑丹：《中国与东盟国家农产品出口结构比较》，《中国农村经济》2003年第7期。

[⑨] 仇焕广、杨军等：《建立中国—东盟自由贸易区对我国农产品贸易和区域农业发展的影响》，《管理世界》2007年第9期。

[⑩] 谢娟娟、岳静：《贸易便利化对中国—东盟贸易影响的实证分析》，《世界经济研究》2011年第8期。

有对其便利化程度测算及其出口影响①。但鲜有学者从总体上把握中国和东盟之间关系，也很少从经济文化社会等方面全面探讨中国—东盟交流互鉴发展。

二　研究意义

构建亚洲命运共同体，文明互鉴和经济合作、政治互信同等重要。亚洲各国要步入命运共同体、开创亚洲新未来，既需要薪火相传、代代守护，更需要与时俱进、勇于创新。只有这样，亚洲文明发展才能大有可为。将亚洲各国与中国文化的密切联系作为共同体建设的核心议题，对于增强中国与亚洲国家间互信，促进中国与其他亚洲国家间的科教交流合作、商贸合作往来等都有重要意义。同时，在经历了上下五千年中华文明史与浩瀚历史长河中，中国人祖祖辈辈凭借勤劳勇敢创造了无数个奇迹，才有了今天中华文明的厚积薄发。推动中华优秀文化走出去、参与全球文化竞争与合作，对于增强中国学术领域国际话语权、提升中华文化国际影响力，乃至于增强综合国力，都具有十分重要的现实与理论意义。

（一）有利于推动中国和东盟产业发展与转型升级

当前，世界经济全球化、信息化、市场化趋势不可阻挡，各项高新科技在全球加速普及与扩散，新一轮科技技术革命正在重新构建世界地缘政治。我国重点发展的信息技术、节能环保、生物医药、新材料与能源等产业领域，都需要强大的实力支撑。通过协同研发、技术转移、人才共建、资金支持等方式深化与东盟国家的合作，有利于我国相对实力雄厚的科技与产业向东盟国家进行转移，带动东盟国家经济社会发展。同时也有助于我国释放产能，向产业和科技的高峰迈进。②

（二）有利于夯实中国—东盟合作的民意基础

人文交流是文明交流互鉴的核心组成部分，也是促进双方民心相通

---

① 方晓丽、朱明侠：《中国及东盟各国贸易便利化程度测算及对出口影响的实证研究》，《国际贸易问题》2013 年第 9 期。孙林、倪卡卡：《东盟贸易便利化对中国农产品出口影响及国际比较——基于面板数据模型的实证分析》，《国际贸易问题》2013 年第 4 期。

② 云倩：《中国—东盟科技合作现状及对策研究》，《经济与社会发展》2019 年第 3 期。

的重要途径。通过积极与东盟各国进行文明交流合作,并施行互鉴,可以有效地促进中国—东盟国家民意相通,实质性地搭建成功一个域内国家间稳固扎实的纽带。通过一些示范项目的良好带动,构建战略合作伙伴关系,进一步增强东盟国家对中国的深入了解,增进互信,深化彼此间民众合作与交流,夯实民意基础。

(三) 有利于区域间文化交流互鉴发展

在区域经济一体化深度推进的同时,中国与东盟国际文化合作也实现了快速拓展。从国际文化交流、文化贸易及文化产业国际合作等方面促进了双边和多边往来。尽管双方文化合作呈加快势头,但主要文化产品贸易份额仍然偏低,整体上还处于发展初级阶段。

在文化交流发展缘由及成效方面,主要呈现出政府主导、经济推动、网状关联、空间集中等特征。鉴于人文合作、文化交流对自贸区建设所具有的促进作用,中国—东盟区域一体化急需各区域文化经济一体化发展,基于此,中国—东盟区域文化合作应进一步增强。[①]

[①] 李红、彭慧丽:《区域经济一体化进程中的中国与东盟文化合作:发展、特点及前瞻》,《东南亚研究》2013 年第 1 期。

第一章

中国—东盟国家交往和文明互鉴发展脉络

第一节 东盟各国基本概况

一 东盟由来

东南亚国家联盟（Association of Southeast Asian Nations – ASEAN），简称东盟（ASEAN），其前身是由马来西亚、菲律宾、泰国于1961年7月31日在泰国曼谷成立的东南亚联盟。1967年8月7日至8日，马来西亚副总理和印度尼西亚、泰国、菲律宾、新加坡五国外长发表《东南亚国家联盟成立宣言》，即《曼谷宣言》，宣告东南亚国家联盟，即东盟成立。东盟除了上述五个创始国外，相继有文莱（1984年）、越南（1995年）、老挝（1997年）、缅甸（1997年）和柬埔寨（1999年）五国先后加入，使东盟由刚组建时的五个成员国壮大到目前的十国。同时还吸纳了十个区域外国家作为对话伙伴：加拿大、澳大利亚、中国、印度、欧美、日本、新西兰、俄罗斯、美国和韩国。另外还有一个观察员国：巴布亚新几内亚（1976年起）。

东盟最高决策机构为首脑会议，会议每年举行两次，已成为东盟国家商讨区域合作大计的最主要机制，主席由东盟各成员国轮流担任。现任主席国越南，自2020年1月1日开始，任期一年。东南亚国家联盟成立几十年来，已经发展成为东南亚地区全方位、多领域的区域合作组织，并相继从维护各成员国利益出发，建立起了一系列合作机制。

二 东盟发展阶段

(一) 初步建立期 (1967—1975 年)

1967—1975 年：东盟一体化进程起步阶段，该阶段东盟各国问题与利益共存。由于历史原因、文化分歧，社会发展等领域都存在诸多明显的差距和分歧，甚至彼此间还夹杂着很多冲突和矛盾，如菲律宾和马来西亚两国关于彼此沙巴领土主权争端，印度尼西亚与马来西亚领海边界冲突，马六甲沿线三国围绕马六甲海峡的航海权益争端等。同时有关经贸合作，各国又同时心存芥蒂。如印度尼西亚担忧新加坡挤占市场，使该国工业蒙受损失。可见，该期间东盟各国间并没有建立良好的信任关系，区域利益只能让步于民族利益。该阶段除了在吉隆坡会议发表的《东南亚和平、自由和中立区宣言》外，并没有多少实质成果。

(二) 形成发展期 (1976—1991 年)

1976 年起东盟开始全面发展，其标志是该年在巴厘岛举行的东盟第一次首脑会议。此次会议主要成果是通过了两项重要文件精神，即《东南亚友好合作条约》和《东盟协调一致宣言》，即《巴厘第一协约》。巴厘岛首脑会议确定了东盟宗旨与原则，并成为东盟各国发展的重要里程碑，也标志着东盟各国在加强政治协商与经济合作上进入了一个新阶段。另外，此次首脑会议还对组织机构进行了相应调整，使之更符合东盟发展。该年成立的东盟秘书处承担发起、建议、协调、执行东盟政府间的计划和行动，争取更大效率，以加强各领域间合作。东盟秘书长由东盟十国轮流择优提名部长级人物，且依照国名首字母顺序从各成员国中轮流产生，每届秘书长任期五年，不得连任。

该阶段为东盟各国的经贸合作及政治互信的加强注入了新的活力。在实现一体化进程的同时，东盟国家在政治互信上也有了一定发展。1984 年 1 月 8 日，独立后的文莱加入东盟，这是东盟成立以来的首次扩容。该时期从维护东南亚地区和平出发，以解决柬埔寨战乱问题为出发点，东盟各国在国际政治舞台上第一次以一个声音说话，推动了东南亚意识的形成。这种东盟意识的逐渐加强，有力地促进了其内部团结，增强了国际影响力，是区域政治一体化形成的重要标志。同时，该阶段发展也充满着坎坷，如东盟联营企业计划一出台便遭受反对，在新加坡建造联合发电机厂的计划因印度尼西亚的极力反对而流产。总体上看，该阶段对东盟各方都产生了巨大推动作用。

（三）成熟巩固期（1992年至今）

1990年开始东盟在上一阶段基础上继续推进一体化进程，并取得了巨大成绩。其间虽然发生了东南亚金融危机，但东盟各国在一体化方面没有懈怠。20世纪末，和平与发展成为世界主题，区域一体化迅速发展并成为全球趋势（如北美自由贸易区、欧盟等）。东盟也加速了一体化进程。1992年1月23日，在新加坡举行的第四次东盟首脑会议上正式签署了《新加坡宣言》《东盟加强经济合作框架协议》等文件，决定从1993年1月1日起建成东盟自由贸易区。通过东盟自由贸易区的建立，取消商品在东盟各国范围内流通数量限制，加快关税体制改革，把东盟各国平均关税尽可能降为0，在区域内彻底实现自由贸易。为此，东盟采取分阶段实施，各国签署了《有效普惠关税协定》，将实施有效普惠关税制作为东盟自由贸易区建立的保障。为了保障相关工作顺利进行，第四次首脑会议又一次对东盟机构进行了重大改革，主要是首脑会议制度化，提升了东盟秘书处权威，简化了一些工作机构，建立东盟高级经济官员委员会等。通过这些改革举措，很大程度上推动了东盟一体化进程。东盟自由贸易区计划的成功实施，使东盟内部社会经济合作真正步入了一个新的发展阶段。

三 东盟发展宗旨与目标

（一）发展宗旨

东盟在刚成立时只是一个维护自身安全，和与西方保持战略关系的单一联盟，其主要工作领域仅包括经济、文化、安全交流等方面的合作。1967年8月所发布的《曼谷宣言》中所确定东盟发展的宗旨是：（1）以平等与协作精神，共同努力促进本地区的经济增长、社会进步和文化发展；（2）遵循正义、国家关系准则和《联合国宪章》，促进本地区的和平与稳定；（3）促进经济、社会、文化、技术和科学等问题的合作与相互支援；（4）在教育、职业和技术及行政训练和研究设施方面互相支援；（5）在充分利用农业和工业、扩大贸易、改善交通运输、提高人民生活水平方面进行更有效的合作；（6）促进对东南亚问题的研究；（7）同具有相似宗旨和目标的国际和地区组织保持紧密和互利的合作，探寻与其更紧密的合作途径。

1976年2月在第一次东盟首脑会议上，东盟各国签署了《东南亚友好合作条约》和《巴厘宣言》，强调东盟各国要统一步调。该宣言具体阐述了各成员国间加强全方位、多领域的合作，以期促进各成员国间民众的和平和繁荣进步。在此基础上，东盟各国加强了政治、经贸和军事领域的合作，并制定了符合客观情况的经济发展规划，推动了经济迅速发展，逐步发展成为一个在全球有一定地位的区域性组织。期间，东盟积极开展多方外交。1994年7月，成立东盟地区论坛。1997年12月15日，东盟与中日韩领导人会议（10+3）首次在马来西亚举行。东盟各国和中日韩三国领导人就21世纪东亚地区前景、发展与合作问题进行了密切交流，并取得了广泛共识。在10+3的合作过程中，相继建立外交、财政、经济、劳动、旅游和农林等部长级会议机制，行之有效地推动了上述领域的合作。

1999年9月，成立了东亚—拉美合作论坛，诸如10+3和10+1的合作机制也应运而生，2002年1月启动东盟自由贸易区。2007年11月20日，东盟十国领导人在新加坡举行了第13届首脑会议，并签署了《东盟宪章》，这是东盟成立以来，第一份对各成员国具有普遍法律约束力的核心文件，该文件在东盟一体化进程中具有重要里程碑意义。

（二）发展目标

2008年12月正式生效的《东盟宪章》中确定的目标包括：（1）维护和促进地区和平、安全和稳定，并进一步强化以和平为导向的价值观；（2）通过加强政治、安全、经济和社会文化合作，提升地区活力；（3）维护东南亚的无核武器区地位，杜绝大规模杀伤性武器；（4）确保东盟国家人民和成员国与世界和平相处，生活于公正、民主与和谐的环境中；（5）建立一个稳定、繁荣、极具竞争力和一体化的共同市场和制造基地，实现货物、服务、投资、人员资金自由流动；（6）通过相互帮助与合作减轻贫困，缩小东盟内部发展鸿沟；（7）在充分考虑东盟成员国权利与义务的同时，加强民主，促进良政与法律，促进和保护人权与基本自由；（8）根据全面安全原则，对各种形式的威胁、跨国犯罪和跨境挑战做出有效反应；（9）促进可持续发展，保护本地区环境、自然资源和文化遗产，确保人民高质量的生活；（10）通过加强教育、终生学习以及科学技术领域的合作，开发人力资源，提高人民素质，强化东盟共同体意识；（11）为东盟人民提供适当的就业机会、社会福利和公正待遇，提高其福利和生活水平；（12）加强合作，为东盟人民营造一个安全、没有毒品的环境；（13）建设一个以人为本的东盟，鼓励社会各界参与东盟一体化和共同体建设进程，并从中受益；（14）增强对本地区丰富文化和遗产的认识，促进东盟意识；（15）在一个开放、透明和包容的地区架构内，发展与域外伙伴的关系与合作，维护东盟的主导力量、中心地位和积极作用。①

随着 2015 年 12 月 31 日以经济、社会文化和军政交流等为主要内容的东盟共同体正式成立，标志着东盟一体化进程取得了重大进展。作为亚洲地区第一个次区域共同体，其建成使东盟踏上了一个迈向未来的新起点，也意味着东盟国家在政治安全、经济和社会文化领域的一体化水平将进一步提升。总之，东盟本着各成员国之间平等互信的原则，共同推进发展本地区经济、社会现代化进程和文化进步；同国际和地区组织进行紧密和互利合作，为建立一个不断增强影响力、经济社会长期可持续发展的东南亚国家共同体奠定了基础。

第二节　中国—东盟关系建立及发展

与中国历史渊源最深远的东盟国家是越南，特别是其北部地区，历史上大多数时候都是中国领土，这段历史越南人称之为北属时代。越南在宋代早期才完全脱离中国，成立了交趾国，后来有明清时期的安南国，此后几乎都是作为中原王朝的藩属国存在。越南在文化上深受儒家文明的影响，其传统历史记录一直用汉字保存。早在两汉时期，中国就与越南的贸易往来密切，那时中国的铁器、农业技术等相继传到越南，促进了越南社会现代化进程。同时中国也从越南进口大量东南亚特产，比如越南的象牙、犀角、玳瑁、翡翠等。可以说，中越经济文化交流对两国

---

① 《东盟简介》，2020 年 12 月 2 日，中国—东盟商务理事会（http://www.china-aseanbusiness.org.cn/index.php?m=content&c=index&a=lists&catid=66）。

经济文化和社会生活有着积极影响。

随着陆上丝绸之路的开通，丰富了中国与东亚、东南亚国家的经济和文化交流，加强了与世界各国间的联系，扩大了中国对东南亚国家的影响力。同时，海上丝绸之路也彰显了自身不可替代的作用。从印度洋出发，加强了中国与南亚、东南亚等沿线各国海上经贸联系，促进了中华文化的对外传播。从海上丝绸之路这一载体出发，密切了与东南亚外交联系，拓展了中国与亚非地区一些国家的外交活动范围。到隋唐时期，中国和越南、柬埔寨、缅甸、泰国和马来半岛的一些国家都往来频繁。国家间互派使节，交换土特产品活动。到中国封建社会晚期，即明清时期，更是出现了一些对外往来的壮举，比如明朝的郑和为了宣扬国威，加强与海外诸国联系，即发展和亚非各国的友好关系，并为宫廷购回奢侈品，创下七次下西洋的壮举。共访问了亚洲、非洲等30多个国家和地区，最远到达非洲东部。郑和船队到达各国均受到热烈欢迎。郑和会见当地国王，表达了明朝与之通好的意愿。与当地居民和平贸易，以中国丝绸、瓷器、茶叶换取供皇室贵族享用的珠宝、香料、药材等。郑和航海期间，许多国家的首脑和使臣搭乘中国宝船来华访问。郑和下西洋期间提倡不欺寡、不凌弱、友好相处、共享太平的交往准则，为亚非国家之间的交流往来提供了示范，对后世影响也十分深远，其航程意义十分重大，甚至是空前绝后。其规模之大，航程之远，所到国家之多，更是让世人感慨，这也是我国历史上最主要的主动外交，极大地加强了与东南亚国家的友好关系和经济文化交流。另外，郑和下西洋也促进了我国大量向南亚、东南亚移民。从唐朝开始，受到生计和战乱等因素推动，我国东南沿海一带就有很多人选择到南洋各地谋生。郑和下西洋后，更是促进与推动了大量中国人选择到东南亚各地生活定居，成为华侨。华侨从中国带去的先进生产技术、思想理念与文化思想，极大地促进了南洋各国经济社会发展。至今，新加坡、马来西亚和印度尼西亚有很多就是中国移民的后代。

第二次世界大战结束以后，由于受到意识形态和地缘政治等因素的影响，中国与东盟各国之间关系经历了诸多波折。从20世纪70年代开始，双边关系得以恢复和发展。尤其是美苏冷战结束后，中国与东盟关系发展迅速，逐渐发展成为全面合作新阶段，双方关系连续上升三个台阶,从"全面友好合作关系"到"睦邻互信伙伴关系"再提升至"面向和平与繁荣的战略伙伴关系"。双方在投资、劳动力输出等多领域都合作密切。①

一 中国—东盟关系的建立

从建构共同利益、实现共同发展角度审视中国与东盟关系,可以把双方关系的发展分为以下三个阶段。

(一)冷战时期(东盟成立—20世纪70年代初)

东盟成立于20世纪60年代后期,全球处在冷战阴影下,当时资本主义和社会主义两大阵营形成了尖锐对立。最初的东盟五国对中国采取封锁、孤立政策,这与当时美国对华政策一致,因而东盟成立后得到了美国等西方国家的大力支持。此后,东盟与美国步调一致,基本上全面配合美国对华政策。东盟各国的反华态度与政策必然会影响中国对东盟的外交政策。该阶段,中国与东盟在各领域都采取敌对态度,彼此间没有任何形式的沟通和联系。中国仅在经济上与东盟少数国家有着极少量的民间贸易往来。例如,新加坡于1968年建立了一家半官方的贸易公司,用来负责私营企业与社会主义国家的经贸。②

(二)和解时期(20世纪70年代初至70年代末)

20世纪70年代初,全球形势与政治环境发生了重大变化。1971年,中国恢复了联合国合法席位;1972年时任美国总统尼克松访华,中美关系恢复并实现正常化;同时美国在越南战争中陷入困境进而调整了亚太政策。这就直接推动了东盟国家对华政策发生大转变。马来西亚、泰国、菲律宾首先放弃敌视中国的政策并与中国建立外交关系。1972年7月,东盟国家在菲律宾召开的外长会议上一致确定同中国建立平等的友好关系。相应地,中国也积极调整了对东盟的政策,开始出现了重新判断,并肯定东盟存在的积极意义,主动改善与东盟的关系。

1974年,中国首先与马来西亚建交,1975年,中国与菲律宾、泰国

---

① 宋朋宇:《浅析东盟与中国关系的历史演变》,《中国科技博览》2015年第14期。
② 徐善宝:《中国—东盟关系四十年发展的历程及其启示:共同利益的视角》,《东南亚研究》2007年第6期。

建交。进入20世纪70年代后，中国与印度尼西亚的关系有所转变。该阶段中国与新加坡虽未正式确立外交关系，但彼此间都保持友好态度。1975年，中国正式承认东盟合法性。

（三）合作时期（20世纪70年代末至今）

该阶段标志着中国与东盟在政治、经济等领域全面开始合作和发展。1998年，亚洲金融危机后到2003年中国加入《东南亚合作友好条约》，是中国—东盟关系史上具有里程碑意义的关键期，也是稳定发展阶段。随着"大东盟"的最终形成，中国与东盟的交流往来持续深入。1997年12月，首次东盟—中国领导人非正式会议（10+1）在吉隆坡举行，时任中国国家主席江泽民出席会议并发表了题为《建立面向21世纪的睦邻互信伙伴关系》的重要讲话。随后双方高层互访频繁，彼此间政治互信进一步加深。2003年，中国加入《东南亚友好合作条约》，双方宣布建立"面向和平与繁荣的战略伙伴关系"。从1991年中国与东盟建立对话关系，到2003年建立战略伙伴关系仅间隔12年，这足以证明中国与东盟关系迅猛发展。

2019年，中国—东盟落实"2030愿景"开局之年，双方关系以政治安全、经贸往来和人文交流为基轴，并取得长足发展。2019年11月，中国与东盟国家领导人一致对外发布了《关于"一带一路"倡议同〈东盟互联互通总体规划2025〉对接合作的联合声明》《中国—东盟智慧城市合作倡议领导人声明》与《深化中国—东盟媒体交流合作的联合声明》等重要文件。2019年，双方在经贸往来、政治、人文交流领域等方面实现了新突破。中国—东盟自贸区升级《议定书》全面生效，双方经贸投资规模再创新高，在防务安全对话与合作上也结出了丰硕成果。

二 中国—东盟交往发展概况

中国—东盟自由贸易区是世界上人口最多的自由贸易区，也是由发展中国家组成的最大自由贸易区。为扩大双方经贸交往，时任中国国务院总理朱镕基1999年在马尼拉召开的第三次中国—东盟领导人会议上提出：中国愿加强与东盟自由贸易区联系。该提议得到了东盟国家的积极回应。2000年11月，朱镕基总理在新加坡举行的第四次中国—东盟领导人会议上首次提出建立中国—东盟自由贸易区的构想。

(一) 经贸合作方面

2001年3月，中国—东盟经济合作专家组在中国—东盟经济贸易合作联合委员会框架下正式成立。专家组主要围绕中国加入世界贸易组织的影响、中国与东盟各国建立自由贸易关系等主要内容进行充分研究，认为中国—东盟建立自由贸易区是一个双赢举措，计划双方用10年建立自由贸易区。该建议在中国与东盟高层认可后于2001年11月正式宣布实施。

2002年11月，第六次中国—东盟领导人会议在柬埔寨首都金边举行，时任国务院总理朱镕基和东盟十国领导人签署了《中国与东盟全面经济合作框架协议》，宣布于2010年建成中国—东盟自由贸易区，该协议被认为是中国—东盟建立自由贸易区正式启动的标志。

2004年11月，中国—东盟签署《货物贸易协议》，决定从2005年7月开始，除2004年已实施降税的部分商品外，双方将全面对其他7000多个税目的产品进行降低税额。2007年1月，双方又签署了自贸区《服务贸易协议》，宣布尽早实现《投资协议》谈判成功的目标，全力保证2010年中国—东盟自贸区的建成。中国—东盟自贸区不断深入发展，不但促进双方经济社会发展，也同对亚洲及世界发展做出巨大贡献。

至2019年，东盟已经成为中国第三大投资来源地，仅次于中国香港和英属维尔京群岛。[①] 中国—东盟自贸区已逐渐成为全球发展最快、活力最高的自由贸易区之一。

(二) 人员往来方面

1. 互派留学人员

中国与东盟国家间人口流动对国家间发展产生着重大影响。跨境人口流动形式主要有三种，即移民、旅游和留学，[②] 其中移民一直是中国和东盟间最真实与长久的联系。中国与东盟十国都分别签署了教育合作方面的协议章程，与马来西亚、印度尼西亚、菲律宾、越南、泰国五国开

[①] 《中国—东盟关系》（2020年版），2020年3月7日，中国—东盟中心官网（http://www.asean-china-center.org/asean/dmzx/2020-03/4612.html）。

[②] 纪宝坤：《中国与东盟的关系：人口流动的重大影响》，《南洋问题研究》2001年第3期。

展了学历互认工作。截至2019年11月,双方互派留学生人数超过20万,中国高校开设了东盟十国官方语言专业,东盟国家建有38所孔子学院。自2008年以来,中国—东盟教育交流周已经连续举办了12届,逐渐发展成为中国与东盟国家教育合作和人文交流的重要平台。①

根据教育部官网统计数据显示:2018年来华留学排在前15位的国家中,有5个就是东盟国家,分别是泰国28608人、印度尼西亚15050人、老挝14645人、越南11299人、马来西亚9479人。②其中孔子学院和孔子课堂在东盟国家中除了文莱未建立以外,孔子学院建立40个,孔子课堂建立18个,泰国以16个孔子学院11个孔子课堂占首位。③孔子学院和课堂的建立不仅满足了东盟各国人民对汉语学习的需要,增进了东盟各国人民对中国语言文化的了解,也加强了中国与东盟全域的教育文化合作与交流,促进了中国与东盟国各国友好交往关系。此外,中国竭力推出了"中国—东盟菁英奖学金"人文交流旗舰项目,开展了"未来之桥"中国—东盟青年领导人千人研修计划,实施"中国—东盟健康丝绸之路人才培养项目(2020—2022)",计划为东盟培养1000名卫生行政人员和专业技术人员。④

2. 互为旅游目的地

中国与东盟互为重要旅游客源国和目的地。2018年,按入境旅游人数排序,中国主要客源市场排前10位的国家分别是:缅甸、越南、韩国、日本、美国、俄罗斯、蒙古、马来西亚、菲律宾和新加坡。2018年,东盟国家来华旅游约2540万人次,同比增长约19.3%。2019年,双方人员往来突破6000万人次大关,平均每周约4500个航班往返于中国和东盟国家之间。中国同时也是东盟最大旅游入境客源国,而东盟为中国游客

---

① 《中国—东盟关系》(2020年版),2020年4月2日,中国—东盟中心官网(http://www.asean-china-center.org/asean/dmzx/2020-03/4612.html)。

② 中国教育部网站:http://www.moe.gov.cn/jyb_xwfb//201907/t20190726_392324.html,2019年7月30日。

③ 孔子学院官网:http://www.hanban.org/confuciousinstitutes/node_10961.htm,2020年4月2日。

④ 《中国—东盟关系》(2020年版),2020年4月2日,中国—东盟中心官网(http://www.asean-china-center.org/asean/dmzx/2020-03/4612.html)。

最青睐的出境旅游目的地之一。① 2014年，中国赴东盟的人数是东盟赴中国总数的近两倍，中国赴泰国总数最多，占东盟国家的38.77%（见表1-1），即中国赴东盟国家人口中几乎每10个人中就有4个人是赴泰国旅游的，这归功于泰国旅游业的发达。其次是越南和新加坡，旅游人数基本接近，分别占赴东盟总人数的14.91%、12.37%。同时，东盟国家来华人员中以越南最多，为171万人次，占东盟国家来华人数的27.76%，其次是马来西亚与新加坡。② 在双方人员往来和交流日益密切的基础上，中国与东盟各国，在跨境旅游合作项目方面取得了显著成就，东盟各国的主要城市均已经与中国各主要城市开展旅游业务推荐，累计推出黄金旅游线路50多条。此外，长期以来，双方还持续开展相关业务人员交流、跨境旅游市场联合执法等工作。

表1-1　　　　　2014年中国—东盟人员往来（1756万人次）

中国赴东盟（首站）总数（1140万人次）		东盟赴中国总数（616万人次）	
排名	国家	排名	国家
1	泰国（约442万人次）	1	越南（约171万人次）
2	越南（约170万人次）	2	马来西亚（约113万人次）
3	新加坡（约141万人次）	3	新加坡（约100万人次）

资料来源：《中国—东盟关系主要指标（2014）：人员往来》，2020年2月1日，中国—东盟中心官网（http://www.asean-china-center.org/asean/dmzx/2020-02/4246.html）。

（三）文化交流方面

中国—东盟自由贸易区的成功建立，是双方合作历程中的关键性一步，充分反映了双方政治高层加强彼此友好合作的良好愿望。中国与东盟十国均签有文化合作文件，2005年还签署了中国—东盟文化合作谅解备忘录。2006年以来，中国—东盟文化论坛已成功举办了14届，在文化

---

① 《2018年中国及中国—东盟旅游市场基本情况》，2020年2月1日，中国—东盟中心官网（http://www.asean-china-center.org/asean/dmzx/2020-02/4249.html）。

② 《中国—东盟关系》（2020年版），2020年3月2日，中国—东盟中心官网（http://www.asean-china-center.org/asean/dmzx/2020-03/4612.html）。

产业、创作、遗产保护、传统文化教育等方面拓展了彼此交流。中国在东盟国家已设立7个文化中心,中国—东盟博览会、欢乐春节、美丽中国等品牌深受欢迎,汉语热在东盟十分受欢迎。

2015年3月,中国发布了《推动共建丝绸之路经济带和21世纪海上丝绸之路的愿景与行动》,把媒体合作列为与沿线国(含东盟)共建"一带一路"的重要内容。2017年8月,双方将"信息媒体"增列为中国—东盟中心第六大重点工作领域。近年来,中国与东盟各界传媒间交流更加密切,合作广度和深度进一步扩展。双方通过中国—东盟新闻部长会议、东盟与中日韩新闻部长会议、中国—东盟媒体合作高级别会议等机制,加强政策沟通,制定合作规划。通过中国—东盟中心、中国—东盟博览会等平台不断巩固开拓信息媒体领域可持续发展。通过举办中国—东盟媒体合作高层研讨会、中国—东盟媒体合作论坛、中国—东盟媒体高峰论坛等活动,营造友好舆论环境,引领媒体创新发展。双方新闻机构通过组织会议研讨、联合采访、联合制作、交流培训等活动,以及建立相互供稿、节目交换、人员互访等合作模式,推动中国—东盟媒体合作关系不断加强和巩固。另外,双方还在媒体管理、节目购买、版权开发、新技术应用、技术人才培养等层面展开交流合作,不断创新传媒产业合作模式,促进双方传媒产业共同发展。

2019年,中国—东盟双方媒体合作达到新高度。同年2月,中国—东盟媒体交流年开幕式在中国北京举行,双方均希望媒体为深化中国—东盟战略伙伴关系、共建更为紧密的中国—东盟命运共同体做出更大贡献。11月,第22次中国—东盟领导人会议期间,双方共同发表了《深化中国—东盟媒体交流合作的联合声明》,还圆满制订《中国—东盟视听传播合作五年行动计划》。围绕媒体交流年主题,双方在政策交流、业务合作、内容合拍、节目互播、传播经济合作、人力资源培训等方面举办了多场重点活动,并取得了一系列重要成果。[①]

中国—东盟媒体合作将契合2020年"中国—东盟数字经济合作年"主题,贴近互联互通、智慧城市等领域推动了双方人文交流与战略伙伴

---

① 《中国—东盟媒体合作概况》,2020年5月1日,中国—东盟中心官网(http://www.asean-china-center.org/asean/dmzx/2020-05/4881.html)。

关系并取得发展。2020年10月15日,中国—东盟中心2020年度联合执行委员会会议在中心秘书处举行,会议由中国外交部亚洲司参赞梁建军与东盟轮值主席国越南驻华使馆参赞陈清海共同主持。东盟十国驻华使馆代表、中国教育部、商务部、文化和旅游部等联合执行委员会中方成员单位代表、中心秘书处官员等出席。联合执行委员会成员对中心围绕中国—东盟数字经济合作年主题,为推动双方贸易、投资、教育、文化、旅游和信息媒体等领域交流合作取得了丰硕成果,特别对中心在新冠肺炎疫情背景下成功开展各项活动给予了高度评价。以《中国—东盟战略伙伴关系2030年愿景》为指引,继续发挥一站式信息和活动中心作用,全面落实双方领导人达成重要共识,围绕2021年度(2021年是中国—东盟建立对话关系30周年和中心成立10周年)合作主题,进一步完善2021年工作计划开展各项工作,为中国—东盟战略伙伴关系发展做出新的贡献,为进一步深化中国—东盟各领域友好交流与务实合作,推动中国—东盟关系迈上新台阶。①

(四)合作机制方面②

2003年,中国以第一个非东盟国家身份加入《东南亚友好合作条约》,目前中国已与东盟建立了一定层次的对话合作机制,包括领导人会议、高管会、部长级会议、外长会等。

1. 中国—东盟领导人会议

中国—东盟领导人会议主要就中国—东盟关系发展做出战略规划和指导,自1997年以来共举行了22次。此外,还召开过数次中国—东盟领导人特别会议,包括中国—东盟领导人关于非典型性肺炎问题特别会议(2003年)、中国—东盟建立对话关系15周年纪念峰会(2006年)等。2018年11月,第21次中国—东盟领导人会议暨庆祝中国—东盟建立战略伙伴关系15周年纪念峰会在新加坡隆重举办,会议发表了《中国—东盟战略伙伴关系2030年愿景》和《中国—东盟科技创新合作联合声明》

---

① 《中国—东盟中心举行2020年度联合执行委员会会议》,2020年6月1日,中国—东盟中心官网(http://www.asean-china-center.org/asean/dmzx/2020-06/4890.html)。

② 《中国—东盟媒体合作概况》,2020年5月3日,中国—东盟中心官网(http://www.asean-china-center.org/asean/dmzx/2020-05/4881.html)。

等文件。① 2019 年 11 月，第 22 次中国—东盟（10 + 1）领导人会议在泰国曼谷举行，会议宣布制订《落实中国—东盟面向和平与繁荣的战略伙伴关系联合宣言的行动计划（2021—2025）》，针对东盟地区内的基础设施建设，强调要通过"一带一路"促进投资并加强经济合作。就"一带一路"热点与《东盟互联互通总体规划 2025》对接、智慧城市合作、媒体交流等发表了联合声明。中国重申争取在 2021 年底前达成旨在防止南海争端的"南海行为准则"。②

2. 中国—东盟外长会议

中国—东盟外长会议专门负责协调落实领导人会议成果，为下次领导人会议做准备。2019 年 7 月，中国—东盟外长会议在泰国曼谷举行，王毅外长在会上表示，中国同东盟国家一直以来都注重彼此之间的战略互信，热衷于夯实彼此互信，始终坚持相互尊重、平等交往，不断丰富战略合作的深刻内涵。重视务实合作，致力于实现互利共赢，推动双方各方面合作不断迈向新的高度。以《中国—东盟战略伙伴关系 2030 年愿景》为远景目标，加大共识，深化合作，打造更前瞻性、全球化的中国—东盟战略伙伴关系，构建更为紧密的中国—东盟命运共同体。一是以协同发展规划为契机，抓住"一带一路"与《东盟互联互通总体规划 2025》。二是抓住可持续发展机遇，尽力缩小东盟内部发展差距，助力东盟一体化建设。三是抓住创新合作机遇，把创新合作作为中国—东盟关系新的增长点。四要抓住深化安全合作机遇，加强双方国防部门之间的沟通交流。五是抓住深化人文交流的机遇，增强两国关系进一步发展的潜力。③

2020 年 2 月，中国—东盟关于新冠肺炎疫情问题特别外长会在老挝万象举行并发表联合声明，东盟各国外长出席。王毅在会上详细介绍了中国抗击疫情的措施和取得的成效，表明抗疫没有国界，中国和

---

① 《中国—东盟关系》（2020 年版），2020 年 3 月 2 日，中国—东盟中心官网（http://www.asean-china-center.org/asean/dmzx/2020 - 03/4612.html）。

② 《境外媒体关注 RCEP 谈判获重要进展》，2019 年 11 月 5 日，中华人民共和国中央人民政府网（http://www.gov.cn/xinwen/2019 - 11/05/content_5449010.htm）。

③ 《王毅出席中国—东盟外长会》，2019 年 8 月 1 日，中华人民共和国外交部官网（http://new.fmprc.gov.cn/web/wjbzhd/t1685028.shtml）。

东盟国家心连心。彼此之间要通过更加密切、主动合作，有效防止疫情蔓延，保护全球人民的生命健康，构建更加紧密的中国—东盟命运共同体。同时要以此为契机，提高本区域公共卫生治理水平，为区域乃至全球公共卫生事业做出新贡献，还提出四点合作建议：一是加强对接和联防联控。推动双方卫生检疫、交通运输、出入境等部门的有效沟通与合作。二是建立长效合作机制。建立中国—东盟突发公共卫生事件联络机制，提高突发公共卫生事件应急反应速度。并尽快建立中国—东盟防疫物资储备中心。三是理性应对，克服恐慌。尊重世卫组织的权威建议，尽快恢复双方正常的经贸与人员交流。四是化危为机，培育新的合作增长点。加快经济向网络化、数字化转型，加强电子商务、移动支付等领域合作，并提高城市管理水平，提高应对和处置重大突发公共事件能力。[1]

东盟各国外长都一致认为，这次外长特别会议非常重要和及时，高度赞赏中国为防治新冠肺炎疫情所采取的措施，以及中国表现出的公开、透明和高度负责的态度。他们认为，中国联合防控体系是人类历史上前所未有的，其伟大决心令人钦佩。并充分肯定了中国为维护地区和全球公共卫生安全做出的重要贡献，相信中国将尽快战胜疫情。东盟和中国要加强团结合作，打击谣言、笑对恐慌，使本次抗击疫情成为东盟与中国合作的又一个成功案例。东盟各国都愿与中国加强经验交流和相互借鉴，共同提升地区卫生安全水平。最后，外长会发表了《中国—东盟关于新冠肺炎问题特别外长会联合声明》。[2]

3. 部长级会议

中国和东盟已建立外交、防务、商务、文化、教育、交通、海关署长、总检察长、卫生、电信、新闻、质检、执法安全等 10 多个部长级会议机制。[3]

---

[1] 《中国—东盟关于新冠肺炎问题特别外长会在万象举行》，2020 年 2 月 20 日，新华网（http://www.xinhuanet.com/politics/2020-02/20/c_1125603475.htm）。

[2] 《中国—东盟关于新冠肺炎问题特别外长会在万象举行》，2020 年 2 月 20 日，新华网（http://www.xinhuanet.com/politics/2020-02/20/c_1125603475.htm）。

[3] 《中国—东盟关系》（2020 年版），2020 年 3 月 2 日，中国—东盟中心官网（http://www.asean-china-center.org/asean/dmzx/2020-03/4612.html）。

4. 高官会

高官会通常在部长级会议前召开，主要回顾和展望中国—东盟关系，为部长会和外长会做准备。高官会由中国和东盟相关机构的高官出席。

5. 中国—东盟联合合作委员会

中国—东盟联合合作委员会每年在印度尼西亚雅加达举行，东盟常驻代表委员会和中国驻东盟大使出席，旨在推动中国和东盟各领域务实合作。

2019年4月9日，第20次中国—东盟联合合作委员会会议在雅加达东盟秘书处举行。中国驻东盟大使黄溪连在会上表示，中国—东盟关系已进入全方位发展新阶段，东盟是中国周边外交的优先方向和"一带一路"建设重点地区。中方愿与东盟各国精诚合作，共同打造更高水平的中国—东盟战略伙伴关系，构建更加紧密的中国—东盟命运共同体，为地区和平稳定发展做出更大贡献。东盟高度评价2018年东盟—中国关系发展和各领域合作成果，认为东盟—中国关系是东盟与对话伙伴中最富活力、最具实质性的一组关系，对中国长期支持东盟发展和东盟共同体建设表示赞赏。①

第三节　中国—东盟文明交流互鉴的发展阶段

一　东盟成立②前

（一）政治相关方面③

新中国成立以来，中国为支持越南人民抗法斗争做出了巨大贡献。1955年，周恩来总理出席亚非会议，中国与缅甸等国共同倡议"和平共处"五项原则，这是建立各国间正常关系及进行交流合作时应遵循的基

---

① 《第20次中国—东盟联合合作委员会会议在雅加达举行》，2019年4月9日，中国新闻网（http://www.chinanews.com/gn/2019/04-09/8804475.shtml）。
② 东盟成立于1967年8月8日。
③ 同时由于东盟国家独立的时间各不一样，比如文莱于1984年独立，新加坡于1965年独立，因此我国—东盟成立前的文明交流互鉴内容不涉及这两个国家，故只考虑中国与东南亚国家。

本原则，得到了中国、印度和缅甸政府的共同倡导。和平共处五项原则是中国奉行独立自主和平外交政策的基础和完整体现，被世界上绝大多数国家接受，成为规范国际关系的重要准则。对不同社会制度的国家提出"求同存异"方针，并同印度尼西亚签订了关于双重国籍问题的条约，充分体现了中国与东南亚国家友好相处的意愿，有针对性地解决双边存在的敏感问题，明确了中国与东南亚国家关系的基本原则，增进了东南亚国家对新中国的了解，也使东南亚国家所关心的华侨双重国籍问题有了解决的方式，因而普遍赢得了东南亚国家与会领导人（包括当时亲美的菲律宾和泰国代表团）的称赞和好感，为进一步发展中国与东南亚国家的关系创造了条件。[①]

但受印度尼西亚局势剧变、早期东盟与中国的对立状况等因素的影响，中国与东南亚国家关系与发展出现了反复与波折，总体上，该期间中国—东盟关系跌入低谷。20世纪70年代中期以后双边关系才得以恢复，进入新发展时期。同时在1967年东盟成立之前，中国政府已经和越南（1950年）、缅甸（1950年）、柬埔寨（1958年）以及老挝（1961年）分别建交，其他6个国家随后建交：马来西亚，1974年；泰国和菲律宾，均在1975年；新加坡和印度尼西亚，均在1990年；1991年与文莱建交。

（二）经济相关方面

从古至今，中国与东盟各国经济交流十分密切，彼此贸易尤为频繁，特别是随着中国中原地区各项先进技术进入当时东南亚各国，对当地经济社会发展起到了极大的推动作用。历史上，下南洋的华裔作为最早参与当地政治生活的华人群体，曾长期活跃在中国与东南亚各国的经贸、人文交流、社会交流等领域。陆上丝绸之路的开通也加快了中国与东亚、东南亚国家的经济和文化的密切交流，加强了世界各国间的联系，同时也扩大了中国在东南亚各国的影响。而海上丝绸之路则加强了中国与东南亚、南亚各国的关系，扩大了秦汉文化对外的发展与影响。另外，海上丝绸之路联通了中国与东盟外交联系，拓展了中国、亚洲濒海地区一些国家的外交活动范围。到隋唐时期，中国和越南、柬埔寨、缅甸、泰

[①] 贺圣达：《中国东南亚关系60年回顾》，《东南亚南亚研究》2010年第9期。

国和马来半岛的一些国家继续往来。各国家间互派使节、交换土特产等活动频繁。

从唐朝开始，中国东南沿海一带就有很多人到南洋诸岛谋生与发展。郑和下西洋以后，更多中国人迁徙到南洋各岛定居，成为华侨。华侨从中国带去了先进的工具、科学文化知识与生产技术，与当地人民一起辛勤地劳动，开发丛林、开采矿山、培育橡胶，从事着农业、手工业、制造业和商业活动，华侨对南洋的开发做出了重大贡献。东盟成为了世界上海外华人最为集中的地区，该地区华裔是中国和东盟各国重要的人力资源，华侨在东盟各国各社会领域、经济发展中扮演着十分重要的角色。

（三）文化相关方面

中国和东盟各国文化与文明交流可追溯到汉代。汉武帝为了扩大政治影响力，派遣远洋舰队前往印度洋，开辟了以徐闻、合浦为起点的南海—印度洋航线。随着该航线的开通，一方面促进了东西方经贸的频繁往来；另一方面也实现了东西方国家重要的文化文明的交流交融。合浦作为丝绸之路始发港，见证了中国—东盟经济、贸易和文化发展：一是两岸贸易频繁直接促进了教育与文化发展、人员往来。随着经贸和外交使节往来的日益增多，商人或使节将书籍、陶瓷等文化产品带回本国，同时中国商人、使节出国时将中国经典文化以及产品带到东道国，实现了彼此的交流与发展，实现了双方在教育、文化与人员往来等方面的交流和相互影响。二是双方移民的往来同样促进了教育文化、文明的交流与发展。西汉初年，赵拓建立南越国。他在南越实行"和集百越"政策，与越南人生活结婚，促进了双方文化交流。这样，中华文明深深地影响了越南的教育和文化。同时，来自东盟各国的人民也把海外人文地理知识传播至中国，对中国的文明与发展也起到了推动作用。由此可见，移民交流不仅促进了东南亚各国文化教育发展，也有助于中国加深对他国先进文化与文明的了解。

中国和文莱的文化交流历程可称得上中国—东盟文化交流的一个典型与成功缩影。中国和文莱是隔海相望的友好邻邦，文莱自古以来就是海上丝绸之路的重要组成部分。早在中国西汉时期就通过这条海上纽带实现了彼此贸易往来，谱写了双方了解和建立深厚友谊的美好篇章。郑和率领船队两次前往文莱，为当地人民带去了和平与友谊，被文莱民间亲切地称为"郑和元帅"。文莱斯里巴加湾市的"王总兵路"和蒲公墓，中国南京市的悖泥国王墓，均见证了两国悠久的友好交往历史与文化传承。

二 东盟成立后

（一）经济方面的交流交往

1991年，中国与东盟间开启对话进程，同年第24届东盟外长会议召开，通过此次会议双方开始建立伙伴关系。2002年，正式启动中国—东盟自由贸易区，此后双方签署了《中国与东盟全面经济合作框架协议》，该协议确定了2010年全面建成中国—东盟自贸区的目标。[①] 中国—东盟自由贸易区的建立，不仅使中国与东盟区域内成员国贸易联系日益密切，彼此间进出口贸易不断扩大，同时也加快了区域内各成员国的经济合作，使区域内资源更好地实现有效配置，对中国与东盟国家经济发展产生了重要影响。

中国—东盟贸易规模不断扩大。中国积极参与东盟区域经济合作，与域内各成员国间贸易规模不断发展壮大。2004年，中国与东盟双边贸易额为1059亿美元，2008年上升至1969亿美元。受国际金融危机影响，2009年下降至1782亿美元，但仍然占东盟对外贸易总额的11.6%，该年中国跃升为东盟最大贸易伙伴国。2010年，中国与东盟双边贸易额达2927.8亿美元。2017年上升到5148亿美元，同比增长13.8%。2018年是中国—东盟创新年。11月16日，双方联合发表《中国—东盟科技创新合作联合声明》，讨论建立科技创新合作新机制，共同建设科技园区、深化落实中国—东盟科技伙伴关系等议题。中国支持东盟智慧城市网络建设，目前，南宁、厦门、杭州、济南、昆明等国内重要城市都已与东盟城市建立了城市合作伙伴关系。2019年，对外贸易最亮眼的变化是东盟超越美国成为中国第二大贸易伙伴。在全球保护主义抬头、贸易遭遇挫折大环境下，按美元统计，2019年中国—东盟外贸总额达6414.6亿美元，增长了14.1%，主要的亮点表现如下。

[①] 左宝琪、梁茂林等：《中国与东盟区域经济合作的效应分析》，《对外经贸》2015年第9期。

一是在外贸总量方面。2019年中国—东盟贸易额首次突破6000亿美元大关，达中国外贸总额的近七分之一，增长了9.2%，东盟是与中国外贸增速最快的地区。2020年，在全球新冠肺炎疫情与复杂的国际大环境下，中国—东盟贸易额高达6846.0亿美元，同比增长6.7%。其中，中国对东盟出口3837.2亿美元，同比增长6.7%；自东盟进口3008.8亿美元，同比增长6.6%。越南、马来西亚、泰国为中国在东盟前三大贸易伙伴。① 对东盟投资上，2020年，中国对东盟全行业直接投资143.6亿美元，同比增长52.1%，其中前三大投资目的国为新加坡、印度尼西亚、越南。对华投资上，2020年，东盟对华实际投资金额为79.5亿美元，同比增长1.0%，其中前三大投资来源国为新加坡、泰国、马来西亚。②

二是在金融合作建设方面。合作示范期内，中国与东盟五国股市的动态相关系数显著上升，表明中国与东盟主要国家的股市一体化水平近年来有了很大提高，中国股市与新加坡、马来西亚、印度尼西亚、菲律宾等国股市一体化进程具有显著时变特征；重大经济事件的冲击、国内金融市场的发展和开放程度，对区域股市一体化进程具有重要影响。有学者提出：不断深化中国—东盟金融合作机制建设，为加快中国与东盟主要国家股市一体化进程提供制度保障；加快中国—东盟金融基础设施建设，为扎实推进中国与东盟主要国家股市一体化进程提供物质保障和技术支撑；积极探索，先行先试，为中国与东盟股市一体化进程提供坚实支撑。③ 同时，在探讨人民币国际化背景下的中国黄金市场发展方向，提出推进中国—东盟人民币黄金交易市场建设的政策建议等方面，皆有所尝试。④

三是在旅游与农业合作方面。旅游是实现"一带一路"民心相通的最佳途径，也是中国—东盟国家十一大重点合作领域之一。中国与东盟

---

① 《2020年中国—东盟经贸合作简况》，2021年4月6日，中国—东盟信息港官网（http://dmxxg.gxzf.gov.cn/sytt/t7926202.shtml）。

② 《2020年中国—东盟经贸合作简况》，2021年4月6日，中国—东盟信息港官网（http://dmxxg.gxzf.gov.cn/sytt/t7926202.shtml）。

③ 李小好、蔡幸：《中国—东盟股票市场一体化进程及其时变特征研究——基于DCC - GARCH模型》，《学术论坛》2019年第5期。

④ 郭敏：《中国—东盟黄金市场在人民币国际化进程中的作用研究》，《区域金融研究》2019年第9期。

已互为重要旅游客源国和目的地,中国是东盟地区最大旅游客源国,同时东盟也是中国游客最喜爱的旅游目的地之一。2018 年,最受中国游客喜爱的十大目的地国家中有七个是东盟国家。中国—东盟旅游产业竞争力在世界上的地位稳步提升。中国—东盟旅游产业应重点探寻旅游产业竞争力发展规律,在政治、经济、文化领域加强互联互通,进一步提升旅游产业全球地位,共建旅游命运共同体。

农业合作是中国—东盟建设的重要领域,双方农业优势互补、基础良好、成效显著,农业投资合作发展迅速。东盟在中国农业对外投资中地位显著,中国在东盟农业投资企业数量多、投资金额大、合作领域和产业链广泛,带动当地农业和经济发展成效明显。[1] 以新鲜水果为例,水果作为农产品中需求大、价值高、运输损耗大、保存时间短的一类商品,在中国—东盟农产品进出口交易中占巨大份额,泰国的山竹、越南的龙眼与马来西亚的榴莲摆在中国各大超市已不足为奇。中国—东盟间水果进出口趋势可以为未来的新入业者提供更多的前景展望,和时下对中国—东盟间的重要关系提供认知依据。[2] 但东盟国家水果产品的大量涌入也给中国水果业带来了新的挑战,我国某些水果产品长期处于贸易逆差地位等,这使得中国—东盟水果贸易竞争力问题值得关注。[3]

四是在制造业产品方面。当前,中国对不同东盟国家出口产品质量均呈不断上升趋势。但不同的国家具有异质性,总的来说,向低收入国家出口性价比较高的产品,向高收入国家出口附加值较高的产品。从不同产品技术类型来看,高技术、中技术产品和低技术产品质量均有所上升,但是高技术产品和中技术产品质量高于低技术产品质量。[4]

可见,中国与东盟在产品贸易方面既有竞争优势,又有互补优势。中国产品竞争力主要集中在资本和劳动密集型产品上;东盟产品竞争力

---

[1] 姜晔茹蕾、杨光、陈瑞剑:《"一带一路"倡议下中国与东盟农业投资合作特点与展望》,《世界农业》2019 年第 6 期。
[2] 秦艺:《中国—东盟水果进出口市场现状调研》,《科技经济导刊》2019 年第 27 期。
[3] 陈俊杰:《中国水果在东盟市场上的营销竞争力研究》,《农家参谋》2019 年第 6 期。
[4] 左瑞瑞:《中国对东盟出口产品质量测度与事》,《南宁职业技术学院学报》2019 年第 24 期。

主要集中在资源和劳动密集型产品上；中国对东盟国家互补性强的产业是能源密集型和资本密集型产品。从国家角度看，中国与印度尼西亚、越南、柬埔寨、马来西亚等国在进出口贸易上具有较强的互补性。今后，中国可以进一步扩大与这些国家的贸易。[1] 中国与东盟在产业内贸易拓展方面已有广泛和深层次的关系，有着巨大发展潜力和机会，应该尽快培育和实施区域贸易，依靠市场和制度的双重驱动，大力促进区域贸易的增长。[2]

五是东盟数字经济消费前景十分广阔。2020年8月，社交媒体脸书和贝恩咨询公司联合发布的《东南亚数字消费者报告》显示，2020年底，东南亚数字消费者将突破3亿，占本地区15岁以上人口的69%，意味着原本预期到2025年才能实现的目标将提前五年完成。2018—2020年，东盟地区数字消费者增加了6000万，复合年均增长率为12%。印尼等参与调查六国共4.43亿人口中70%为数字消费群体，其中96%通过智能手机连接入网。到2025年，东南亚数字消费者预计将增加至3.4亿。从国别看，印度尼西亚是东南亚各国数字消费人群增长最快的国家，2020年增幅达15%，数字消费总人口达到1.37亿，占该国15岁以上总人口的68%。马来西亚数字消费群体占该国15岁以上总人口比例最大，达83%，随后排名依次是新加坡79%，菲律宾74%，泰国68%，越南65%。2020年，东南亚地区选择网上购买杂货的人数从去年21%升至32%，增加了1.5倍。消费者倾向于在不同电商平台交叉购物，对不同品牌持开放态度。2020年，东南亚消费者在做出购买决定前平均浏览5.2个电商平台，比2019年的3.8个增加了40%。这意味着电商企业要为留住消费者采取更多创新性举措。[3]

---

[1] 聂红隆：《中国与东盟贸易竞争性、互补性及贸易潜力研究》，《改革与开放》2019年第15期。

[2] 王娟：《中国—东盟产业内贸易发展趋势的实证分析》，《东南亚纵横》2004年第6期。

[3] 《聚焦东盟数字经济发展（三）：东南亚数字消费前景广阔》，2020年8月2日，中华人民共和国驻东盟使团经济商务处（http://asean.mofcom.gov.cn/article/ztdy/202008/20200802993956.shtml）。这里的东盟国家是指初创时候的5个创始国，包括印度尼西亚、马来西亚、新加坡、菲律宾和泰国。

（二）政治方面的交流交往

1967年8月8日东盟成立之初，东盟成员国与中国处于对立状态。奉行亲美、反共政策的菲律宾、泰国、马来西亚，经常与中国发生对峙；新加坡由于特殊国情和意识形态分歧，在政治上有意疏远中国；1950年，印度尼西亚就与中国建交，是当时唯一与中国建交的东盟国家，1967年10月又与中国断交。20世纪70年代中后期，中国开始积极寻求改善和发展与东盟国家间关系，以便在亚洲建立"反苏统一战线"遏制苏联扩张。受到苏联和越南在安全方面的压力，东盟国家也与中国达成了有限合作。南亚次大陆局势逐步恶化和苏越军事同盟的形成，加速了中国与东盟的合作。双方在柬埔寨问题上的合作不仅有助于尽快实现地区和平稳定，而且极大地改变了亚洲地区国际格局和权力平衡，为20世纪80年代及以后的中国—东盟关系发展打下了良好基础。随着国际和地区形势变化，特别是中美关系的改善，东盟国家和中国相继调整了外交政策，两国关系逐步解冻和正常化。1974—1975年，马来西亚、泰国、菲律宾相继与中国建交。20世纪70年代以后，随着国际国内形势改善，东南亚华商乘势而上，凭借其在政治、经济、社区资源等方面的独特优势，积极参与东盟国家与中国政治交往工作。中国与印度尼西亚的政治关系在20世纪80年代也开始改善，1985年直接恢复贸易。新加坡则考虑邻国感情没有与中国建交。不过，双方实质性关系进展速度不逊色于其他与中国建交的东盟国家。20世纪90年代初冷战结束后，中国与东盟采取了更加务实和积极的外交政策。21世纪初，两国关系开始进入全面发展的新时代，建立了战略伙伴关系。[①]

中国在20世纪80年代调整对东南亚外交政策的过程中，选择了一条既符合自身实际又相对稳定的发展道路，这与决策者对该地区基本认识的变化分不开；这种变化同时有赖于中国与东盟初步达成安全合作的具体准则。正是在推进合作中，中国根据本地区实际情况和国内政治发展需要，重新认识、发现和定位了"东南亚"地位，为长期的良性关系提供了持久稳定动力。因此，该时期中国与东盟的安全合作具有多重意义：

[①] 刘文正：《中国与东盟国家政治关系中的穿梭者：华商的跨国角色与作用》，《南洋问题研究》2018年第2期。

它不仅为中国在现实地缘政治中提供了一定安全保障，而且为"重新认识东南亚"提供了机遇和平台；是中国在该地区旧的对抗战略中的直接体现，也是新合作外交理念的出发点；在推进合作过程中，中国逐渐跳脱出冷战两大阵营对峙的框架，立足于地区特征，着手解决实际存在的问题，这种转变成为后来"周边战略"的滥觞。[1]

应该说，中国与东南亚安全合作本质上具有承上启下、弃旧迎新的双重意义。首先，巩固增强了政治互信，使得中国—东盟战略伙伴关系不断深入发展。2018年11月，第21次中国—东盟（10+1）领导人会议暨庆祝中国—东盟建立战略伙伴关系15周年纪念峰会在新加坡举行，会议通过了《中国—东盟战略伙伴关系2030年愿景》，为中国—东盟命运共同体构建，及未来很长一段时间双边关系长远发展规划了宏伟蓝图。其次，"海上丝绸之路"倡议促使中国—东盟在渔业领域密切合作，追求共同利益，建立相互需要，求同存异。为稳定和深化中国与东盟渔业合作，双方采取了建立渔业合作法律机制，设立渔业管理机构等措施，对协调中国与东盟的渔业合作进程发挥了重要作用。[2]

（三）文化方面的交流交往

中国和东盟国家血脉相亲、文化交融，双方在教育文化领域方面都有着深厚与悠久的历史基础，共同为创建璀璨的世界文明做出了重大贡献。自先秦以来，中国与东盟国家交往已持续了2000多年，双方在以经济交往为交往主线的同时，还认同彼此的文化精髓，把文化认同作为双方共有价值体系的基础，由此创造了具有多元文化特色的新文化形态，编织了灿烂的文明成果，向世界展示了睦邻友好的和谐前景。应该说，文化共生和包容是中国与东盟交往的基本属性，为双方消解了诸多分歧与误解。随着"一带一路"建设的推进，中国—东盟继续发挥文化在倡议中的纽带作用，促进教育文化、人文交流宣传的研究和深化。现实中，中国与东盟国家间交往表现为文化互信度不强，文化交流程度不均衡，

---

[1] 刘文正：《中国与东盟国家政治关系中的穿梭者：华商的跨国角色与作用》，《南洋问题研究》2018年第2期。

[2] 陈盼盼：《"21世纪海上丝绸之路"框架下中国—东盟渔业法制机制探究》，《资源开发与市场》2019年第35期。

文化差异引发的摩擦和冲突时有发生。在双方多维度交往中，文化是其跨文化交流的坚实纽带，是中国与东盟国家双边关系的基石，为双方走向更长远的发展铺平了一条阳光之路。①

1. 项目合作方面

丰富的人文交流项目为双方各领域合作奠定了坚实基础。当前，中国—东盟文化合作人才培养支持体系已建成，作为以教育合作为主体的人文交流重要平台，中国—东盟教育交流周已连续举办了11届。2018年7月25—30日，主题为"教育合作新起点 人文交流新未来"的第11届中国—东盟教育交流周在中国贵州举行。② 在教育合作基础上，双方将把交流内容拓展到科技、文化、体育、卫生等人文领域。中国国务院总理李克强在第21次中国—东盟领导人会议上指出："为加强民众对双方合作的了解，支持中国—东盟之间进行更多人文交流项目的开展。"

2019年，中国—东盟媒体交流年，设立了中国—东盟菁英奖学金，开展了"未来之桥"中国—东盟青年领导人千人研修计划。不过，中国—东盟职业教育在合作中还存在不同国家合作不充分、不平衡，落实签约执行力不足，合作方式创新少，合作精准度不够等问题，需要通过创新观念、创新平台、创新方式、创新机制等途径加以解决，以进一步促进中国—东盟职业教育交流合作向更深层次发展。由于发展不平衡性和各国职业教育体系存在差异性，中国与东盟国家教育交流程度差异大。一是与东盟国家职业教育发达国家交流合作较多，与欠发达国家的交流合作较少。与新加坡、泰国、印尼、越南等东盟职业教育发达和相对发达国家的合作与交流较多；与柬埔寨、老挝的交流很少，且多为中方单方面援助。另外，与文莱工业教育交流与合作项目无任何联系。③

同时，合作领域的简单性十分突出。比如，在中国与东盟教育文化

---

① 崔瑶、魏晶：《文化视角下中国—东盟的交流与发展》，《海南热带海洋学院学报》2018年第2期。

② 《贵州举行第十一届中国—东盟教育交流周新闻发布会》，2018年7月12日，中华人民共和国国务院新闻办公室网站（http://www.scio.gov.cn/m/xwfbh/gssxwfbh/xwfbh/guizhou/Document/1633553/）。

③ 李珊：《"一带一路"背景下创新中国—东盟职业教育交流合作的探索》，《广西青年干部学院学报》2019年第29期。

交流中，传统文化所占比重较大，且主要集中在体育、语言学习、艺术、教育论坛等方面，而现代新兴文化产业较少。中国与东盟教育文化合作领域中，科技创新机制尚未真正建立，交换产品中的科技含量比较低，双方运用现代科技能力较差，科技投入相对不足，文化产业新产品开发和创造能力相对薄弱。上述问题导致双方合作领域一直处在简单化状态，无法满足公众高层次的文化需求。因此，需要通过各种便利政策，为东盟国家提供相应交流平台，促进国家间科技人员交流与学习，实际提高双方科研能力和创新能力。

2. 文化教育方面

基础教育方面，由于汉语热的不断兴起，东盟各国的教育机构都设置了汉语课程，并逐渐作为必修和考试的科目。[①] 孔子学院和孔子课堂在东盟国家中除了文莱未建立以外，孔子学院建立了40个，孔子课堂建立了18个，泰国以16个孔子学院11个孔子课堂占据东盟各国孔子学院和孔子课堂数量首位。[②] 孔子学院和课堂的建立不仅满足了东盟各国人民对汉语学习的需要，还增进了东盟国家人民对中国语言文化的了解，加强了中国与东盟各国教育文化交流合作，促进了友好交流。中国—东盟自贸区建立以来，选择学习小语种的学生逐渐增多，高校也纷纷开设热门小语种，为中国—东盟经贸合作培养了大批人才。[③] 随着双方教育合作加强，越来越多的学生选择小语种学习。东盟国家来华留学生人数从2010年约5万人增长到2018年超过10万人，中国去往东盟国家的留学生人数从2010年的约2万人增长到2018年的7万多人。其中，2018年留学生生源国中，排名最前的5个国家均属东盟区域，分别是泰国28608人、印度尼西亚15050人、老挝14645人、越南11299人、马来西亚9479人。[④] 双方正打造"升级版"，实现双方学生流动总规模到2025年达到30万人的

[①] 张一帆：《中国—东盟教育合作现状分析》，《对策研究》2007年第11期。
[②] 孔子学院官网：http://www.hanban.org/confuciousinstitutes/node_10961.htm，2020年12月2日。
[③] 曾雁：《东盟小语种人才服务于贸易现状调查报告——以广西区学生的抽样调查为例》，《企业科技与发展》2019年第5期。
[④] 中华人民共和国教育部官网：http://www.moe.gov.cn/jyb_xwfb/moe_2082/zl_2019n/2019_zl57/201907/t20190726_392324.html，2019年7月26日。

目标。特别是广西和云南已成为东盟小语种人才培养基地。同时，为了让学生有机会到母语国家留学，广西多所高校与东盟相关高校建立了长期教育合作机制。尽管中国—东盟在教育文化、人文交流与合作中取得了显著成效，但与中国—东盟经济交流、政治交流相比，文化教育交流差异较大。

一是文化教育差异较大。这种文化差异主要表现在传统文化差异、现代制度文明差异、信仰差异等。比如印度尼西亚国家中信仰穆斯林的人口占总人口的九成左右，是世界上穆斯林人数最多的国家，马来西亚国家也有六成以上人口信仰穆斯林，并且在国家和地方上享有政治优势。[1] 宗教不同、信仰不同、文化与制度差异，更容易产生误解和摩擦。因此，在教育文化传播和交流中需要更多的包容、更多的理解，需要求同存异。

二是文化普及性不强。东盟十国间经济发展存在较大差异，因此，在开展教育文化合作上存在较大难度，除了像新加坡等经济富裕的少数国家外，多数东盟国家人均收入仍较低，文化生产、文化消费能力有所欠缺，文化市场发育程度较低，呈现文化传播的官方性较强，民间普及性不够。因此，需要在民间交流方面进一步开展务实文化教育，做到面向基层、面向群众，鼓励民间加强教育文化友好往来。当前，中国—东盟高等教育由于合作主体不同，有四种合作模式：国家合作、地方合作、大学合作和混合合作。四种合作模式都以跨境资源共享为基础，以相同的教育目标为支撑，实现合作共赢，保障共同利益，促进双方高等教育国际化发展。因此，中国和东盟国家高等教育可以通过政府创造合作条件支持合作，非政府组织创造高校间合作机会，通过双方师生交流夯实合作基础，学校积极探索科研及教学合作方式，各相关主体促进产学合作，利用"一带一路"契机开展多方合作等机制推进合作。[2]

3. 科学技术方面

2012 年，中国科技部部长万钢和东盟各国科技发展领域高层在广

---

[1] 李铭：《中国—东盟在教育文化领域合作机制建设探究——基于"21 世纪海上丝绸之路"研究视角》，《太原城市职业技术学院学报》2019 年第 7 期。

[2] 彭跃刚、丁龙：《中国—东盟高等教育合作机制思考》，《教育文化论坛》2019 年第 3 期。

西南宁举办了首届中国—东盟科技部长会议共同启动了《中国—东盟科技伙伴计划》。中国—东盟技术转移中心（以下简称"中心"）由中国科技部、东盟科技委及东盟有关国家科技主管部门共建，总部设在中国广西南宁，由广西科技厅负责日常管理。也是中国目前唯一一家国家级的面向东盟的技术转移机构。[1] 该"中心"旨在推动中国与东盟各国之间科技交流，促进中国与东盟各国科技创新。致力于成为中国和东盟国家影响面最广、技术转移资源最丰富的技术转移服务网络。

当前，中国—东盟技术转移工作已成为双方合作重点。伴随区域内各国交流日益频繁，中国—东盟科技合作与技术转移信息服务平台（以下简称"平台"）[2] 作为双方科技交流与合作的一个重要载体，不断促进中国与东盟国家之间技术转移，推动中国与东盟国家创新区域一体化发展。因此，在新一轮机遇和挑战中，如何进一步提升和优化中国—东盟科技合作与技术转移信息服务平台功能，进一步借助该平台提升中国—东盟科技合作与技术转移的服务能力、现代信息技术、网络协同工作等数字化手段非常重要。[3] 在中国—东盟科技伙伴关系和双边科技合作机制框架下，中国已支持超过 1000 个合作项目，服务于双方产业和社会民生。中国科技对外开放政策已得到东盟各国的广泛认可。比如柬埔寨国家科技委员会主席邓西尼指出"科技创新是增加就业、减少贫困、加快经济增长的关键因素。中国通过技术转移协助我们改善基础设施建设，解决当地在电力供应、农村交通等方面的问题。中国经济发展促进了柬埔寨的经济增长，这是现代邻国关系的楷模"。

---

[1] 《"中国—东盟技术转移中心"正式获批国家级国际技术转移中心》，2013 年 11 月 2 日，中华人民共和国科学技术部官网（http://www.most.gov.cn/dfkj/gx/zxdt/201311/t20131111_110261.htm）。该平台采用先进的计算机网络和通信技术，建成了中、英、越等语言版本的"中国—东盟科技合作与成果转化网"门户网站，以及一批行业子站和应用系统，集成和展示了区域内政府、科技企业、科研院所、大专院校、示范园区、中介机构等各类科技资源，以开展区域内先进实用技术网上展览与交易服务为重点，面向中国和东盟国家双向发布科技经济资讯、政策、标准、行情、展会、供求、分析、预警等信息，同时提供项目合作、供需撮合、信息交流、成果展示、技术引进、产品输出、电子商务、人才培训等一揽子服务。

[2] 李婷：《促进广西开展中国—东盟技术转移服务平台的思考》，《大众科技》2014 年第 14 期。

[3] 万锦辉、苏浩、万莉：《浅析中国—东盟科技合作与技术转移信息服务平台服务能力的提升》，《大众科技》2019 年第 21 期。

在东盟国家，无论是"接地气"的种植、育种、病虫害防治等基础农业领域，还是新能源、高速铁路、生物技术、电子信息、遥感卫星数据等"高大上"的科技领域，都可以看到中国先进的科技创新技术在东盟国家落地生根、开花结果。目前，已有百余名东盟青年科学家在中国开展短期科研工作，数千名科学技术和管理人员来华培训。中国已与东盟各国在铁路、能源、生物、海洋等重点领域共建了10余个国家级联合实验室，基本形成了覆盖中国和东盟国家的技术转移网络。此外，中国还在与泰国、菲律宾、印尼等多个东盟国家启动或探索科技园区合作，正努力实现双方在科技方面的双向交流。

三 新时期中国—东盟文明交流互鉴新特征

（一）已进入全方位发展新阶段

2018年11月，中国—东盟领导人会议发表了《中国—东盟战略伙伴关系2030年愿景》（以下简称《愿景》），中国成为第一个与东盟国家制定中长期愿景的对话伙伴国。《愿景》构建以政治保障、经济发展、文化交流三大内容为载体，多领域合作为核心的合作新框架，构建更高水平的中国—东盟战略伙伴关系。可以说，中国—东盟关系展现出了强大的生机与活力，呈现多层次、宽领域、全方位的发展势头，具体表现为关系发展路径"更明"、战略互信水平"更高"、经贸合作增长"更稳"、人文友好交往"更热"、国际地区意涵"更广"。[①] 应该说，中国与东盟关系已迈入提质升级的成熟期，已进入全方位发展新阶段。

《愿景》也同时彰显了双方关系的引领性，这是双方政治互信进一步提升提质的重要表现。2018年4月，东盟10国领导人和东盟秘书处负责人集体出席第二届"'一带一路'国际合作高峰论坛"，凸显了双方领导人的高度互信。2019年10月，中国—东盟自贸区升级议定书对所有协定成员全面生效。在全球多边贸易依然是大势所趋背景下，东盟与中国日益密切的双边关系就是多边主义、开拓市场与体现自由贸易活力的实力证明。

---

① 《中国—东盟关系进入全方位发展的新阶段——专访中国驻东盟大使黄溪连》，2019年7月31日，人民网（http：//world.people.com.cn/n1/2019/0731/c1002 - 31268075.html）。

（二）深层次、宽领域合作新阶段

2010年1月1日，随着汇集世界上人口最多、发展中国家间最大的中国—东盟自贸区的正式建成，这一里程碑式的合作经历了10多年发展，双边货物、服务贸易、人员流动等实现了高速增长，产业链、价值链实现了深度融合，自贸区用"黄金十年"真正惠及约19亿人口，也标志着中国与东盟的经贸关系迈入了一个崭新的时代，这既给世界经济注入了新的强大推动力，同时也成为了区域经济一体化合作的典范。2019年，中国—东盟建立战略伙伴关系第16周年，双方关系取得了巨大发展，其引领性、实质性和战略性日益凸显。

根据中国商务部官网数据显示，中国—东盟自贸区框架内已取消了7000种产品关税，90%以上商品实现零关税。2002年自贸区建设启动时，双方贸易额只有548亿美元，2019年突破6000亿美元，2020年，东盟成为中国第一大贸易伙伴。尽管新冠肺炎疫情带来了一定影响，但中国和东盟贸易却一如既往的强劲。[1] 中国连续12年成为东盟第一大贸易伙伴，中国一贯坚持把东盟作为周边外交优先方向，坚持睦邻友好，坚持互利共赢。

从2019年中国对主要国家和地区货物进出口金额、增长速度及其比重可看出（见表1-2），比重最高的是欧盟，东盟位列第三，排在美国之后，但从2018年增长率来看，中国对东盟出口额增长率仅次于中国台湾地区，达17.8%，欧盟增长率为9.6%，美国为-8.7%；中国对主要国家和地区的进口额中最高的是东盟，比出口最高的欧盟高了393亿元，而美国不到1万亿元，进口额增长率东盟仅次于中国香港，排在第二位，达9.8%，欧盟为5.5%，美国为-17.1%，该年有5个国家和地区为负数。另外，从占全部进口比重指标看，东盟也排在第一位，高于排在第二位的欧盟0.3个百分点。与欧盟相比，中国与东盟之间货物贸易增长更快，贸易政策也显得更为友好，双方通过一系列贸易互惠措施积极构建了对话合作机制，促进了双方技术、货物、服务、信息和资金畅通，不断深化了双方经贸合作。中国和东盟经济具有较强互补性，自贸区的建

---

[1] 《中国与东盟贸易往来强劲依旧 展现多边贸易活力》，2020年3月8日，贵州日报社官方新闻网（http://www.ddcpc.cn/detail/d_guoji/11515115331639.html）。

成和关税水平的大幅降低使生产要素在该区域内的流动效率大幅提升，贸易与收入增长显而易见。

表1-2　　2019年中国对主要国家和地区货物进出口金额、增长速度及其比重　　（单位：亿元、%）

国家和地区	出口额	比上年增长	占全部出口比重	进口额	比上年增长	占全部进口比重
欧盟	29564	9.6	17.2	19063	5.5	13.3
东盟	24797	17.8	14.4	19456	9.8	13.6
美国	28865	-8.7	16.7	8454	-17.1	5.9
日本	9875	1.7	5.7	11837	-0.6	8.3
中国香港	19243	-3.6	11.2	626	10.9	0.4
韩国	7848	6.6	4.4	11960	-11.4	8.4
中国台湾	3799	18.3	2.2	11934	1.9	8.3
巴西	2453	10.8	1.4	5501	7.4	3.8
俄罗斯	3434	8.5	2	4208	7.5	2.9
印度	5156	2.1	3	1239	-0.2	0.9
南非	1141	6.4	0.7	1784	-0.8	1.2

资料来源：《中华人民共和国2019年国民经济和社会发展统计公报》，国家统计局官网（http：//www.stats.gov.cn/tjsj/zxfb/202002/t20200228_1728913.html），2020年2月3日。

作为中国和东盟数字合作的重要载体，中国—东盟信息港经过近5年的建设，逐步形成了以广西为支点的信息枢纽，该项目已建成了3条国际通信海缆、12条国际陆地光缆和13个重要通信节点。中国已与泰国、老挝等9个东盟国家建立了双边技术转移工作机制。2020年7月31日，中国北斗三号全球卫星导航系统正式开通，东盟是中国在北斗卫星导航领域开展全球合作的重要区域。中国—东盟北斗科技城、中国—东盟卫星导航国际合作联盟、中国—东盟北斗智能产业园、中国—东盟北斗/GNSS（南宁）中心等合作项目和机构相继落地。[①] 与此同时，双方产

---

① 《中国与东盟贸易往来强劲依旧　展现多边贸易活力》，2020年8月3日，当代先锋网（http：//www.ddcpc.cn/detail/d_guoji/11515115331639.html）。

业承接的梯次性和互补性不断增强，数字经济、电子商务、智慧城市、5G等领域正成为双方合作的新增长点。合作发展多年来，中国—东盟双边企业早已不止于单纯的贸易往来，而是彼此借助对方优势，在自贸区范围内配置资源和技术，实现产业深度融合与产业互补。东盟致力于与中国开展深入合作，东盟也强烈希望中国持续支持东盟共同体建设、支持东盟在区域合作中的中心地位，以实现双方共享机遇、共赢挑战，构建更为紧密的命运共同体。

人文交流是中国—东盟关系中的重要支柱。近年来，双方人员往来日益密切，据统计，2018年双方人员往来达5700万人次，每周近4000个航班往返于中国和东盟国家间，双边往来再创新高。在"一带一路"倡议框架下，中国和东盟国家已签署多份文化、旅游合作文件，推动建立中国—东盟双边、多边文化旅游合作机制。双方在跨境游方面新项目不断落地，旅游产业合作更上新台阶。[1] 双方有20余万名留学生在彼此国家学习，这将为双方人文交流尤其是青年交流、提高高层次人才储蓄等提供持续"充电宝"。

中国—东盟关系迈入提质升级、全方位发展新阶段，人文交流作为双方关系第三支柱作用更加凸显。日益密切的人文交流有助于跨越地域、民族、文化，促进民心相通，为建设更加紧密的双边关系奠定坚实民意基础，中国—东盟命运共同体建设是人类命运共同体理念在中国周边的先行先试，将为亚洲命运共同体和人类命运共同体建设起到良好示范作用。[2]

第四节　中国—东盟文明交流互鉴实施守则

习近平主席在2014年上海亚信峰会和博鳌亚洲论坛年会上相继提出了召开亚洲文明对话大会倡议。在国际社会热烈响应下，该倡议在中国

---

[1]《中国和东盟双边往来再创新高》，2019年8月16日，中华人民共和国中央人民政府网（http：//www.gov.cn/xinwen/2019-08/16/content_5421578.htm）。

[2]《中国—东盟关系进入全方位发展的新阶段——专访中国驻东盟大使黄溪连》，2019年7月31日，人民网（http://world.people.com.cn/n1/2019/0731/c1002-31268075.html）。

文明古都北京成为现实，有力地推动了亚洲命运共同体建设，开创了亚洲新未来。2019年5月15日，习近平主席在亚洲文明对话开幕式上发表主旨讲话提出，文明要因其多样性而相互交流。加强世界各国、民族和文化的交流和相互学习，夯实建设亚洲和人类命运共同体的人文基础。为此提出了以下建议。①

一 坚持相互尊重、平等相待

每一种文明都植根于自己生存的土壤，凝聚着一个国家、一个民族的非凡智慧和精神追求，都有自己的存在价值。"人类只有不同的肤色和语言，文明只有姹紫嫣红之别，绝无高低贵贱之分。认为自己的种族和文明高于其他民族和文明，坚持改造甚至取代其他文明，会带来灾难性的后果。"习近平主席用"愚蠢"形容这种肤浅的认识和行为并进一步强调："我们要坚持平等和尊重，摒弃傲慢和偏见，加深对本文明与其他文明差异的认识，促进不同文明之间的交流、对话与和谐共处。"②

二 坚持美人之美、美美与共

"夫物之不齐，物之情也"，但一切美好的事物都是相互联系的。每一种文明都是美的结晶，体现了创造的美。一切美好的事物都是相互联系的。人们对美好事物的向往是任何力量都无法抗拒的！不同文明之间没有冲突，只有眼睛才能欣赏到所有文明的美。我们不仅要让自己的文明充满活力，更要为其他国家的文明发展创造条件，让世界的文明花园开满鲜花。

三 坚持与时俱进、创新发展

文明的可持续发展不仅需要代代相传，而且更需要与时俱进，不断创新。世界文明史揭示了一条规律：任何文明都必须与时俱进，汲取时代精华。要用创新增加文明发展动力，激活文明进步源泉，不断创造跨

---

① 习近平：《深化文明交流互鉴 共建亚洲命运共同体——在亚洲文明对话大会开幕式上的主旨演讲》，《中华人民共和国国务院公报》2019年第15期。

② 习近平：《深化文明交流互鉴 共建亚洲命运共同体——在亚洲文明对话大会开幕式上的主旨演讲》，《中华人民共和国国务院公报》2019年第15期。

越时空、充满永恒魅力的文明成果。激发人们创新创造活力，最直接的方法莫过于走入不同文明，发现别人的优势与长处，启发自己的思维。根据中国文化和旅游部官网在线发布的 2019 年旅游市场统计数据显示，2019 年，全年中国公民出境旅游人数 1.55 亿人次，入境旅游人数 1.45 亿人次，[①] 这是促进中外各领域交流的重要力量，是激发人们创新创造活力最直接的方法。中国愿同各国紧密合作，实施亚洲旅游促进计划，为促进亚洲现代化进程、增进亚洲人民友谊贡献更大力量。[②] 上述三点主张，构成了加强不同文明交流互鉴的"中国方案"。

四 坚持兼收并蓄的精神气概

历史是最好的教科书，它忠实地记录着每个国家的足迹，为每个国家的未来提供了深刻启示。习近平主席生动地阐释了"只有交流互鉴，一种文明才能充满生命力"的逻辑，深刻阐述了"中华文明是在中国大地上产生的文明，也是同其他文明不断交流互鉴而形成的文明"[③]。透过历史长河镜头审视中华文明，我们可以看到一幅文明交流互鉴、繁荣多彩的美丽画卷。到了汉代，张骞被派往西域，丝绸之路充满驼铃声，商人在南亚与华夏之间往来不断；到了隋唐，隋唐使节络绎不绝，鉴真被派往日本东进，玄奘被派往西方学习佛经；元代，马可·波罗的游记让无数人向往中国；明代，郑和起航远航，七下西洋，和平交流明朝故事……

历史上，中华文明与其他文明之间也曾有过冲突、矛盾、质疑和排斥，但大多是学习、融合和创新。如佛教传入中国后经过长期演变，与中国儒家文化、道家文化实现了融合和发展，形成了具有中国特色的佛教文化和理论，并接着从中国传播到日本、韩国、东南亚等相关国家和地区，对这些地区佛教的形成产生了深远影响。同时，起源于中国的儒家思想已走向世界，成为人类文明的重要组成部分。当今，面对人类社

[①] 《2019 年中国公民出境旅游人数达 1.55 亿人次》，2020 年 3 月 11 日，中国科技网（http://stdaily.com/index/kejixinwen/2020-03/11/content_898543.shtml）。

[②] 习近平：《深化文明交流互鉴 共建亚洲命运共同体——在亚洲文明对话大会开幕式上的主旨演讲》，《中华人民共和国国务院公报》2019 年第 15 期。

[③] 习近平：《出席第三届核安全峰会并访问欧洲四国和联合国教科文组织总部、欧盟总部时的演讲》，人民出版社 2014 年版，第 12 页。

会的种种问题，诸多学者认为，包括儒家在内的中华文明蕴含着解决这些问题的重要答案。

历史源自现实。中华文明形成和发展的历史进程充分表明，只要中外文明交流顺利，中国就能为世界做出更大贡献。中国和中华文明也是如此，其他国家和文明也是如此。每一种文明都延续着一个民族的精神血液。要一代一代传下去，一代一代保护，与时俱进，不断创新。我们要在开放的世界中保持全体人民的胸怀，融会贯通各方之精华，把握时代潮流，着眼民族梦想，放眼世界未来，推动中华文明创造性转化和创新发展，焕发古老文明的活力。中国的"一带一路"倡议近年来已经生根发芽，推动了中国与各国文明交流互鉴不断深化，人员往来日益密切，文化交流成果更加丰硕。①

五 构建人类命运共同体

当今世界正在经历一个世纪以来从未发生过的巨大变化。随着世界多极化和经济全球化深入发展，社会信息化和文化多样性不断推进，人类文明发展到历史又一高峰，世界各国人民的命运从未像今天这样紧密相连。与此同时，人类也处在一个挑战不断、风险不断增加的时代。世界经济增长乏力，发展差距日益突出，地区战争时有发生，冷战思维和强权政治挥之不去，恐怖主义等非传统安全威胁继续蔓延。治理赤字、信任赤字、和平赤字和发展赤字是全人类面临的严峻挑战。②

如何解决当今世界面临的问题？习近平主席用文明交流互鉴的两个"应该"指出了解决办法，同时提出要从不同文明中寻求智慧和滋养，为人民提供精神支持和精神慰藉，共同解决人类面临的共同挑战。人类只有一个地球，所有国家共享一个世界。如果彼此相互联系，就会一起前进；如果彼此封闭，终究将倒退。为此，各国应团结协作，同心共建人类命运共同体。

---

① 《文明交流互鉴的正确态度和原则》，2019 年 5 月 5 日，人民网（http：//theory.people.com.cn/n1/2019/0505/c40531-31063320.html）。

② 《文明交流互鉴的正确态度和原则》，2019 年 5 月 5 日，人民网（http：//theory.people.com.cn/n1/2019/0505/c40531-31063320.html）。

第二章

中国—东盟经济交流互鉴与发展

从经济发展水平来看，除了新加坡外，中国和东盟大多数成员国都是发展中国家，相比与欧盟等发达经济体的合作，中国—东盟贸易中产生贸易摩擦的可能性相对要小，因为中国产品价格相对低廉，产品质量不低，经济发展程度差距不大，市场发育程度相近。从发展前景看，东盟人口规模大，未开发市场发展潜力较大，是世界上第六大经济体。综合各项因素，说明中国与东盟经济交流互鉴潜力十分巨大，对双方来说，可更好地实现优势互补、互利合作共赢，有利于双方发展，实现共同繁荣。

第一节 中国—东盟国家收入发展状况

东盟是中国推进"一带一路"倡议的重要伙伴，是海上丝绸之路的重要起点，是中美在亚太地区博弈的重要前沿。在深入推进"一带一路"建设的巨大合作机遇下，全方位经济合作已成为中国—东盟各国合作的重点领域，以中国—东盟自贸区为依托，推动双边在商品贸易、基础设施建设、产业合作、数字经济、跨境产业园、智慧城市、现代服务业和5G等领域的合作。中国提出"一带一路"建设不只是为了中国发展，而是和东南亚国家以及"一带一路"沿线所有国家共同发展、一起发展。"一带一路"建设构想提出后，受到了周边国家高度关注和积极响应，尤其得到了东南亚各国的高度重视与支持。随着中国与东盟合作不断加深，经济贸易往来越来越密切，实现了双方互利共惠，完全符合区域各国共同愿景。

一　收入类型比较

中国—东盟国家经济发展水平不一，无论是经济增速、经济总量、人均 GDP 发展水平还是产业结构等方面都存在一定差异。自 2002 年中国—东盟签署经济合作框架以来，中国与东盟十国经济发展速度越来越快，大多数国家经济增速高于同期世界平均增长水平。

根据世界银行 2000—2019 年按收入上限值划分国家类型标准，中国—东盟国家人均国民收入变化呈现以下特征（见表 2-1）。

第一，收入增长及收入类型变化。2000—2019 年，中国—东盟国家收入水平不断提高，除个别国家外，大多数国家收入水平始终低于世界平均水平，说明该区域收入整体水平较低。2000 年，中国人均 GNI 占同期世界平均水平的 17.17%，文莱和新加坡属高收入国家，分别是同期世界 GNI 水平的 6.56 倍、6.14 倍。马来西亚属中等偏上收入国家，其人均 GNI 是同期世界水平的 1.18 倍。此外，中国、泰国、菲律宾三国属于中等偏下收入国家，人均 GNI 均未超过同期世界平均值；柬埔寨、老挝、印度尼西亚、缅甸四国属低收入国家，人均 GNI 离同期世界水平差距较大。2000 年，中国和东盟十国高收入、中等偏上收入类型仅 3 个。经过近 20 年发展，2019 年，世界人均 GNI 平均净增长 6095 美元，中国—东盟国家人均 GNI 增长幅度较大。其中人均 GNI 增长幅度最大的三国是新加坡、文莱、中国，分别净增长了 35910 美元、17550 美元、9470 美元。新加坡、文莱继续保持高收入国家行列，中国、泰国、印度尼西亚、马来西亚四国相继进入中等偏上收入国家行列；除了菲律宾一直停留在中等偏下收入国家行列外，柬埔寨、老挝、缅甸与越南四国相继从低收入国家进入到中等偏下收入国家。2019 年，进入中等偏上收入及以上国家有 6 个，域内所有国家均进入中等收入行列，无低收入国家。

第二，收入类型转变节点。根据世界银行数据库统计数据及收入划分标准，印度尼西亚 2002 年人均 GNI 达 790 美元，率先从低收入国家进入中等收入行列，同时于 2019 年进入中等偏上收入行列。其余各东盟低收入国家，柬埔寨、老挝、缅甸、越南分别在 2015 年、2011 年、2012 年、2008 年进入中等偏下收入行列。中国、泰国、马来西亚分别于 2010 年、2006 年、1988 年达到中等偏上收入行列。新加坡、文莱继续处于高

表 2-1　2000—2019 年中国—东盟十国收入类型比较

（单位：美元）

国别	2000 年 收入	2000 年 类型划分	2005 年 收入	2005 年 类型划分	2010 年 收入	2010 年 类型划分	2015 年 收入	2015 年 类型划分	2019 年 收入	2019 年 类型划分
世界	5475	中等偏上	7337	中等偏上	9380	中等偏上	10595	中等偏上	11570	中等偏上
中国	940	中等偏下	1760	中等偏下	4340	中等偏上	7950	中等偏上	10410	中等偏上
柬埔寨	300	低收入	460	低收入	750	低收入	1060	中等偏下	1480	中等偏下
老挝	280	低收入	460	低收入	1000	低收入	2000	中等偏下	2570	中等偏下
缅甸	—	—	270	低收入	860	低收入	1190	中等偏下	1390	中等偏下
泰国	1980	中等偏下	2790	中等偏下	4580	中等偏上	5710	中等偏上	7260	中等偏上
越南	410	低收入	630	低收入	1250	中等偏下	1950	中等偏下	2540	中等偏下
印度尼西亚	580	低收入	1220	中等偏下	2530	中等偏下	3430	中等偏下	4050	中等偏上
新加坡	23680	高收入	28820	高收入	44930	高收入	53160	高收入	59590	高收入
文莱	14680	高收入	23090	高收入	33300	高收入	38850	高收入	32230	高收入
马来西亚	3460	中等偏上	5270	中等偏上	8260	中等偏上	10680	中等偏上	11200	中等偏上
菲律宾	1150	中等偏下	1380	中等偏下	2370	中等偏下	3380	中等偏下	3850	中等偏下

注：数据为按图表集法衡量的人均国民总收入（GNI）（现价美元）。

资料来源：世界银行数据库：https://data.worldbank.org.cn/indicator/NY.GNP.PCAP.CD?view=chart，2020 年 11 月 3 日。

等收入行列，菲律宾长期处于中等偏下收入行列，国民收入增长缓慢。

第三，2019年在全球经济增速放缓的大环境下，世界人均GNI较2015年仅增长了975美元，但仍整体高于中国和东盟大多数国家。其中，域内中等偏上收入国家的中国、泰国、马来西亚和印度尼西亚分别比世界平均值低了1160美元、4310美元、370美元和7520美元；人均GNI较低的3个国家分别是缅甸、柬埔寨、越南，分别仅占世界同期值的12.0%、12.8%、22.0%。总体来看，除了新加坡、文莱两国人均GNI高于世界外，中国和其余东盟国家均低于世界平均值。很大程度上说明，中国和东盟各国人均国民收入状况仍较低，与世界平均值存在较大差距。同时，区域内各国也存在较大收入差距。2019年，缅甸、柬埔寨人均GNI分别只是中国人均GNI的13.4%、14.2%，仅相当于同期新加坡的2.3%、2.5%。区域收入差距的扩大也是推动域内各国进行广泛合作的目的和动力。只有加强区域紧密沟通和务实合作，实现区域内国家在人口、资源、技术、贸易等方面的互补，才能提高各国经济收入与区域综合实力。

二 国内生产总值比较

（一）GDP总量

2000—2019年，无论世界GDP总量，还是中国或东盟各国该值均实现了大幅增长。据世界银行数据库数据，1978年，中国GDP总量约为0.1495万亿美元，全球排不进前十位。2019年，中国总量达14.343万亿美元，全球排名第二，总量增长超过近96倍。同期美国该值仅从2.3566万亿美元增长到21.374万亿美元，仅增长了9.07倍。

2019年，中国和东盟十国中，GDP总量排前三位的分别为中国、印度尼西亚和泰国（见表2-2）；GDP总量排在后三位的分别是文莱、老挝和柬埔寨。中国GDP总量占世界的16.35%，东盟十国GDP总量占世界总量的3.62%。东盟十国与中国相比，经济总量差距仍较大。值得注意的是，至2019年底，国土面积仅724.4平方公里的新加坡，人口570.36万人，GDP总量在东盟国家排第四位，这一定程度上说明新加坡产业结构科学、布局合理、发展成熟，服务业在其整个国民经济发展中举足轻重，以技术密集型、资金密集型为主的经济发展模式尤为适合该国发展。

从 GDP 增量看，2000—2019 年，以中国增量最多，2019 年比 2000 年增加了 131317 亿美元（见表 2-2）；其次是印度尼西亚、泰国，分别增加了 9540 亿美元、4173 亿美元。增量较少的是文莱和老挝，分别仅增加了 75 亿美元、165 亿美元。同时柬埔寨与缅甸 GDP 增量未超过 1000 亿美元。从 GDP 增长比例看，中国增长最快，2019 年较 2000 年增长了 1184%，其次是老挝、缅甸，分别增长了 1071%、855%，这主要由于上述两国 2000 年 GDP 总量偏低导致。

表 2-2　　2000—2019 年中国—东盟十国 GDP 比较　　（单位：亿美元）

国别＼年份	2000	2005	2010	2015	2016	2017	2018	2019
世界	336190	475170	661130	751990	763360	812290	863570	876980
中国	12113	22860	60872	110620	112330	123100	138950	143430
印度尼西亚	1650	2859	7550	8609	9319	10154	10421	11190
泰国	1264	1893	3411	4013	4134	4563	5065	5437
新加坡	961	1278	2398	3080	3180	3419	3732	3721
马来西亚	938	1435	2550	3014	3013	3190	3586	3647
菲律宾	837	1074	2084	3064	3186	3285	3468	3768
越南	312	576	1159	1932	2053	2238	2452	2619
缅甸	89	120	495	678	672	689	762	761
柬埔寨	37	63	112	180	202	222	246	271
老挝	17	27	71	144	158	169	180	182
文莱	60	95	137	129	114	121	136	135

资料来源：整理于世界银行数据库官网：https://data.worldbank.org.cn/indicator/NY.GDP.MKTP.CD?view=chart，2020 年 11 月 3 日。

（二）人均 GDP 比较

2019 年，除了新加坡、马来西亚、文莱等少数国家外，中国和其余东盟各国人均 GDP 均未达到世界平均值（见表 2-3），且各国人均 GDP 变化有较大差异。2000—2019 年，新加坡、马来西亚和文莱该值一直高于世界平均值，期间新加坡、文莱分别增加了 41381 美元、13074 美元。不过文莱人均 GDP 与世界均值所占比重在持续缩小。

2000 年，文莱人均 GDP 是世界的 3.28 倍，2019 年下降到 2.72 倍，这一定程度上说明文莱经济增速缓于世界平均水平，新加坡期间提高了 1.4 倍，说明其人均 GDP 增速远高于世界平均值。其他东盟国家人均 GDP 虽暂时未能达到或超过世界平均值，但与 2000 年相比，2019 年东盟各国与世界差距在缩小。

表 2-3　　2000—2019 年中国—东盟十国人均 GDP　　（单位：现价美元）

国别＼年份	2000	2002	2005	2010	2015	2016	2017	2018	2019
世界	5491	5526	7287	9538	10217	10248	10768	11296	11429
中国	959	1149	1753	4550	8033	8079	8759	9771	10262
印度尼西亚	780	900	1263	3122	3332	3563	3837	3894	4136
泰国	2008	2096	2894	5076	5840	5979	6578	7274	7808
新加坡	23852	22160	29961	47237	55647	56724	60298	64582	65233
马来西亚	4044	4166	5587	9041	9955	9818	10254	11373	11415
菲律宾	1039	1000	1194	2124	2867	2941	2982	3103	3485
越南	390	430	687	1318	2085	2192	2366	2567	2715
缅甸	191	142	245	979	1133	1192	1250	1326	1408
柬埔寨	303	339	474	786	1163	1279	1385	1510	1643
老挝	325	320	476	1141	2135	2309	2424	2542	2535
文莱	18013	16850	26105	35270	31165	27158	28572	31628	31087

资料来源：整理于世界银行数据库官网：https://data.worldbank.org.cn/，2020 年 11 月 3 日。

2000—2019 年，除了新加坡、文莱、马来西亚三国人均 GDP 高于世界平均值外，中国与东盟其余七国人均 GDP 增量最高的三国，分别是中国、泰国和印度尼西亚，2019 年比 2000 年分别增长了 9303 美元、5800 美元和 3356 美元，2019 年比世界人均 GDP 分别低 1167 美元、3621 美元和 7293 美元，2019 年比 2000 年分别增长了 10.7 倍、3.89 倍、5.3 倍，说明上述三国经济增长迅速，发展潜力较大。人均 GDP 增长最慢的 3 个国家分别是缅甸、柬埔寨和老挝，2019 年比 2000 年分别仅增长了 1217 美元、1340 美元和 2210 美元。相对于人均 GDP 增长最快的几个国家，缅甸、柬埔寨和老挝，包括越南，人均 GDP 增速缓慢，说明上述四国经济增长较为乏力。

(三) GDP 增长率

与世界平均值比较看，2000—2019 年中国和东盟十国 GDP 增长整体高于世界平均增速（见表 2-4）。除了文莱在个别年份低于世界平均增速外，中国和其余东盟九国均超出当年世界平均值，尤其中国、新加坡、缅甸、柬埔寨四国，GDP 增长最快超出世界平均增速五倍多。说明中国和东盟地区在很长一段时间内，经济发展充满活力，处于一个经济快速发展的阶段。

表 2-4　　　2000—2019 年中国—东盟十国 GDP 增长率　　　（单位：%）

国别＼年份	2000	2002	2005	2010	2015	2016	2017	2018	2019
世界	4.385	2.182	3.915	4.301	2.879	2.592	3.262	3.042	2.475
中国	8.492	9.131	11.396	10.636	7.042	6.849	6.946	6.752	6.109
印度尼西亚	4.92	4.499	5.693	6.224	4.876	5.033	5.07	5.17	5.025
泰国	4.455	6.149	4.188	7.513	3.134	3.429	4.066	4.151	2.372
新加坡	9.039	3.915	7.359	14.526	2.989	3.243	4.337	3.438	0.733
马来西亚	8.859	5.391	5.332	7.425	5.092	4.45	5.742	4.742	4.33
菲律宾	4.411	3.716	4.943	7.334	6.348	7.149	6.931	6.341	6.041
越南	6.787	6.321	7.547	6.423	6.679	6.211	6.812	7.076	7.017
缅甸	13.746	12.026	13.569	9.634	6.993	5.75	6.405	6.75	2.888
柬埔寨	10.712	6.579	13.25	5.963	7.036	7.031	6.829	7.469	7.054
老挝	5.799	5.919	7.108	8.527	7.27	7.023	6.893	6.248	4.652
文莱	2.849	3.872	0.388	2.599	-0.392	-2.478	1.329	0.052	3.869

资料来源：整理于世界银行数据库官网：https://data.worldbank.org.cn/indicator/NY.GDP.MKTP.KD.ZG?view=chart，2020 年 11 月 3 日。

从各国 GDP 增长情况看，除了文莱在 2014—2016 年连续 3 年负增长外，泰国和马来西亚分别在 2009 年、新加坡在 2001 年也出现了负增长，中国和其余东盟六国在 2000—2019 年均为正增长。同时只有印度尼西亚、菲律宾、越南和文莱四国 GDP 增长率 2019 年高于 2000 年，分别高了 0.105%、1.63%、0.23% 和 1.02%，整体呈上升趋势。基于产业结构、经济发展形式等方面，除了文莱外，其他三国还处于经济发展初期阶段，经济总量基数小，增长相对较快。2019 年，中国和其余东盟六国 GDP 增长率不同程度地均低于 2000 年，其中中国、泰国、新加坡、马来西亚、缅甸、柬埔寨、老挝分别下降了2.383%、2.083%、8.306%、4.529%、10.858%、3.658%、1.147%，说明上述六国随着经济发展不断推进，各国都相应面临了不同经济增长压力。

比较中国和东盟十国GDP增长率，2000年，中国该值为8.492%，东盟国家中有新加坡（9.039%）、马来西亚（8.859%）、缅甸（13.746%）、柬埔寨（10.712%）四国GDP增长率高于中国；2019年，中国为6.109%，东盟中仅越南（7.017%）、柬埔寨（7.054%）高于中国。说明很长一段时间以来，中国经济增长潜力和后劲强劲，相比中国，东盟十国总体经济发展势头逊色于中国，这与各国劳动力素质和供给、产业结构布局、经济发展方式等因素相关，也为中国—东盟国家经济交流提供了合作基础与前提条件。

（四）人均GDP增长率

2010年以前，世界人均GDP增长率呈起伏变化，自2010年开始持续下降，很大程度上受到了2008年国际金融危机影响，不管中国还是东盟十国都呈现一致性下降。相比2010年，2019年人均GDP增长率高于2010年的只有越南、柬埔寨和文莱（见表2-5），分别增长了0.631%、1.172%、1.485%。自2000年以来，文莱分别在2004年（-1.213%）、2005年（-1.174%）、2007年（-1.101%）、2008年（-3.091%）、2009年（-2.912%）、2012年（-0.428%）、2013年（-3.411%）、2016年（-3.615%）等年份出现了负增长；此外泰国在2009年（-1.189%）；新加坡在2008年（-3.411%）、2009年（-2.854%）、2019年（-0.413%）；马来西亚在2001年（-1.665%）、2009年（-3.286%）；菲律宾在2009年（-0.212）；柬埔寨在2009年（-1.403）等呈现负增长。最近年份中，2018年、2019年文莱与新加坡人均GDP出现负值，说明近20年来，大多数国家人均GDP增长率出现曲折发展，未能实现持续增长。

2019年，中国人均GDP增长率为5.73%，东盟十国人均GDP增长率排名前三的是越南（5.995%）、柬埔寨（5.517%）、菲律宾（4.604%）（见表2-5）；排名后三位的分别是新加坡、泰国、缅甸，分别为-0.413%、2.082%、2.246%。说明中国、越南等新兴经济体经济发展潜力较大，仍持续在较高位运行；文莱（2.833%）、新加坡等高收入国家受经济发展方式、产业结构调整、市场大环境等因素影响,经济持续增长压力较大,经济发展存在不确定因素。

表2-5　　　　2000—2019年中国—东盟十国人均GDP增长率　　　（单位:%）

年份 国别	2000	2002	2005	2010	2015	2016	2017	2018	2019
世界	3.022	0.894	2.635	3.061	1.691	1.413	2.096	1.918	1.385
中国	7.64	8.402	10.743	10.103	6.499	6.272	6.35	6.266	5.73
印度尼西亚	3.482	3.091	4.29	4.812	3.555	3.76	3.842	3.984	3.875
泰国	3.37	5.271	3.517	6.988	2.72	3.044	3.708	3.823	2.082
新加坡	7.167	2.971	4.865	12.514	1.774	1.913	4.244	2.953	-0.413
马来西亚	6.36	3.22	3.28	5.624	3.688	3.041	4.313	3.335	2.955
菲律宾	2.181	1.559	2.978	5.561	4.682	5.547	5.396	4.867	4.604
越南	5.619	5.288	6.56	5.364	5.571	5.12	5.731	6.018	5.995
缅甸	12.435	10.905	12.675	8.875	6.181	5.023	5.733	6.103	2.246
柬埔寨	8.264	4.62	11.485	4.345	5.333	5.369	5.207	5.879	5.517
老挝	4.043	4.306	5.441	6.781	5.656	5.386	5.245	4.616	3.076
文莱	0.702	1.851	-1.174	1.348	-1.626	-3.615	0.213	-0.995	2.833

资料来源:整理于世界银行数据库官网:https://data.worldbank.org.cn/indicator/NY.GDP.PCAP.KD.ZG? view = chart,2020年11月3日。

基于从GDP总量、人均GDP、GDP增长率和人均GDP增长率等各项指标比较可知,受益于过去近20年间中国经济社会发展迅速、经济转型、产业结构调整与升级等相关因素影响,东盟各国经济也取得了重大成果,中国经济总量和增长速率均高于东盟国家,但受人口基数大、收入分配等影响,中国人均GDP总量暂落后于部分东盟国家。新加坡、文莱依旧保持雄厚的人均经济实力,泰国、马来西亚、越南、印度尼西亚等新兴经济体发展迅速,增长潜力大;缅甸、柬埔寨、老挝等国暂时处于经济发展初级阶段,经济总量偏低,增长较为缓慢。总体上说,中国与东盟十国经济总量和经济发展速度均超过世界平均水平;域内国家呈现经济总量雄厚、高收入和欠发达等类型的多元并存;经济发展方面,中国与东盟国家以及东盟内部各国间,经济发展合作潜力巨大,经济互补性很强。

三 经济发展状况

（一）金融合作和开放发展状况

中国与东盟金融合作和金融开放取得了重大进展，成绩斐然。2019年，中国—东盟贸易额达6415亿美元，增长9.2%，快于中国对外贸易平均增速。2020年，双方贸易额6846.0亿美元，同比增长6.7%，[①] 东盟首次成为中国最大贸易伙伴。贸易量的大幅增加，为人民币跨境贸易结算提供了强大的需求支撑。东南亚已成为人民币跨境收付的重要地区，人民币国际化进程有望在东南亚率先实现。

据中国人民银行发布的《2020年人民币国际化报告》显示，2019年，人民币国际化发展呈现出人民币跨境结算规模保持持续增长；人民币在跨境交易中使用比例继续提升，全年人民币跨境收付金额合计19.67万亿元，同比增长24.1%，在2018年高速增长的基础上继续保持快速增长，收付金额创历史新高，成为全球第五大支付货币。人民币继续保持在全球货币体系中的稳定地位。人民币跨境收付占同期本外币跨境收付总金额的比重为38.1%，创历史新高，相比较于2018年，同比增加了5.5个百分点。[②] 其中，新加坡跨境收款比例居世界第二位，仅次于中国香港。受全球新冠肺炎疫情的影响，2020年上半年，全国收付金额依然高达12.67万亿元，同比增长36.33%，人民币跨境收付继续保持平衡。截至2020年6月末，人民币在国际支付货币中的份额为1.76%，落后于美元、欧元、英镑、日元，为全球第五大支付货币。另外，代理行、清算行的模式已经无法满足该业务快速增长的相关需求，结算的高效便利化也对中国和东盟的金融基础设施提出了越来越高的要求。

"一带一路"建设为中国企业海外投资带来了更多机遇，中国与东盟双边投资形势也不断改善。有必要为资金的获得提供便利，这将扩大对金融合作的更大需求。2018年，东盟首次成为中国第二大外商投资目的

[①] 《2020年中国—东盟经贸合作简况》，2021年3月1日，中华人民共和国商务部（http://asean.mofcom.gov.cn/article/jmxw/202101/20210103033653.shtml）。

[②] 《2019年人民币跨境收付金额近20万亿元》，2020年8月2日，中华人民共和国商务部官网（http://www.mofcom.gov.cn/article/i/jyjl/e/202008/20200802992829.shtml）。

地。与此同时，东盟成为中国第三大投资来源地，投资额只低于中国香港和欧盟。2004—2018年，中国与东盟双向投资存量15年间增长22倍，其中，中国对东盟、东盟对中国累计投资分别为890.1亿美元、1167亿美元。2018年，中国对东盟、东盟对华非金融类直接投资流量分别为99.5亿美元和57.2亿美元，同比分别增长5.1%和12.5%。其中，最引人注目的成绩是中国对菲律宾投资的快速增长。2018年，中国对菲律宾投资达到487亿比索，比2017年增长近84倍。[①]

近年来，我国大大加快了金融业对外开放步伐，金融开放政策措施频繁出台（见表2-6）。2018年12月，中国人民银行等十三部委联合发布了《广西壮族自治区建设面向东盟的金融开放门户总体方案》（以下简称《总体方案》），广西建设面向东盟的金融开放门户正式上升为国家战略。可以看出，中国高度重视与东盟国家金融合作，彼此互为金融合作伙伴。2019年8月2日，国务院批准在广西、云南等六省份建立新的自由贸易试验区，提出了诸多面向东盟跨境金融创新与发展政策建议。其中，在《中国（广西）自由贸易试验区总体规划》中明确提出构建面向东盟金融开放门户，深化以面向东盟跨区域使用人民币为重点的金融改革。同时，在《中国（云南）自由贸易试验区总体规划》中，明确提出要扩大金融业对南亚、东南亚等国家开放。

表2-6　　　　　　　　　中国金融开放政策情况

领域	相关内容
市场准入	加快推进银行、证券和保险业对外资的全面市场准入，放开外资金融机构的持股比例和设立形式的限制、地域限制和业务范围限制；外资银行业务范围大幅扩大，走向全牌照、全股比的开放，允许外资评级机构进入银行间市场开展评级业务；三年后将开放保险业、证券业股比限制
国民待遇	给予外资银行卡清算机构、非银行支付机构、外商投资征信机构和信用评级机构国民待遇

---

① 孙金彦、刘海云：《"一带一路"战略背景下中国贸易潜力的实证研究》，《当代财经》2019年第6期。

续表

领域	相关内容
金融市场开放	持续推动证券市场、股票市场、金融衍生品市场的对外开放，境外机构可通过合格境外机构投资（QFII）、人民币合格境外机构投资（RQFII）、沪港通、深港通、直接入市等多种渠道投资境内股票市场和债券市场

资料来源：转引自田原《中国—东盟贸易和投资合作势头强劲》，《经济日报》2019年1月31日第3版。

（二）货物贸易不断增长

2013年，东盟对中国进出口贸易总额为3515.84亿美元，其中进、出口总额分别为1982.05亿美元、1533.79亿美元，低于同期欧盟对中国进口（3702.7亿美元）、出口总额1982.05亿美元（见表2-7）。2019年，东盟对中国进出口总额为5078.55亿美元，比2013年增长了30.77%。根据中国海关总署公布统计数据显示，受中美贸易战持续进行的影响，2019年我国主要贸易伙伴位次发生变化，东盟替代美国成为我国第二大贸易伙伴。我国对东盟进出口4.43万亿元，增长了14.1%；超过了与美国、日本的进出口总额。可见，东盟对中国贸易进出口呈现比其他地区更快的增长势头。

表2-7　　2013年、2019年东盟对中国货物贸易进出口数据

（单位：亿美元、%）

国别	2013年 进出口总额	出口总额	进口总额	2019年 进出口总额	出口总额	进口总额	进出口总额增长率
东盟	3515.84	1533.79	1982.05	5078.55	2024.65	3053.91	30.77
文莱	5.62	1.56	4.06	11.01	4.29	6.72	48.86
柬埔寨	32.59	2.67	29.92	85.43	10.15	75.28	61.85
印度尼西亚	524.50	226.01	298.49	727.85	278.77	449.08	27.94
老挝	9.12	3.67	5.45	33.53	16.72	16.81	72.80
马来西亚	644.14	307.07	337.07	760.62	336.90	423.72	15.31
缅甸	66.21	30.14	36.07	121.58	57.13	64.45	45.54

续表

国别	2013年 进出口总额	2013年 出口总额	2013年 进口总额	2019年 进出口总额	2019年 出口总额	2019年 进口总额	进出口总额增长率
菲律宾	151.37	65.83	85.54	365.70	98.14	267.56	58.61
新加坡	932.0	492.40	439.60	1007.31	516.56	490.75	7.48
泰国	649.56	272.38	377.18	795.31	291.64	503.67	18.32
越南	500.70	132.06	368.64	1170.20	414.34	755.86	57.21

资料来源：中国—东盟自由贸易区商务门户：《2013年、2019年东盟对中国货物贸易进出口数据》，2019年7月24日，http://www.cn-asean.org/tjsj/hwmy/201907/t20190724_880175.htmlhttp://www.cn-asean.org/tjsj/hwmy/202003/t20200313_929236.html。

具体来看，东盟国家对中国货物贸易进出口总额中，2013—2019年增长最快的是老挝，增长了72.8%，其次是柬埔寨，增长率为61.85%，同时菲律宾、越南对中国货物贸易增长率也超过了50%。在此期间，越南增长总额在东盟国家中最高，传统货物贸易大国新加坡、马来西亚与泰国，由于基数较高，故增长率较慢，增长总额也都超过了100亿美元。东盟国家均显示进口总额超出出口总额。

（三）资本市场合作状况

1. 菲律宾发行了东盟地区首批主权债券

2017年7月3日，中国内地与中国香港债券市场互联互通正式启动，这为中国与东盟债券市场合作提供了有力政策保障和平台。2018年3月20日，中国银行作为首要承销商和簿记管理人，协助菲律宾在中国银行债券市场成功发行了期限为3年、年票面利率为5.0%的14.6亿元人民币债券。这是菲律宾发行的第一批熊猫债券，也是东盟发行人发行的第一批主权熊猫债券。这为东南亚和更多准备在中国资本市场融资的国际主流发行人树立了榜样。2018年11月，国家主席习近平访问菲律宾期间，由中国银行参与发起在菲律宾启动人民币兑比索直接交易市场，并完成了首笔交易。[1] 菲律宾13家本地主流银行加入该协会，成为首批会

[1]《中行启动菲国人民币汇兑交易》，2018年11月23日，中国银行官网（https://www.boc.cn/aboutboc/ab8/201811/t20181123_14316144.html）。

员，这是中国境外第一家将人民币兑换为本币的自律性金融机构。主要负责规范当地人民币与比索交易市场的组织和运作，及制定交易结算规则。一直以来，菲律宾外汇交易必须经过美元中转。该协会成立后，它将在菲国中央银行监督之下，建立人民币与比索的直接交易市场，实现两种货币直接互换。而这亦会有利于人民币国际化。[1]

2. QFII，RQFII 机构数量不断增多

在多项政策推动下，合格境外机构投资者（QFII）、人民币合格境外机构投资者（RQFII）不断增多，东盟国家相关机构的参与度也很高。根据国家外汇管理局 2019 年 9 月 10 日发布的信息，经国务院批准，国家外汇管理局决定取消 QFII 和 RQFII 的投资限额。同时，RQFII 试点国家和地区的限制也相继被取消。截至 2019 年 8 月 30 日，我国共批准 QFII 292 家，投资总额 1113.76 亿美元，其中东盟国家 27 家（新加坡 21 家、马来西亚 3 家、泰国 2 家、文莱 1 家），批准投资金额达到 103.5 亿美元，占批准 QFII 总额的 9.29%。同时共批准 RQFII 222 家，投资总额 6933.02 亿元人民币[2]，其中东盟国家 35 家（其中新加坡 32 家、马来西亚 1 家、泰国 2 家）。

（四）双边金融机构网络化布局状况

1. 中方在东盟的金融化网络布局已初见成效

截至 2019 年 8 月底，中国金融机构在东盟国家共设立分行 44 家，其中主要商业银行设立分行 42 家，在政策性银行和国家开发银行设立代表处 2 家，比 2016 年同期增加分行数量 20 家。这些金融分行大多集中在新加坡和马来西亚，在文莱、菲律宾、老挝和缅甸的分行相对较少。分布最广的银行在新加坡、越南。中国银行、中国工商银行、中国建设银行、中国农业银行和交通银行在上述国家都设有分行。中国银行在东盟国家的分行数量最多，覆盖了东盟 10 个国家，共有 25 家分行。除国际结算、人民币汇款等基础业务外，中国金融机构还提供人民币信用贷款、行业

---

[1] 《中行启动菲国人民币汇兑交易》，2019 年 11 月 23 日，中国银行官网（https://www.boc.cn/aboutboc/ab8/201811/t20181123_14316144.html）。

[2] 《国家外汇管理局：取消 QFII 和 RQFII 投资额度限制》，2020 年 1 月 2 日，中国日报网（https://baijiahao.baidu.com/s?id=1644434008826574940&wfr=spider&for=pc）。

拆借等新业务。①

2. 东盟国家银行在中国设立了一系列分支机构

截至 2019 年 8 月底,东盟国家在中国的银行机构资产总额超过了 400 亿美元。泰国、新加坡和马来西亚三国在中国设立的银行分支网点最多。其中,新加坡在中国的主要分支网点包括星展银行的 26 个分支机构、大华银行的 16 个分支机构、华侨永亨银行 25 个网点。泰国也有盘古银行(Bangkok Bank)、泰京银行、泰华农民银行②(Kasikorn Bank)等三家银行机构在中国设立了 11 家分行,上述金融机构在中国主要开展个人银行业务。

(五)中国与东盟国家数字经济合作

2016 年 4 月,国务院批复了《中国—东盟信息港建设规划》,2019 年 2 月批复《中国—东盟信息港建设总体规划》,标志着中国—东盟信息港进入全面建设阶段。建设中国—东盟信息港以广西为支点,构建面向东盟、服务广大南方地区的国际通信网络体系和信息枢纽,与东盟国家共建基础设施平台、技术合作平台、经济合作平台和贸易服务平台。目前,东盟数字经济发展不够,数字经济仅占到东盟国家 GDP 的 7%。事实上,东盟国家劳动适龄人口数量庞大,年轻一代受教育程度逐年提高,接受新事物能力日益增强。随着 5G 技术推广和中国—东盟数字经济合作发展,未来东盟数字经济将迸发出勃勃生机,同时为双边合作持续提供助力。

东盟高度重视发展数字经济,同时正着力建设智慧城市。以越南为例,其目标是到 2025 年,数字经济占国内生产总值比重达 20% 左右,劳动生产率年均增长达到 7% 以上;到 2030 年,数字经济占国内生产总值的比重达到 30% 以上,劳动生产率年均增长达到 7.5% 左右。③

---

① 云倩:《"一带一路"倡议下中国—东盟金融合作的路径探析》,《亚太经济》2019 年第 5 期。

② 泰国开泰银行原名为泰华农民银行,在 1945 年由一批旅泰华人创建,目前是泰国四大商业银行之一。1994 年以来,先后在深圳、北京、上海、昆明设立代表处。同期开业的开泰银行(中国)上海分行,将上海及浙江、江苏等长三角地区开展业务。

③ 《2020 年:中国—东盟数字经济合作年共建数字丝绸之路》,2019 年 10 月 23 日,环球网(https://3w.huanqiu.com/a/c36dc8/7R09fIlmD04?agt=8)。

近年来，阿里巴巴、腾讯、滴滴旅游、京东等企业分别在电子商务、移动支付、数字内容、移动旅游等方面开展了积极的投资活动。目前，已有相当多的中国企业投资了东盟国家科技公司。此外，在人才培养领域，企业也在逐步发力。以印度尼西亚为例，阿里巴巴、京东、腾讯等中国企业先后在该国投资。电子商务不仅带动了国内零售业发展，也为众多中小企业带来了发展机遇。阿里巴巴集团于2017年与马来西亚拉曼大学合作，积极培养电子商务人才；华为于2008年启动"未来种子"计划帮助培养本土人才。学员们将在自己的电子商务平台上工作，帮助实现各自国家商品与中国的互联互通。

（六）东盟内部经济合作简况

2018年，东盟国家GDP总量达到28000亿美元，增长率高达5.3%。2019年，因受到中美贸易摩擦和全球经济形势的影响，东盟国家经济增长速度普遍减缓，但各国情形不尽相同。其中，柬埔寨、越南经济增速较快，分别达7.054%、7.017%，处于第一阶梯；菲律宾（6.041%）、印度尼西亚（5.025%）、老挝（4.652%）、马来西亚（4.303%），四国经济实现中速增长，处于平稳增长状态；文莱（3.869%）、缅甸（2.888%）、泰国（2.355%）三国处于相对缓慢状态，而新加坡（0.733%）经济增长率创新低。根据亚洲开发银行（Asian Development Bank）的报告，尽管东南亚地区经济下行压力大，但经济增长仍较为稳定。面对国内外经济形势的急剧变化，东盟继续加快区域经济一体化进程，扩大区域各国在各领域合作。比如积极调整宏观经济政策，促进产业结构调整升级，加大国内公共设施投资和建设，积极改善商业环境与氛围，完成《区域全面经济伙伴关系协定》谈判。面对全球新冠肺炎疫情蔓延，展望2021年，东盟整体经济将在中国等主要经济体拉动下呈"U形"复苏，但少数东盟国家可能持续低迷，比如泰国、马来西亚。在经济发展不稳定性持续加大背景下，东盟经济共同体建设应侧重于：

1. 贸易便利化为重点，深化服务业合作，营造良好的监管和投资环境

2018年，东盟全面实施国际贸易"单一窗口"进一步提升了贸易便利化水平。除印度尼西亚、马来西亚、新加坡、泰国和越南外，文莱、柬埔寨和菲律宾在实施"单一窗口"方面也取得了重要进展。自2018年

1月起,实施"单一窗口"成员国将根据《东盟货物贸易协定》交换电子表格。在新加坡举行的第50届东盟经济部长会议上,东盟各国经济部长签署了《东盟货物贸易协定》第一份议定书,以确保东盟服务提供商能够以最优条件进入东盟市场。此外,要为东盟创造更加有利的投资环境。作为全球第五大投资目的地,2020年,中国对东盟全行业直接投资143.6亿美元,同比增长52.1%。东盟对华实际投资金额为79.5亿美元,同比增长1.0%。[1] 其中从东盟流入的外国直接投资总额中,19.4%来自东盟内部,其次是欧盟(18.4%)、日本(9.6%)和中国(8.2%)。东盟逐步完成《东盟全面投资协定》的内置议程,并正实现以东盟产品贸易协定(ATIGA)、东盟服务业框架协定(AFAS)、东盟全面投资协定(ACIA)为主要框架,不断推进各种自由化进程,减少投资限定条件,改善贸易流程,创造更符合双方利益的投资环境,提升东盟作为投资目的地的优势。

2. 通过电子商务、数字经济等一系列关键技术与措施,为数字时代做好准备

东盟国家正加强电子商务应用促进区域经济发展。2018年11月12日,东盟国家签署《东盟电子商务协议》,表明东盟决心履行促进电子商务发展承诺,旨在增强东盟利用电子商务的信心,促进跨境电子商务贸易便利化。同时,通过建立东盟数字数据治理框架最终提升东盟各类企业竞争力。在柬埔寨举行的第2届东盟—中国企业家论坛,就是为了加强通信信息合作,弥补东盟内部数字鸿沟和信息通信技术发展差距。另外,2018年12月5—6日,在印度尼西亚举行的第18届东盟电信和信息技术部部长会议(TELMIN)上批准了《2019年东盟—日本信息通信技术工作计划》、《2019年东盟—韩国信息通信技术工作计划》、《2019年东盟—欧盟ICT工作计划》,上述计划旨在通过与伙伴国的合作缩小区域内成员国之间的差距,推动东盟数字化经济发展。[2] 2020年12月2日,由中国国际贸易促进委员会、中国—东盟中心共同主办的2020年中国—东

---

[1] 《2020年中国—东盟经贸合作简况》,2021年3月2日,中华人民共和国商务部(http://asean.mofcom.gov.cn/article/jmxw/202101/20210103033653.shtml)。

[2] 罗圣荣、李代霓:《东盟:2018年回顾与2019年展望》,《东南亚纵横》2019年第1期。

南亚（缅甸）国际贸易数字展览会开幕式通过网络直播形式进行。此次展览会的目的是通过互联网和云技术，创新会展服务和外贸经济谈判模式，为中国和东盟各国企业打造零距离、物美价廉的网上沟通和谈判平台，帮助企业寻找合作机会，开拓市场。①

3. 深化东盟对外关系，促进与伙伴国的贸易

区域全面经济伙伴关系（RCEP）最早于2012年由东盟十国发起，同时邀请澳大利亚、中国、印度、日本、韩国和新西兰六国出席。目标是进一步完善与这些国家签署"10+1"自由贸易协定，达成互惠、便利的新型大规模自由贸易协定。RCEP旨在建成一个以东盟为中心，包括中国、日本、韩国、澳大利亚、新西兰和印度在内的，占全球贸易总额的40%，贸易自由化水平高达95%的自由贸易协定。2018年，《区域全面经济伙伴关系协定》谈判终于取得实质性进展，各国部长强调推动区域贸易谈判重要性以及RCEP在促进地区经济增长方面的潜力。同时在新加坡举行的RCEP第6次部长级会议上，东盟十国、中国、印度、澳大利亚、韩国、日本和新西兰的部长或代表出席了会议。会议就商贸、投资、动植物检疫、标准技术法规和合格评定程序、电子商务等领域进行了深入讨论，各方推动了一系列成果达成，并取得实质性成果谈判。会议发表的声明表示，在当前全球贸易面临单边主义挑战等诸多不确定因素下，尽快完成RCEP谈判，有利于加强和完善区域产业链，对维护区域贸易自由、便利化，支持全球自由贸易都具有重要意义。②

RCEP历时8年后于2020年11月15日终于正式签订，RCEP签订后成为世界上覆盖人口最多、经济总量最大、成员结构多元的东亚自贸区，涉及15个成员国，总人口、经济体量、贸易总额均占全球总量约30%。这也是中国首次与世界排名前十的经济体签署自贸协定，使中国与自贸伙伴贸易覆盖率上升到了35%。RCEP的签订，更为有效地推动东亚区域

---

① 《陈德海秘书长出席2020年中国—东南亚（缅甸）国际贸易数字展览会开幕式》，2020年12月31日，中国—东盟中心官网（http://www.asean-china-center.org/news/xwdt/2020-12/5603.html）。

② 《〈区域全面经济伙伴关系协定〉（RCEP）部长级会议在新加坡举行》，2018年10月31日，中华人民共和国政府官网（http://www.gov.cn/xinwen/2018-10/14/content_5330488.htm）。

经济一体化进程，产业链供应链的集聚效应也将进一步放大。同时对目前国际贸易保护主义盛行的档口有着十分重大的示范性意义。在新冠肺炎疫情影响下，后期协定签署国之间将实施更为紧密的经济往来，以加快经济复苏进程。

第二节 中国—东盟国家三次产业发展状况

三次产业发展很大程度上标志着一个国家或地区经济发展水平的好坏，也是衡量国民经济发展的至关重要的因素之一，只有保障经济发展趋势由低端产业转移到高端产业，才能实现产业结构优化升级。中国—东盟各国产业结构调整与促进的实现，可有效促进区域国经济快速发展。

一 三次产业增加值发展状况

根据 2010 年、2019 年中国—东盟十国三次产业增加值占同期 GDP 比重可看出（见图 2-1、图 2-2）：

一是农业，2010 年，中国和东盟十国农业增加值比重由高至低依次是：缅甸、柬埔寨、老挝、越南、印度尼西亚、菲律宾、泰国、马来西亚、中国、文莱和新加坡，比重分别为：36.853%、33.877%、22.596%、18.378%、13.929%、13.749%、10.522%、10.09%、9.325%、0.733% 和 0.036%。同期世界农业增加值为 3.67%，说明除了新加坡、文莱外，2010 年中国与东盟八国农业增加值占 GDP 比重均高于世界同期平均值。2019 年，东盟各国除了文莱（0.986%）与世界发展趋势一致外（2010—2019 年增长了 0.333 个百分点），文莱较 2010 年增加了 0.253 个百分点，其余各国均不同程度下降，柬埔寨与缅甸降幅最大，分别下降了 15.5 个、13.165 个百分点，说明其产业升级较快。另外，中国、泰国、新加坡、马来西亚、菲律宾和文莱等国均低于 10%，2010—2019 年变动幅度不大。2019 年，除了新加坡、文莱两国外，中国和其余东盟各国均高于世界同期平均值（4.003%）。

二是工业，2010 年，中国—东盟十国工业增加值比重均较高，远高于世界平均值。其中文莱、中国分别比世界同期平均值高了 34.705 个、11.163 个百分点。2019 年，与世界处于同样增长水平的东盟国家有柬埔寨、缅甸、越南和老挝，较 2010 年分别上升了 12.357 个、11.493 个、2.358 个和 0.444 个百分点，世界平均值增长了 0.62 个百分点，说明柬埔寨与缅甸正处于从第一产业向第二产业转移发展的快速上升期。此外，东盟六国和中国工业增加值占 GDP 比重呈下降趋势，与世界平均变动状态相反，降速较快的是中国、泰国和文莱，2010—2019 年，分别下降了 7.525 个、6.519 个、6.142 个百分点（见图 2-1、图 2-2）。

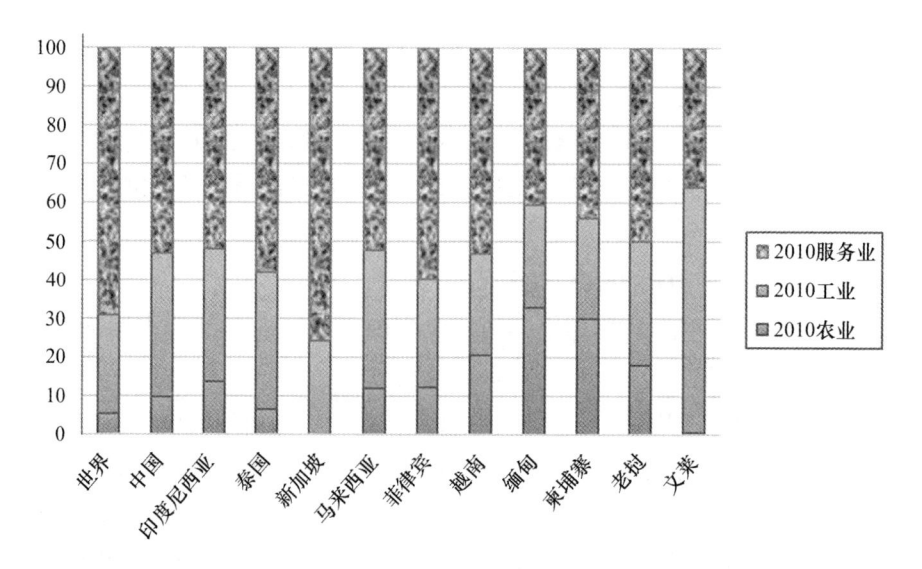

图 2-1 2010 年中国—东盟 10 国三次产业增加值占 GDP 比重（%）

资料来源：世界银行数据库官网：https://data.worldbank.org.cn/indicator/NV.AGR.TOTL.CD，2019 年 12 月 2 日。

三是服务业，2010 年中国—东盟十国服务业增加值除了新加坡外，其余各国均落后于世界均值（67.26%）。服务业增加值最高的三国是新加坡、菲律宾和泰国，比重分别为 69.38%、59.97% 和 56.61%；增加值最低的三国是文莱、柬埔寨和印度尼西亚，比重分别为 37.34%、39.49% 和 40.67%。2019 年，中国—东盟十国服务业增加值仍普遍低于世界平均水平，但上述各国服务业整体均处于不断发展中，2019 年服务业增加值较 2010 年增长速度各国均快于世界平均值。其中，中国、泰国和缅甸增长幅度较高，分别增长了 7.98 个、7.45 个和 6.47 个百分点，产业结构调整速度相对较快。

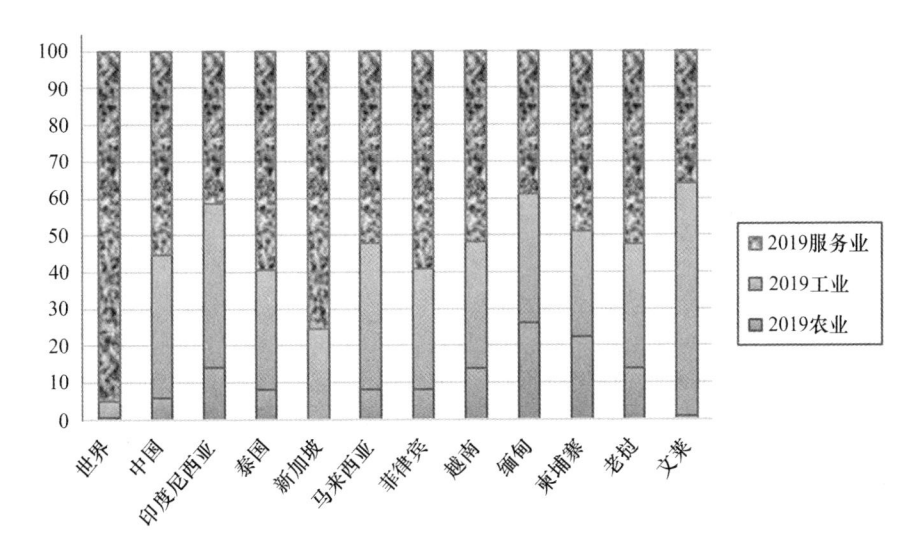

图 2-2　2019 年中国—东盟 10 国三次产业增加值占 GDP 比重（%）

资料来源：根据世界银行相关数据整理绘制，https：//data.worldbank.org.cn/indicator/NV.AGR.TOTL.CD。

结合中国—东盟国家三次产业就业人口比重看，各国均不同程度地进入了以人口就业非农化转移为特征的产业结构现代化进程中，但老挝、缅甸当前农业就业人口比重仍较高，且创造的农业增加值很低。2019 年，老挝、缅甸、越南、柬埔寨四国农业就业人口比重分别为：62.42%、48.89%、37.36%、32.30%，这也是东盟国家 2019 年农业增加值占 GDP 比重超过 10% 的四个国家，农业增加值占 GDP 比重分别为：15.29%、21.25%、13.96%、20.71%，充分说明其农业人口就业效率低，尤其老挝，超过 60% 的就业人口仅创造了不到 16% 的生产值，农业生产效益十分落后。2010—2019 年，工业发展以缅甸、柬埔寨增速最快，缅甸工业增加值占 GDP 比重接近中国。除了新加坡已步入工业化后期外，文莱工业增加值比重也较高，说明了工业在文莱的重要性。东盟其余各国工业发展相对缓慢，吸纳就业人口相对有限，比如印度尼西亚主要受制于基础设施落后，工业发展能力不足；服务业产值增长较快，也相应吸收了部分农业转移人口。可以说，除个别国家外，绝大多数东盟国家产业结构与就业结构调整依然任重道远。

二 产业结构偏离度情况

中国—东盟国家经济发展速度趋于稳定，转变经济增长方式、优化产业结构、实现经济发展升级不断显现。特别是产业结构和就业结构的协调发展，是保证经济社会可持续发展的关键环节。本书运用产业结构偏离指数衡量中国—东盟各国产业与就业协调程度，以便更清晰、准确地把握各国三次产业发展状况。一般情况下，如果产业结构偏离度大于0，说明产业中仍有大量剩余劳动力。反之，则说明该行业劳动力资源短缺，需要大量劳动力补充。

2010年、2019年中国—东盟十国三次产业偏离度呈现以下几方面特征（见表2-8）。

首先，2010年各国农业产业偏离度中，除文莱为-0.03之外，其余各国与全球平均水平一样均为正值，说明这些国家均存在农业富余劳动力转出；同期工业产业（柬埔寨除外）均为负值；另外，文莱、马来西亚、新加坡和菲律宾四国的服务业产业偏离度为正，其余各国为负值，这说明东盟其他六国服务业劳动力存在一定缺口。2019年较2010年，柬埔寨、缅甸、文莱三国农业产业偏离度在扩大，其他国家与世界平均状况一致，农业产业偏离度降低；工业产业偏离度变化相对较小，除缅甸外，中国—东盟九国工业产业偏离度均有不同程度下降，说明期间工业产业就业人员在增加，但还是有较大偏离，工业产业还需要大量就业人员补充；服务业方面，印度尼西亚、文莱、马来西亚与新加坡四国为正值，除了文莱绝对过高外，其他国家即使是正数，数值也较低。印度尼西亚是期间唯一一个由负值转为正数的国家，说明该国期间吸纳了较多服务业就业人口。而包括中国在内的其他六国均为负值，其中除了泰国、菲律宾在小幅扩大外，其他国家均在下降，说明期间流向第三产业的就业人员在增加。值得注意的是，菲律宾是唯一一个服务业由正数转为负值的国家，说明该国需要更大力度的就业人员转移手段。综合来看，中国—东盟各国三次产业偏离度除了个别国家外，产业发展与就业人口协调度逐渐趋于好转。

表 2-8 中国—东盟国家三次产业偏离度变化

国别	2010 年 农业	2010 年 工业	2010 年 服务业	2019 年 农业	2019 年 工业	2019 年 服务业
世界	29.57	-4.86	-24.71	22.852	-4.781	-18.071
中国	27.38	-18.96	-8.42	18.251	-10.772	-7.479
柬埔寨	6.7	0.09	-6.78	11.585	-5.225	-6.36
老挝	48.85	-22.16	-26.69	47.134	-19.017	-28.117
缅甸	17.26	-10.82	-6.44	27.536	-21.814	-5.722
泰国	27.72	-19.37	-8.35	23.611	-10.769	-12.842
越南	30.33	-10.45	-19.88	23.402	-6.848	-16.554
印度尼西亚	25.2	-24.13	-1.19	15.918	-16.495	0.577
文莱	-0.03	-49.32	49.41	0.377	-46.634	46.257
马来西亚	4.14	-12.77	9.56	3.084	-10.425	7.341
新加坡	0.87	-5.08	9.68	0.696	-9.02	8.324
菲律宾	32.11	-17.04	1.52	14.581	-10.728	-3.853

资料来源：根据世界银行数据库官网相关数据计算所得，https://data.worldbank.org.cn，2020 年 1 月 2 日。

其次，比较中国—东盟各国产业结构偏离程度看，2010 年农业产业偏离度最高的是老挝，达 48.85 个单位值，高出世界水平 19.28。2019 年，老挝依然为域内最高，达 47.134 个单位值，说明其农业剩余人口近 20 年未能实现有效转移，而且其农业增加值占 GDP 比重依然很低，说明该国人口效率未能提高，严重制约了老挝的产业结构调整和优化升级。

2010 年、2019 年，工业产业偏离度绝对值（2010 年柬埔寨除外）均高于世界平均水平，说明域内国家工业产业劳动力缺口相对较大，调整速度十分缓慢，不及世界同期调整速度；2019 年比 2010 年，中国、泰国工业产业偏离度变动幅度较大，分别下降了 8.188 个、8.601 个单位值，说明两国吸纳第二产业就业能力较强。工业产业偏离度呈扩大趋势的是柬埔寨与新加坡，分别提高了 5.315 个、3.94 个单位值，说明期间第二产业就业需求在加大。

2010 年，中国—东盟十国除了老挝、文莱外，服务业产业偏离度绝对值均小于世界均值，其中老挝、越南超过了 26.69 个、19.88 个单位值，而且是负数，说明两国第三产业就业人员严重短缺，同时世界同期该值也为负的 24.71 个单位值，另有 5 个国家该值为正数。2019 年与 2010 年相比，世界服务业平均偏离度上升了近 6 个单位值，域内国家除了泰国、老挝呈扩大趋势外，其余国家在缩小，说明中国与东盟多数国家实现了就业人员向服务业转移，但转移力度均不够。

最后，从 2019 年三次产业结构偏离程度看：第一，中国—东盟国家农业产业结构偏离度与世界值一样均为正数，说明世界、中国及东盟各国农业现阶段仍存在一定量剩余劳动力需要实施有效转移；第二，包括世界在内，工业产业结构偏离度均为负，且中国—东盟国家均超过世界平均值，说明域内 11 国工业产业内部劳动力与产业需求匹配水平高于世界平均水平，缺口较大，对工业劳动力需求更为旺盛，需要大量就业人员转移至第二产业，尤以文莱最为明显；第三，除了印度尼西亚、文莱、马来西亚、新加坡 4 国外，其余各国服务业产业结构偏离度均为负值。其中，除了中国、缅甸、柬埔寨和菲律宾 2019 年服务业产业偏离度低于负 10 个单位值外，其他四国均较高，尤以老挝最为突出，为负的 28.117 个单位值，说明老挝服务业就业人口短缺最严重，需要大量劳动力转入服务业。同时文莱也有较多人员需转移至第二产业。

总之，针对第三产业快速发展，中国—东盟域内大多数国家存在较大劳动力转入服务业需求，需要更多就业人员从事第三产业，应尽早把第一产业就业人员通过职业培训，有计划地、分类分层地转移至第二、第三产业。尤其老挝，其农业产业偏离度高达 47.134 个单位值，农业囤积了大量剩余劳动力急需妥善转移至工业、服务业，文莱服务业高达 46.257 个单位值，而工业偏离度为负的 46.634 个单位值，也应把沉积在服务业人员有效转移至第二产业，或者大力发展第三产业以消化服务业就业人口，作为有效促进其人口经济协调发展，同时也是实现域内国家相互间产业有效转移的手段。

三 贸易与产业园建设状况

（一）贸易发展状况

中国自 2001 年正式加入 WTO 以来，东盟作为中国发展中的重要一环，双边贸易不断发展。据联合国统计署 UNComtrade 数据库相关数据分析，中国—东盟贸易总额2002年为547.67亿美元，东盟为中国第五大贸易伙伴，中国为东盟第三大贸易伙伴。中国与东盟双向投资额累计为301亿美元。[①] 2019年，中国—东盟贸易额达6414.6亿美元，同比增长9.2%。其中，中国向东盟出口3594.2亿美元，较上年增长12.7%；从东盟进口2820.4亿美元，增长5.0%。中国连续11年成为东盟第一大贸易伙伴，东盟上升为仅次于欧盟的中国第二大贸易伙伴。截至2019年12月，中国与东盟双向投资额累计2369.1亿美元，其中，中国对东盟累计投资额1123.0亿美元，东盟对中国累计投资额1246.1亿美元。双向投资存量保持大幅度增长。[②]

具体来看，2002—2008年，中国—东盟双边贸易额年均增长率约为27.12%；2009年，受美国次贷危机引起的国际金融危机影响，中国与东盟经济增长出现近10年来首次下降。但与2002年相比，2009年贸易总额增长了2倍，达2100亿美元左右。在2010—2019年中，2013年随着"一带一路"倡议实施，双方贸易量翻了一番。双边经贸关系日益密切，市场日益开放，年均增长率达到了7.67%。同时，双边进出口走势基本一致。中国对东盟进口贸易分为两个阶段：2002—2008年的快速增长阶段和2009—2019年的缓慢波动增长阶段。自2002年东盟自由贸易区建立，到全球经济危机爆发前，中国对东盟的进口长期保持20%的增长速度。2008年国际金融危机后，我国对东盟的进口贸易受到一定程度的冲击，并在短期内出现萎缩。2008年，中国对东盟的进口增速为7.96%；2009年，首次出现8.76%的负增长；2010年，进口增速接近50%，随后有所放缓，增速不足10%；2015年，再次出现6.54%的负增长，但进出口总额却呈逐年上升趋势，除2015年为2.09%，2016年为7.75%外，出口增速均在10%以上。通过对进出口贸易的比较，我们发现，2002—2011年，中国与东盟长期处于贸易逆差状态，但贸易逆差正在逐步缩小。"一带一路"倡议下，中国出口进一步扩大，贸易顺差日益明显，始终处

[①] 《2012年中国东盟贸易额突破4千亿美元是2002年的7.3倍》，2019年7月23日，人民网（http：//finance.people.com.cn/n/2013/0723/c1004－22292436.html）。

[②] 《中国—东盟关系》（2020年版），2020年3月2日，中国—东盟中心官网（http：//www.asean-china-center.org/asean/dmzx/2020－03/4612.html）。

于一个有利地位。[①] 2020 年，中国对越南、马来西亚、泰国进出口稳步增长，拉动中国对东盟贸易整体增长 5.6 个百分点。其中，与越南贸易同比增长 18.1%，进出口规模位列东盟各国首位。[②]

（二）相关跨境产业园建设

跨境产业园区已成为国际产业合作的重要方式之一。中国与东盟大多数国家都建立了跨境经贸合作产业园。截至 2017 年底，中国企业已在东盟 8 个成员国投资建设了 23 个境外经贸合作项目，吸引 40 余家中国企业最终落户合作区，总投资 52 亿美元，实现产值 214 亿美元。中国在东盟各成员国投资建设的重点产业园区包括以下一些。

1. 中马—钦州产业园和马中—关丹产业园

中马—钦州产业园和马中—关丹产业园区首次开创了"两国双园"的合作新模式。钦州工业园区主要涉及石墨烯、光伏产业等多个项目。关丹园区是 2013 年"一带一路"规划与跨境国际产业合作示范基地的重大项目之一。关丹园区的产业定位包括石化、汽车装配等传统制造业，以及高新技术、环保节能、金融等新兴战略性产业以及现代服务业。

2. 泰中—罗勇工业园

泰中—罗勇工业园是中国企业在境外设立的第一个综合性工业园。依托泰国产业集群中心和中国传统优势制造出口基地，力争将工业园建设成为集制造、物流、商务生活于一体的现代化综合性工业园区。

3. 西哈努克港经济特区

中国和柬埔寨两国政府唯一联合设立的中柬国家级经济特区，主体是由多家江苏民营企业联合柬埔寨国际投资开发有限公司共同建设的西哈努克港经济特区，园区主要工业业态涉及小商品贸易，是目前柬埔寨面积最大、发展最快、发展最好的经济特区。

4. 印尼—中国综合产业园

印尼—中国综合产业园是中国在印度尼西亚设立的第一个拥有完整

[①] 卢小兰、冯柳依：《中国与新兴市场国家双边农产品贸易影响因素及潜力研究》，《价格月刊》2017 年第 7 期。

[②] 《上半年中国与东盟贸易额同比增 5.6% 越南增速居首》，2020 年 7 月 14 日，中国新闻网（https://www.chinanews.com/cj/2020/07-14/9237809.shtml）。

工业形态的经贸合作区。园区涉及物流、新材料加工等产业集群。园区最终目标是发展成为集工业生产、商贸为一体的国际经贸合作区，成为中国企业对外产业合作的一个典范。

5. 中国—东盟数字经济产业园

中国—东盟数字经济产业园用地面积 320 亩，总投资约 58 亿元，重点建设"六中心一基地"，聚焦信息技术应用创新产业，导入华为鲲鹏体系、中国电子 PKS 体系、中国电科生态企业，形成信创"全产业＋适配"链条，引入信创学院及博士流动站，构建信创人才培养体系。①

第三节　中国—东盟农业和能源合作基础与交流

农业合作是中国—东盟合作的重点领域。最近 10 多年来，双方农业合作内容不断丰富，合作形式不断创新，合作成效不断呈现，已成为中国—东盟优先合作的产业领域。依赖东博会、中国东盟峰会等相关重要平台，一条中国—东盟农业经贸、技术、人员往来的国际通道日益清晰，双边农业经贸交流合作正在向更深层次、更宽领域、更多元的道路推进。

一　东盟国家农业发展简况

东盟国家位于欧亚大陆和大洋洲、太平洋和印度洋之间，大部分是热带地区。东盟国家人口众多，资源丰富，战略地位优越，在世界航运中居于一个重要位置。东盟各国有一个显著特点，即相对统一与整体融合并存，巨大差异与多样性并存。东盟国家在经济、社会、文化交流等领域有着非常密切的关系，但在民族、语言、风俗习惯等方面存在很大差异。东盟国家自然资源丰富，是世界上最大水稻产区。泰国、缅甸和越南被称为世界三大"粮仓"。此外，咖啡、橡胶、水果等产品在世界市场上也占有相当大的比重。

---

① 《中国—东盟数字经济产业园开工建设》，2020 年 9 月 29 日，新华网（http://www.gx.xinhuanet.com/newscenter/2020－09/29/c_1126559267.htm）。

根据经济发展水平，东盟十国可分为三个层次。第一级：文莱和新加坡，已达到高收入国家水平，农业在两国国民经济中的比重忽略不计。第二级：马来西亚、泰国、印尼、越南和菲律宾。五国经济发展带动了经济结构转型，过去，其农业在国民经济中排名第一，现在随着经济不断发展，第一产业在国民经济中的比重逐年下降。具体来说，农业是泰国的传统工业部门，在泰国经济中发挥着重要作用。水稻、红薯是主要农作物。外汇收入主要来源之一也是农产品。泰国还盛产经济作物，包括各种热带水果。印度尼西亚农业发展主要特点是成功地改造了过去的殖民地农业，实现了粮食自给自足。它拥有仅次于巴西的世界第二大雨林。此外，木棉、花椒、金鸡纳膏产量也居世界第一。越南人口中75%是农业人口，有6000万亩耕地和林地。主要粮食作物是水稻、玉米等。同时有多种经济作物，包括各类浆果、农作物等，可以说，上述国家在自身农业经济发展的同时，还带动了其他相关产业进一步发展。第三级：老挝、柬埔寨和缅甸，三国农业所占国民经济比例较高，2019年在20%左右。[①] 老挝、柬埔寨均为传统农业型国家，且国内农作物类型和其他东盟国家基本类似。主要包括各种粮食作物，经济作物包括橡胶、烟草、棉花等。缅甸也是以农业为主，缅国拥有良好的自然环境、农业资源丰富，农业人口占总人口比例达60%。

东盟十国农业发展差距在缩小（见图2-3）。总体来看，2010—2019年，东盟各国农业所占GDP比重呈下降趋势，但多数国家农业所占GDP比重仍较高。2010年除了新加坡、文莱为个位数外，其余8国均超两位数，且比重超过30%的有缅甸与柬埔寨；老挝也高达22.59%；15%—20%的有越南；泰国、马来西亚、菲律宾和印度尼西亚在10%—15%。2019年，该值上升的只有文莱，涨幅不大。其余国家均呈现下降，降幅较快的有缅甸、柬埔寨，降幅分别为21.35%、20.71%，老挝也下降了近7个百分点，降到了15.29%，低于10%的国家除了新加坡、文莱外，还有泰国、马来西亚、菲律宾。可以看出，除了新加坡、文莱外，农业仍在其他东盟各国经济结构中占有较高比重。

---

① 王永春、王秀东：《中国与东盟农业合作发展历程及趋势展望》，《经济纵横》2018年第12期。

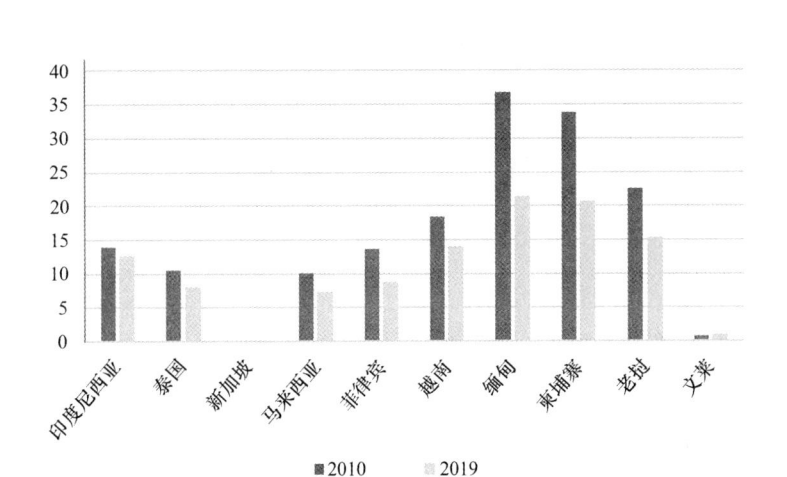

图 2-3 2010 年和 2019 年东盟 10 国农业增加值（占 GDP 百分比，%）

资料来源：世界银行数据库官网：https://data.worldbank.org.cn/。

（一）良好的农业合作基础

从中国和东盟国家农业发展状况看，域内大多数国家仍是农业大国，双方在地理位置和文化等方面都有良好的合作前景。

1. 地理区位优势

中国陆地边界 2 万多公里，周边有 14 个国家，包括越南、老挝、缅甸 3 个东盟国家。同时，中国大陆海岸线总长超过 1.8 万公里，毗邻东盟国家的菲律宾、马来西亚、印尼和文莱。中国与东盟关系源远流长，近代以来，双方都经历了战争和殖民的摧残。中华人民共和国成立后，中国与东盟交往从最初敌对，到 1991 年开始对话进程，再到 1996 年成为全面对话伙伴，然后于 2003 年建立"和平繁荣战略伙伴关系"，最后到 2021 年正式建立全面战略伙伴关系。2010 年 1 月，中国—东盟自由贸易区顺利建成。2013 年，习近平主席郑重提出了中国—东盟紧密建立 21 世纪海上丝绸之路的伟大构想，共同构建中国—东盟命运共同体，为中国—东盟关系发展注入了强有力的润滑剂。2014 年，双方启动自贸区升级谈判，引领中国—东盟关系成功从"黄金十年"到开启"钻石十年"。中国与东盟合作成就和双边关系的进一步发展，得益于其近邻地理优势，同时也为中国与东盟农业发展领域的进一步合作奠定了重要地理基础。

2. 中国与东盟产业结构互补

中国与东盟国家存在较为密切的经济互补性，给双方农业合作奠定了重要的经济基础。

第一，中国与新加坡两国经济互补性强。中国东部地区正处于后工业时代。产业结构调整升级迫在眉睫。高新技术产业应取代劳动密集型。西部在承接东部产业转移的同时，仍然可以发展劳动密集型产业。新加坡成功实现了以高新技术产业和服务业为主的产业升级。两国经济发展格局形成了很强的互补关系。对新加坡来说，国民经济中基本上没有农业产业，因此中国可以向新加坡出口农产品，吸引新加坡资本投资中国农业。

第二，中国与印尼、老挝、越南、柬埔寨和缅甸互补性也很强。面对我国产业转型与升级，需要将低技术、劳动密集型的相关产业转移出去。与此同时，上述国家土地资源和劳动力资源相对廉价，非常急切发展经济。因此，中国相关劳动密集型产业可以向上述国家转移，这不仅可以为当地提供大量就业机会，而且可促进当地产业升级和经济发展。同时，这些国家资源丰富，可以为中国工业发展提供原材料。中国与其经贸合作可以实现双赢。应该说，双方在经贸各个领域都具有很强的互补性。对缅甸、印尼等国家来说，农产品原料出口比重较高，中国可以由其进口较多的农产品原料，形成高度互补，实现双方良好的农业合作与发展。

第三，中国和泰国、马来西亚和文莱的经济发展过程相似。均面临经济转型和扩大出口压力。贸易与投资具有一定同步性。但从产业结构构成看，双方存在差异，从而有形成互补性的可能。比如，文莱的油气是中国需要大量进口的产品，双方互补性非常明显。马来西亚自然资源丰富，主要出口大米、蔬菜等各种热带作物。中国可以从马来西亚进口相关农产品和原材料。泰国大米享誉全球，是世界上最大的大米出口国。2018年，泰国大米价格为每吨390美元，分别低于越南和印度等产粮大国。中国大米需求量亚洲最高，每年需要进口大量大米。这样，中泰农业合作就存在广泛合作前景。

总的来说，中国与东盟国家间经济发展依赖程度高。中国实现经济转型，东盟可以提供更多发展机遇。同时，中国庞大的市场需求，也为东盟国家提供了巨大市场前景，双方合作空间巨大。

（二）农业交流合作状况

20世纪末，苏东剧变、苏联解体，冷战结束导致两极格局瓦解，多极化趋势日益明显，世界经济相互依赖度不断加深。随着东盟国际影响力逐步增强、中国改革开放不断实践与进一步发展，使得东盟各国更加重视中国市场，为此东盟国家积极改善与中国关系。1991年，中国和东盟开始对话进程，1996年双方关系进一步发展，中国成为东盟的全面对话伙伴国，同年中国首次出席了东盟与对话伙伴国会议。1999年，中国政府提出了加强与东盟自由贸易区联系的愿望。在对话基础上，中国与东盟个别国家开展了农业合作。1999年9月，中菲签署了《中华人民共和国政府和菲律宾共和国政府关于农业及有关领域合作协定》，中国承诺帮助菲律宾建设一个"菲中农业技术中心"。自此，中国与东盟各国的农业合作出现并向着更广阔、更深入的方向发展。

1. 农业技术合作

东盟成立之初主要集中于东盟政治外交事务。直到20世纪90年代初，东盟才开始加强各成员国间经济技术合作。自1991年中国与东盟建立对话关系起，双方合作逐步增多。而农业合作稍晚于整体经济合作，20世纪90年代末到21世纪初期，中国先后与东盟国家的泰国、越南、菲律宾、缅甸、老挝、柬埔寨、印尼、马来西亚签署农业合作谅解备忘录和协议。2001年，中国—东盟第五次领导人会议将农业确定为面向21世纪合作的重点领域之一。2002年，《中国—东盟农业合作谅解备忘录》签署，中国与东盟农业合作开始逐步加速发展。在此背景下，双方通过农业技术交流、人才培训、试验示范等多种方式开展多领域积极合作，涉及合作备忘录的多个重点领域，包括杂交水稻等农作物栽培技术、动物营养与饲料加工、动物疫病监测控制、淡水养殖、海洋捕捞、农村能源与生态、农业信息化、橡胶苗木培育技术和天然橡胶加工技术等。在印度尼西亚试验的杂交水稻种植示范组合相比当地品种实现大幅增产，增幅为16.8%至44.7%。2003年竣工的中菲农业技术中心项目已全面展开。2004年，"中国—老挝农业合作试验基地"建立。2012年，中国—

东盟农业培训中心在广西设立。2013年，中国—东盟技术转移中心在广西建立。中国已与8个东盟国家建立了双边技术转移中心。2017年，南亚东南亚农业科技创新联盟成立，为进一步加强双方农业科技交流提供了更广阔的发展平台。

2. 农业投资合作

中国与东盟在农业投资份额虽然不及农产品贸易份额高，但是农业投资比重一直持续增加。2009年，中国与东盟签署了《中国—东盟全面经济合作框架协议相互投资协议》，这为中国和东盟开辟了一个新的农业投资合作平台。① 该协议建立了一个投资机制，为中国与东盟各国的相互投资提供制度性保障，使双方投资可以实现更便利、更透明的开展。中国对东盟农林牧渔业的投资，2000年仅占中国对东盟投资总额的10.5%，2018年则达到了16.6%。② 从而可以看出，在合作发展的"黄金十年"，虽然中国对东盟农业投资份额较低，但保持了持续上升趋势。随着中国—东盟农业合作的深入发展以及国家政策的支持，双方农业投资比重将进一步加大。

3. 农业科技人才与劳务合作

经济要想保持良好发展势头，需要培养技能人才与实现科技创新。中国与东盟在农业人才及农业科技等方面发展差距较大，尤其是东南亚一些国家农业技术与基础设施比较落后。因此，双方加强在人才培训和科技领域的合作上显得尤为重要。2002年签署的《中国—东盟农业合作备忘录》中，中国承诺向东盟成员国派遣专家指导，为东盟提供包括生物科技、水稻种植、渔业养殖、农业机械等培训。10多年来，通过举办各种农业技术培训活动，中国农业部为东盟培养了1000多名管理和技术人员。③ 此外，中国与东盟各国建立了一些科技示范项目，如中国与菲律宾农业技术示范中心项目等，为中国与东盟在农业人才与科技的合作方

---

① 吕娜：《中国—东盟自由贸易区合作的内容框架——解读〈投资协议〉》，《群文天地》2012年第14期。

② 徐增让、成升魁：《东盟—中国农林产品国际贸易流动研究》，《世界地理研究》2017年第26期。

③ 尚永辉、魏君英：《"一带一路"下中国与东盟农业合作研究》，《合作经济与科技》2017年第18期。

面提供了新途径。农业人才与科技合作成为双方未来在农业领域合作的一个新方向。

二 能源合作基础基本状况

中国与东盟各国能源合作从20世纪70年代开始，经过半个世纪发展，东盟已成为中国能源合作重要伙伴。"一带一路"倡议为中国—东盟能源合作打造了效率更高的对话平台和更加创新、客观的合作模式。事实上，双方能源合作具有很强的互补性，合作潜力巨大。

（一）双方能源合作基础

当前世界能源形势起伏多变。能源供需稳定、低碳能源利用和可持续利用等要求正成为世界各国关注焦点。一直以来，能源合作是中国与东盟合作的重要领域。2017年5月，中国正式提出《推动"一带一路"能源合作愿景与行动》，明确了中国将逐步深入参与和东盟的能源合作。东盟各国能源储量巨大。东盟能源部长会议制订的《东盟能源合作行动计划2016—2025》建议到2025年，东盟各国新能源在一次能源消费中比重要超过23%，这使东盟各成员国都面临巨大的新能源技术和投资需求。进而，中国与东盟在能源合作方面互补性巨大。

1. 煤炭资源

目前，煤炭依旧是中国最主要的能源资源之一。2019年，中国煤炭探明储量达1.67万亿吨，占世界总储量的21.4%，煤炭产量和消费量分别占世界相应比例的46%和51%。两项指标均位于世界第一位。中国煤炭资源丰富，在全球煤炭资源中具有十分重要位置。但同时由于人口基数大，导致了人均煤炭资源量只有100.16吨，远低于世界平均水平。据《世界能源统计年鉴2019》显示，2017年开始，中国煤炭消费在3年的连续下降后出现了反弹，直到2019年，消费量较2017年增加了3.2%。[1] 东盟成员国中，印尼、越南、泰国三国是主要煤炭产出国，至2019年底，印度尼西亚煤炭产量为6100亿吨，占世界总量的1.19%。其次，泰国是141亿吨，越南产量为46.3亿吨（见表2-9）。

---

[1] 世界能源统计官网：https://www.bp.com，2020年1月3日。

表 2-9　　东盟主要煤炭产出国煤炭产量和消费量　　（单位：亿吨）

国别		1990	1995	2000	2005	2010	2015	2019
印度尼西亚	产量	1073	4180	7700	1527	2752	4616	6100
	消费量	14	23	184	102	165	214	341
泰国	产量	124	18.4	178	209	183	152	141
	消费量	16	30	33	49	65	73	71
越南	产量	5.1	8.4	116	341	448	417	463
	消费量	9	13	20	39	61	110	207

注：除上述国家外，东盟其余各国煤炭产量很低或暂未发现煤炭储藏，故未列出。

资料来源：《BP 世界能源统计年鉴 2019》，2020 年 1 月 3 日，https://www.bp.com/zh_cn/china/home/news/report。

东盟各国中，印度尼西亚是最大煤炭生产国和消费国，近年来其煤炭产量持续大量增加，但国内需求增长乏力（见表 2-9）。2019 年，该国煤炭消费量仅为生产量的 5.59%。越南自 2005 年来超过泰国成为东盟第二大煤炭生产国。越南煤炭品种丰富，质量上乘，广受各国欢迎。其煤炭产量从 1990 年的 5.1 亿吨增加到 2010 年的 46.3 亿吨。2019 年越南国内消费 207 亿吨，占总产量的 44.7%。在满足国内需求的同时，越南也在大力开展煤炭出口贸易。泰国以生产褐煤为主，煤炭品种较单一，产量大多数供国内发电和工业发展。2017 年泰国煤炭生产量只有 141 亿吨，而国内消费量达 71 亿吨，超过了生产量的一半，除褐煤外，其余各类煤炭品种均需要进口。除上述国家外，其余国家煤炭储存量都很低，主要大量依赖于进口。

可见，中国与东盟各国煤炭合作巨大，比如印度尼西亚、越南等国煤炭储量大，但开采技术落后，中国可在煤炭开采技术合作方面进行深层次合作。另有新加坡、马来西亚等煤炭需求量大，大幅依靠进口的国家，中国可在满足自身需求前提下与其开展适当的煤炭出口贸易。

2. 石油

2019 年，中国探明储量为 84 亿立方米，约为全球总探明量的 1.5%（见图 2-4），相比中国，东盟主要石油产出国所探明的石油储量均相对较低。

2019年，印度尼西亚探明的石油储量为东盟首位，14.2亿立方米，也只相当于中国同期石油探明储量的16.9%。其他东盟国家探明石油储量较多的有缅甸12.1亿立方米、马来西亚9.5亿立方米、泰国1.78亿立方米、越南为0.95亿立方米，其余柬埔寨、老挝、文莱等国，石油探明储量都很低。

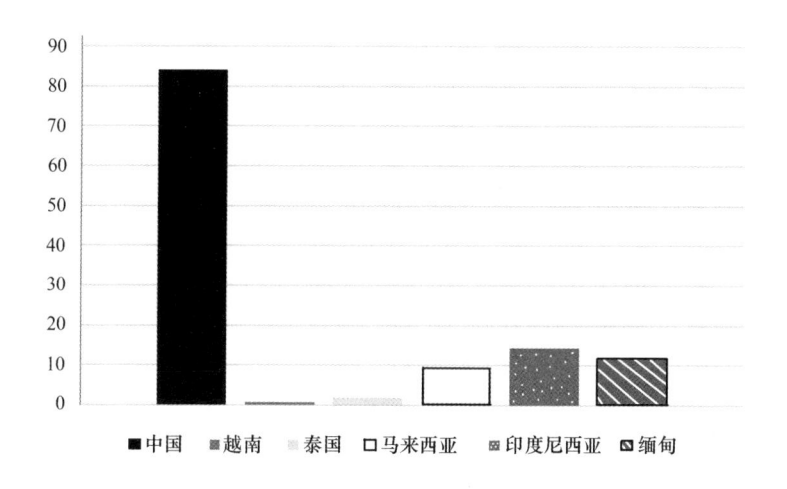

图 2-4　2019 年中国与东盟主要石油产出国石油探明储量（亿立方米）

注：除图中所列国家外，东盟其余国家石油产量很低或暂未发现石油储存，故未列出。

资料来源：《BP世界能源统计年鉴2019》，2020年1月3日，https://www.bp.com/zh_cn/china/home/news/report。

虽然与东盟各国比较，中国在石油总量上地位明显，但和煤炭一样，受制于人口数量过多，人均石油占有量很低，只有20.77桶。东盟国家文莱高达2575.5桶，马来西亚为113.84桶，越南为48桶，印尼为12.52桶，泰国为4.65桶。马来西亚和文莱两国具有绝对的优势。① 但真正能反映指标的是石油产量。

中国石油产量近两年下降趋势明显，而石油需求量逐年上升，石油

---

① 王能全：《未来30年：中国能源革命的战略机遇期》，《新能源经贸观察》2019年第1期。

供需缺口日益扩大，对外依赖程度不断提高。根据最新《国内外油气行业发展报告》统计数据，2019年，中国石油对外依存度接近71%。与此同时，中国的炼油能力增长幅度较大，2019年炼油量达到8.7亿吨（见图2-5）。一次原油加工能力超过全球一半的量，炼油产能过剩问题日益突出。①

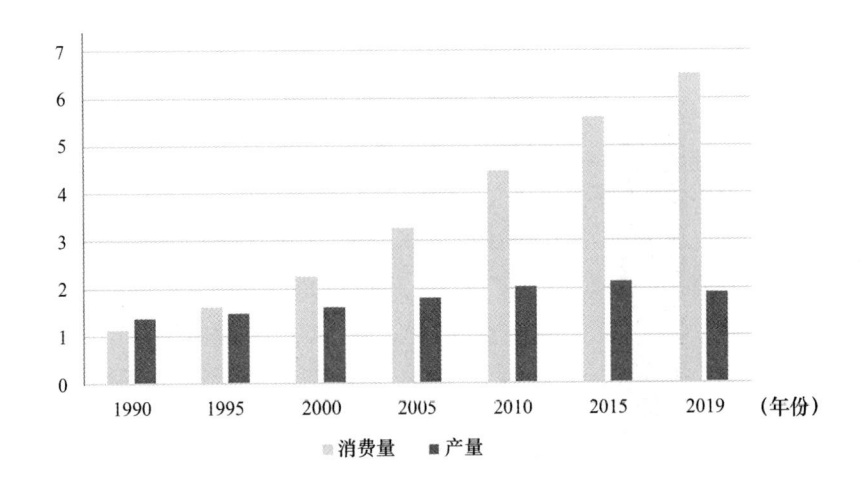

图2-5　1990—2019年中国石油产量和消费量（亿吨）
资料来源：《BP世界能源统计年鉴2019》，2020年1月3日，https：//www.bp.com/zh_cn/china/home/news/report。

2019年，印度尼西亚、马来西亚、越南和泰国4个东盟主要石油产出国消费量均大于其国内生产量（见图2-6）。印度尼西亚自2005年开始国内石油产量低于消费量，是石油净进口国，2019年，石油年产量仅为3820万吨，而消费量达7710万吨。马来西亚从2011年开始成为石油净进口国，马来西亚石油产量与消费量差距不大，2019年该国石油年产量为2980万吨，年消费量为3530万吨。泰国石油年产量远低于年消费量，2019年石油年消费量达6160万吨，年生产量却只有1700万吨。但泰国炼油能力在东盟国家中仅次于新加坡，排第二位。越南也从2011年

---

① 中国石油新闻中心：http：//news.cnpc.com.cn/system/2019/01/18/001717430.shtml，2019年1月18日。

起，成为石油净进口国，2019年越南石油年产量为1140万吨，年消费量为2460万吨。越南也一直从海外进口成品油。由于炼油能力较差，2009年才建成第一家炼油厂。另根据缅甸官方数据，缅甸石油储量约32亿桶，全国油气田超过100个。然而，受制于落后的炼油技术，缅甸国内基本上都从国外进口石油，自身炼油需求能力很大。据《BP世界能源统计年鉴2019》数据显示，2018年，东盟整体炼油产能只为世界总量的4.77%，中国该值为16%。[①]

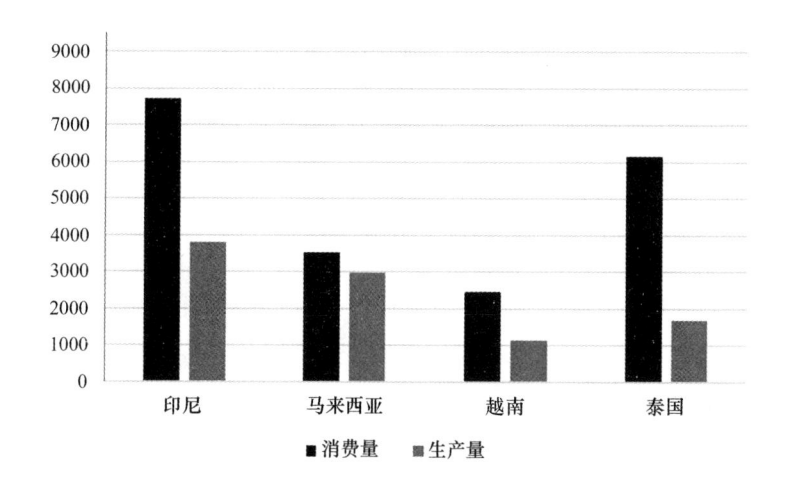

图2-6 2019年东盟主要石油生产国产量与消费量对比（万吨）
资料来源：《BP世界能源统计年鉴2019》，2020年1月3日，https：//www.bp.com/zh_cn/china/home/news/report。

由以上数据可知，基于各种客观条件，中国与东盟各国在原油量开采方面进行贸易合作的可能性很低，但同时在成品油贸易、技术合作等方面的合作潜力巨大。

3. 天然气资源

相较于煤炭和石油，天然气更加清洁和环保。根据《2019年国内外油气行业发展报告》统计显示，2019年全球天然气消费量将增长4.6%。

[①]《BP世界能源统计年鉴2019》，2020年1月3日，https：//www.bp.com/zh_cn/china/home/news/report。

中国天然气需求量的暴增，是推动全球天然气消费量增长的关键因素。2019年，中国已成为天然气第一大国，进口总量接近1400亿立方米。随着我国经济发展的客观要求，积极开发和利用天然气资源具有重要的现实意义。

由图2-7可知，中国各年份天然气的探明储量基本呈现增长趋势，2019年可探明储量创历史新高，达到8.4万亿立方米，在全球排名第9位。东盟成员国中，2019年，印度尼西亚天然气探明储量为1.4万亿立方米，马来西亚2019年总量达0.9万亿立方米。缅甸近两年天然气储量也逐渐增加，2019年天然气探明总量为1.2万亿立方米，越南和泰国的探明储量很少，分别只有0.6万亿立方米和0.2万亿立方米。

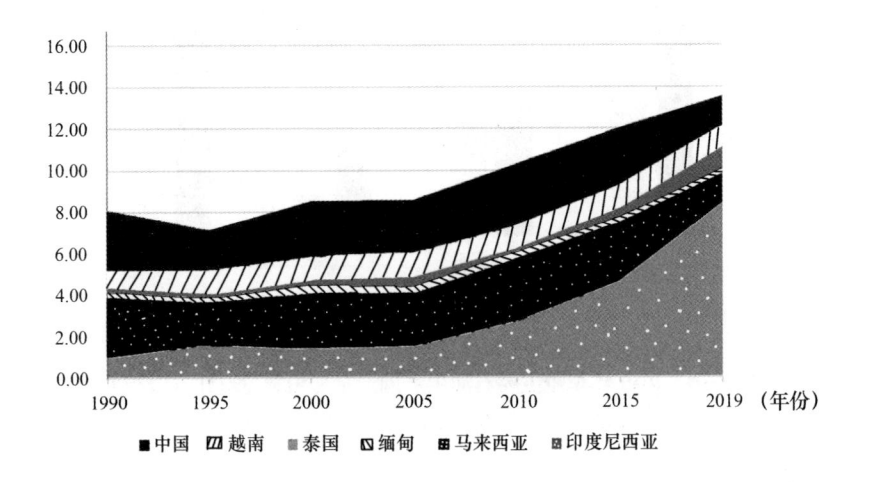

图2-7 中国与东盟主要天然气产出国天然气探明储量（万亿立方米）

资料来源：《BP世界能源统计年鉴2019》，2020年1月3日，https://www.bp.com/zh_cn/china/home/news/report。

中国天然气产量与消费量都年年递增，但消费量增长速度远远超过产量。2019年，中国天然气产量为177亿立方米，消费量为307亿立方米（见图2-8）。东盟成员国中，印度尼西亚和马来西亚在天然气出口上有明显优势，2019年，印度尼西亚消费量只占产量的64.89%，马来西亚消费量占其产量的53.69%。从2015年起，马来西亚就超过印度尼西亚成为东盟第一的天然气生产国。2019年，马来西亚天然气产量为788亿立方米，印度尼西亚为675亿立方米。越南的天然气产量与消费量旗鼓相当，泰国从21世纪开始起，产量就开始低于国内消费量，截至目前，天然气严重依靠进口。（见图2-9）

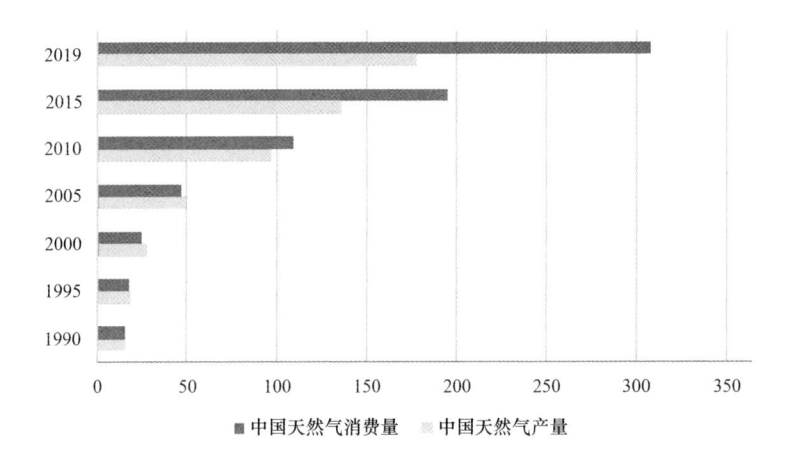

图2-8 中国天然气产量和消费量（亿立方米）

资料来源：《BP世界能源统计年鉴2019》，2020年1月3日，https：//www.bp.com/zh_cn/china/home/news/report。

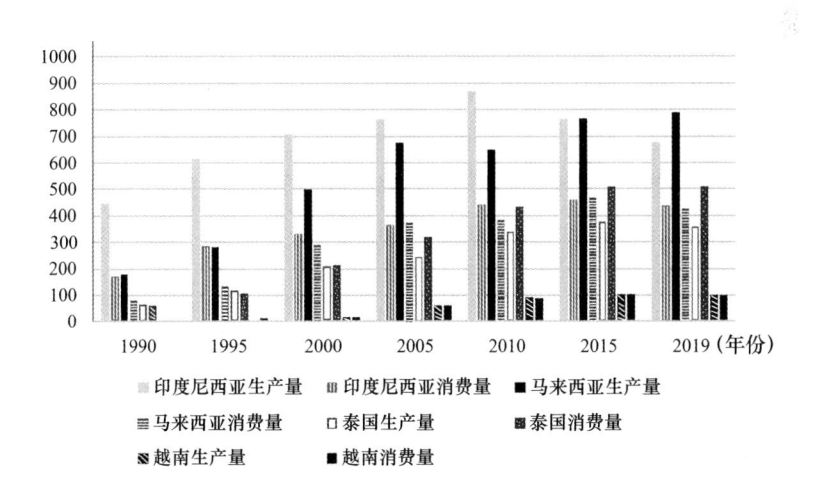

图2-9 东盟主要天然气生产国产量与消费量对比（亿立方米）

资料来源：《BP世界能源统计年鉴2019》，2020年1月3日，https：//www.bp.com/zh_cn/china/home/news/report。

结合中国和东盟各国的天然气产出消费情况，中国与印尼、越南、缅甸、马来西亚等国都具有开展长期性天然气贸易合作的基础，合作范围包括天然气开采与相关技术研发、人力资源培训等领域。

4. 新能源资源

随着全球能源形势的变化多舛和可持续发展的要求，我国正在积极实施传统能源结构的调整升级，同时进一步有效开发利用新能源。2019年，我国新能源消费占到了国内能源消费总量的23.4%，比2018年增长1.3%，也占到了全球增长总量的36%。其中，增长最快的是太阳能的使用，达到71%，随后是生物质能、风能和核能，增速分别为25%、21%和17%。2017年，全球核能产量的全部增长由中国提供。从中可看出，我国新能源相关技术已经成熟，技术水平已位列世界前列。

在新能源开发利用方面，我国太阳能、风能的总装机容量位列全球第一，核能居全球第四。与之相比，东盟国家在新能源储备方面优势明显。东盟计划到2025年，实现新能源比重达到23%（见表2-10）。相应地，东盟各国也相应推出了许多发展新能源的发展战略。国际能源署预测，基于当前情况，到2040年，东盟新能源总容量将大幅增加，其中增加幅度最大的是太阳能和风能。预计太阳能和风电装机容量，分别将达到33吉瓦和21吉瓦。经换算，到2040年，东盟的能源产业总投资将达到2.36万亿美元，其中新能源的相关投入将占很大比重。但由于技术和资金等因素的限制，东盟新能源的开发利用情况不容乐观。

风能方面，东盟地区风速的区间在1.2—6.5米/秒之间，风能资源算得上充裕。然而，风能在东盟国家中的比重仍然很低。在地热能方面，东盟只有印尼、泰国等少数国家开发利用了地热能。印尼地热资源丰富，占到全球总量的40%，但利用率只占到了总量的10%左右。作为世界第二大地热资源开发国，2019年菲律宾地热发电装机容量将达到1890兆瓦，但实际利用率依旧很低。在核能方面，印尼、马来西亚、越南等作为东盟核能利用的先驱，相继提出了核电站的建设计划。然而，由于面临普通民众的强有力反对，上述国家建设核电站的计划相继停止。近两年来，东盟部分国家开始重新考虑核能利用，但实际付诸行动的只有柬埔寨、泰国等少数国家。

表 2-10　　　　　　东盟部分国家 2019 年新能源的储备量

国别	太阳能	风能	地热能	生物质能	核能
印度尼西亚	4.8 千瓦·时/（平方米·天）	9290 兆瓦	29617 兆瓦	32654 兆瓦	—
马来西亚	4—5.2 千瓦·时/（平方米·天）	—	—	1340 兆瓦	—
菲律宾	4—5.5 千瓦·时/（平方米·天）	76600 兆瓦	4631 兆瓦	277×10^6 桶标油	—
泰国	22801 兆瓦	2412 兆—9647 兆瓦	0.537 公吨标油/年	2500 兆瓦	—
越南	13326 兆瓦	760 兆—3042 兆瓦	1401 兆瓦	83175 亿瓦·时	—
柬埔寨	8074 兆瓦	18 兆—72 兆瓦	—	15025 亿瓦·时	—
老挝	8812 兆瓦	95 兆—379 兆瓦	59 兆瓦	980 兆瓦	—
缅甸	26962 兆瓦	86 兆—343 兆瓦	—	58312 亿瓦·时	—

资料来源：世界能源统计官网：https://www.bp.com，2020 年 3 月 2 日。

综上所述，中国与东盟的能源合作互补性较大。传统能源方面，东盟在煤炭、天然气方面都比中国具有数量优势。而东盟原油需求量较大，炼油方面也有很高的需求。同时，中国炼油产能过剩，在石油冶炼和商贸方面合作潜力巨大。与传统能源相比，中国与东盟在新能源合作方面的互补性更大。中国新能源相关技术居于世界前列，而东盟新能源储量丰富，对能源需求较大。

（二）双方能源合作状况

1. 能源投资

中国和东盟的能源合作发展迅速。到 2040 年，东盟能源行业的投资达到 2.36 万亿美元，东盟各成员国主要是发展中国家，资金不足问题是东盟能源行业发展的主要障碍。亚投行、丝路基金和中国—东盟投资合作基金"保护"双方在能源合作过程中的资金安全。中国的大型能源企业和电力企业都有着强大的资金实力和技术优势。例如，中石油、中石化和中海油等传统能源企业，国家电网、南方电网等电力集团，以及天合光能、英利绿色能源和晶科能源等全球前十大光伏企业，超威集团、吉利集团和北汽新能源等新能源企业。技术与资金支持，加上和企业投资热情高涨，推动了中国和东盟能源投资合作的迅速发展。

中国和东盟的能源投资主要集中在电力投资领域。近年来，中国在电力投资领域日益扩大，能力日益提升，东盟各国的潜在电力需求十分庞大，双方在电力投资合作领域效果显著。电力投资合作的国家主要有老挝、越南、缅甸、柬埔寨、印度尼西亚、马来西亚、菲律宾等众多东盟国家。2019年，根据中国电力企业联合会对外投资情况的统计结果，中国对东盟的电力投资效果明显，中国主要电力企业对东盟的实际完成额（16.8亿美元）占到了对外投资总额（81.85亿美元）的20.53%。对外电力投资超过20%的领域主要有水力发电、火力发电、风力发电、生物质发电等。新能源的电力投资合作日益成为重点。近年来，新能源投资合作项目逐渐增多。从合作成果来看，投资合作不仅将中国的先进经验、技术和人才带到东盟，还会"带出"中国的能源设备产品。近年来，中国和东盟各国在能源合作和投资等方面都取得了显著进步，今后很长一段时间，合作潜力巨大。（见表2-11）

表2-11   中国与东盟部分能源投资合作项目

项目名称	项目内容及形式	合作成果及意义
连锁式生物质发电站合作项目（2017年）	中国建材工程与印尼PT Nelly Energi Lwstarindo公司联合进行生物质发电合作，装机规模150兆瓦	中方提供技术支持和工程服务，展示中国企业绿色环保建设理念
中越西原风电项目（2016年）	中国预计总投资3亿美元，以BOT的形式参与位于越南得乐省的西原风电项目，规划装机210兆瓦	中国企业在越南投资的首个新能源项目，有利于展示中国的风电技术和实力
泰国海上风电项目（2016年）	中国电建与泰国意大利公司采用BOT的形式分期开发，于2016年完成首期1000兆瓦的招标	中方将发挥在风电设计方面的优势，整合双方优势资源和资本

续表

项目名称	项目内容及形式	合作成果及意义
菲律宾国家输电网项目（2009年）	国家电网公司于2009年获得菲律宾国家输电网25年的特许经营权，国家电网占股40%	国家电网将先进的技术、人才管理和运营经验运用到菲律宾输电项目，保证电力供应安全稳定

资料来源：孟婵：《中国与东盟能源合作研究》，博士学位论文，广西大学，2019年，第32页。

2. 能源基础设施互联互通

在"一带一路"的能源合作框架下，中国与东盟在能源基础设施方面进行了密切交流，取得了一定的成果。首先，最显著的成果是中缅主燃气管道全线贯通。其次，电网互联取得实质性进展，中国南方电网公司积极参加 GMS 框架下的电力合作，实现了与老挝、缅甸、越南等邻国的电网互联。同时，积极推进与非邻国的电力交换，实现了电力贸易中的"零关税"。这进一步推动了中国与东盟的电力互联的深入发展。

2017年5月19日，石油原油通过中缅油气管道顺利进入中国云南的瑞丽口岸。这意味着中缅油气管道全面贯通运行，也表明中国第四条能源通道正式建成。中国主燃气管道作为中国与东盟能源互联建设的代表性项目具有重要的现实意义，实现了中国能源进口的多元化，缓和了马六甲的运输危险，降低了海上运输的成本。2017年9月，包括三国四方的输电项目备忘录在昆明正式签订。具体由中老越三国的南方电网公司（中国）、老挝国家电力公司和老挝彭萨塔瑞集团（老挝）、越南河内万象电力公司（越南）协商，正式达成合作意向。该项目预计中国在2021—2025年的5年间经由老挝向越南输电，输电量将达到500万—600万千瓦。该项目是中国第一个电网跨越国境的第三国项目，这不仅意味着中老越三国在电网互联合作中的卓越成就，也奠定了 GMS 电力互联的发展基础，同时也实现了区域资源的优化配置。另外，南方电网积极与泰国进行合作项目。能源互通大大推动中国和东盟进行能源合作的深远发展。

3. 能源技术合作

中国和东盟的能源技术合作互补性强，合作形式多样。天然气是当前东盟各国最主要的能源资源，近年来，东盟火力发电发展迅速。煤炭储量比较丰富，价格相对较低，预计 2030 年前将成为东盟各国的主要能源消费品。但是，随着环境保护压力的增大，高排放的火力发电需要提高煤炭资源的利用效率，实现清洁利用。中国在清洁煤技术上有很大的优势。尤其是煤炭的绿色开采、煤炭的筛选、煤炭发电等技术达到了国际先进水平。以中国和印尼的煤炭技术合作为例，中国神华在印尼投资的第一个煤炭项目——国华印尼南苏门答腊岛的发电站项目于 2011 年全部开工。到 2020 年 3 月 25 日，项目 1 号机实现了连续安全运行，成为印度尼西亚南苏门答腊岛上最稳定的电源。该项目始终坚持"零污染环境保护"，不断开拓新技术，在煤燃烧技术、煤粉技术优化、设备改造等方面取得了突破。2016 年，该工厂成功从 100 多家企业中脱颖而出，荣获印尼"最佳 IPP 发电站"称号，并取得该国安全健康管理系统的最高等级认证。除了在煤炭技术方面的合作外，中国和东盟在油气勘探、开发、精制等技术方面也取得了一定的成果。按照"一带一路"能源合作的建议进行推进。双方近几年在海上油气勘探技术合作方面也迅速发展。

第三章

中国—东盟社会交流互鉴与发展

第一节 中国—东盟各国交通基础设施

一 基础设施发展状况

（一）公路

公路是一个国家经济发展和实现现代化进程的核心。其中，中国公路总里程从 2008 年的 373.02 万公里增长到 2019 年的 501.25 万公里，11 年增长了约 26%。2019 年比 2018 年增长了 3.31%（见图 3-1）。

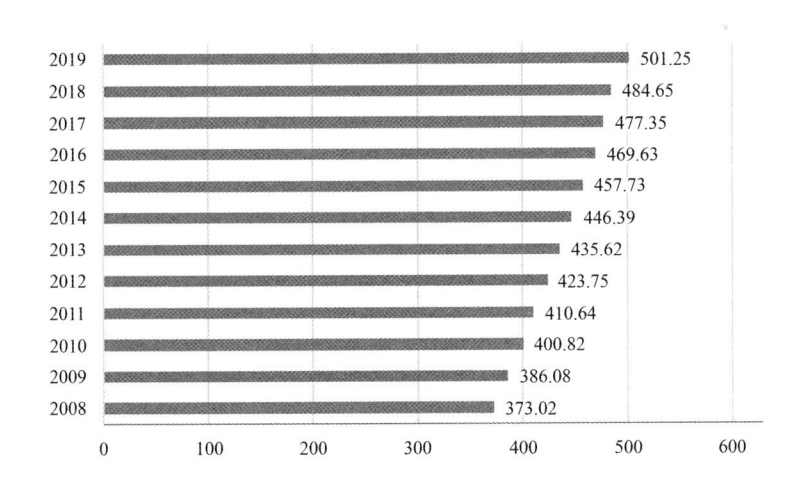

年份	里程
2019	501.25
2018	484.65
2017	477.35
2016	469.63
2015	457.73
2014	446.39
2013	435.62
2012	423.75
2011	410.64
2010	400.82
2009	386.08
2008	373.02

图 3-1 2008—2019 年中国公路总里程（万公里）

资料来源：中经网统计数据库：http://db.cei.cn/page/Login.aspx，2020 年 1 月 3 日。

公路等级方面，依据中国《公路工程技术标准》（2004 年）中按能适应年平均昼夜汽车交通量不同，将公路分为五个等级：高速、一级、二级、三级和四级，分别能承载汽车量数依次为：25000辆以上、5000—25000辆、2000—5000辆、200—2000辆、200辆以下。2019年，中国四级及以上等级公路里程约占总里程的94%，为466.16万公里，二级及以上等级公路里程约占总里程的13%（见图3－2）。

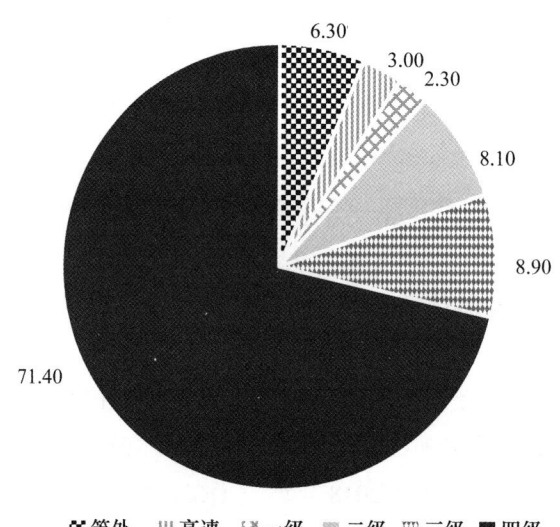

图3－2　2019年中国公路里程分技术等级构成（%）

资料来源：中经网统计数据库：http://db.cei.cn/page/Login.aspx，2020年3月2日。

2008—2019年，中国公路货运量呈快速上升趋势，货运量从2008年的191.68亿吨提升到了2019年的343.55亿吨，11年间增长了79.2%（见图3－3），期间也有一定的起伏，比如2008年持续增长至2012年，2013年出现了小幅下降，随后持续增长至2018年，2019年公路货运量比2018年减少了52.13亿吨。

在东盟各个国家公路建设方面，2018年，公路里程达到十万及以上公里的国家有印尼、泰国、马来西亚和缅甸，公路里程分别为53.9万公里、28.5万公里、23.7万公里和16.4万公里。公路里程最少的是柬埔寨、菲律宾、越南和老挝。分别只有59.87公里、6.2万公里、4万公里和3.3万公里。其次，从公路密度来看，公路密度最高的是新加坡和越南，分别达到487公里/平方公里、112公里/平方公里，次之是马来西

第三章　中国—东盟社会交流互鉴与发展 / 95

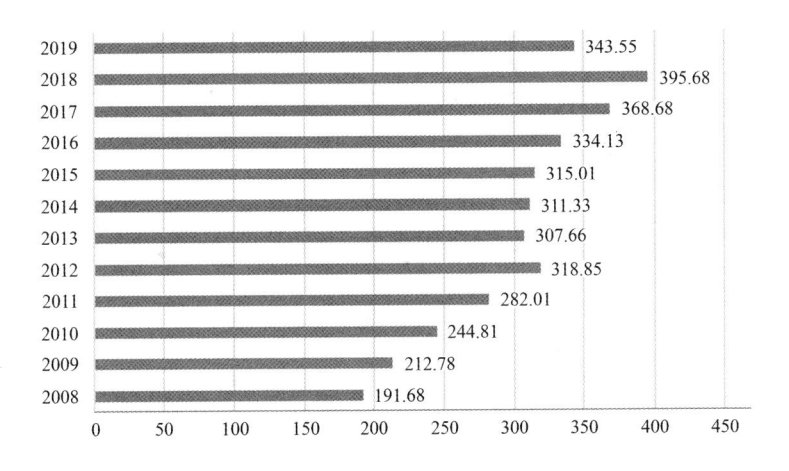

年份	数值
2019	343.55
2018	395.68
2017	368.68
2016	334.13
2015	315.01
2014	311.33
2013	307.66
2012	318.85
2011	282.01
2010	244.81
2009	212.78
2008	191.68

图 3-3　2000—2019 年中国公路货运量（亿吨）

资料来源：中经网统计数据库：http://db.cei.cn/page/Login.aspx，2020 年 3 月 1 日。

亚、泰国和柬埔寨，分别为 72 公里/平方公里、55 公里/平方公里和 34 公里/平方公里。总体来看，泰国和马来西亚的公路系统比较发达，其余各国的公路建设均比较落后。

（二）铁路

基于中国国情，铁路运输成为适用范围最广的运输方式，在中国交通体系中处于核心位置。铁路里程方面，中国铁路得到了巨大成就，总里程不断扩大，从 2008 年的 79700 公里增长至 2019 年的 139000 公里（见图 3-4），2019 年比 2018 年增长了 6.1%。

在高铁建设方面，中国高速铁路发展始于 20 世纪 90 年代，近些年来逐渐成熟，开始自主创新，引领世界。中国铁路网在原来五纵三横基础上，构造起了新高铁运行网。包括京广高铁、京沪高铁、南广线等 47 条高铁客运专线，基本覆盖了东中大部分地区。2008 年高铁运营里程仅为 671.5 公里，2019 年增长至 3.5 万公里，增速极快，且高铁总里程占铁路总里程比重已达 25.18%。根据《中长期铁路网规划（2016—2030）》，截至 2020 年，高铁里程预计突破 3 万公里，将覆盖中国 80% 以上的大城市，到 2025 年，中国高铁运营里程将达 3.8 万公里，覆盖范围将持续扩大（见图 3-5）。

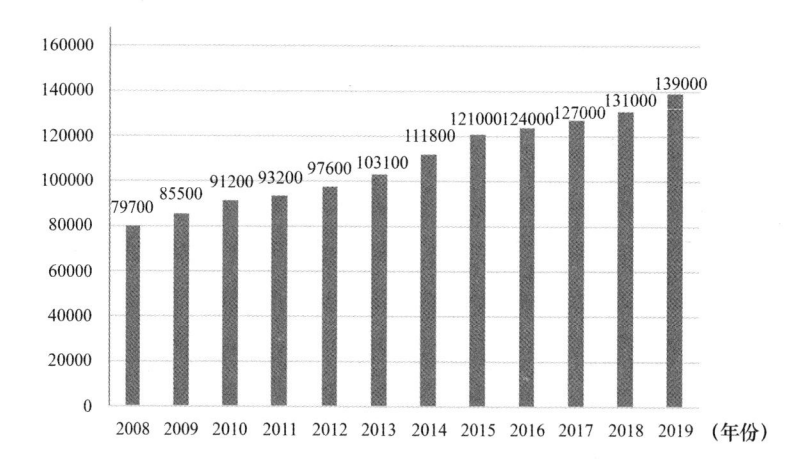

图 3-4　2008—2019 年中国铁路总里程（公里）

资料来源：中经网统计数据库：http://db.cei.cn/page/Login.aspx，2020 年 3 月 2 日。

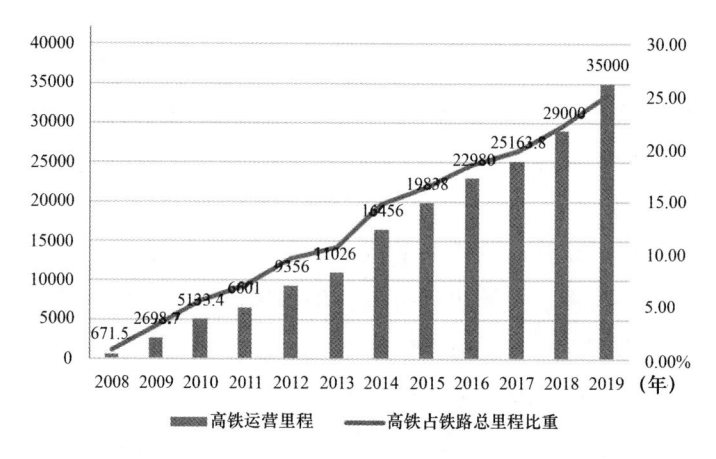

图 3-5　2008—2019 高铁总里程及占铁路总里程的比重（公里，%）

资料来源：中经网统计数据库：http://db.cei.cn/page/Login.aspx，2020 年 3 月 1 日。

从铁路货运量看，2008—2019 年，中国铁路货运量呈现稳定上升，期间也有相应的起伏变动，2015—2016 年降至 2008—2009 年的货运量的水准，总体上说，货运量处于一个整体上升的态势（见图 3-6）。

从东盟国家各自具体情况来看，东盟铁路发展相对滞后。从铁路总里程看，2018 年，铁路长度排列前三的国家分别是缅甸、泰国和印尼，铁路里程分别为 6077 公里、5327 公里和 5198 公里。铁路里程最少的是老挝，国内只有首都万象至泰国边境的 35 公里的铁路，该国国内交通主要靠公路和水路。另外，从铁路密度来看，最高的国家是新加坡，铁路密度达到了2781.64公里/万平方公里。其次是泰国、越南、缅甸和马来西亚，铁路密度分别为103.8公里/万平方公里、95.4公里/万平方公里、89.8公里/万平方公里和68.1公里/万平方公里，在全世界处于中间水平，东盟其余国家铁路密度则较低。总体来说，除少数国家外，东盟整体上铁路事业发展落后。

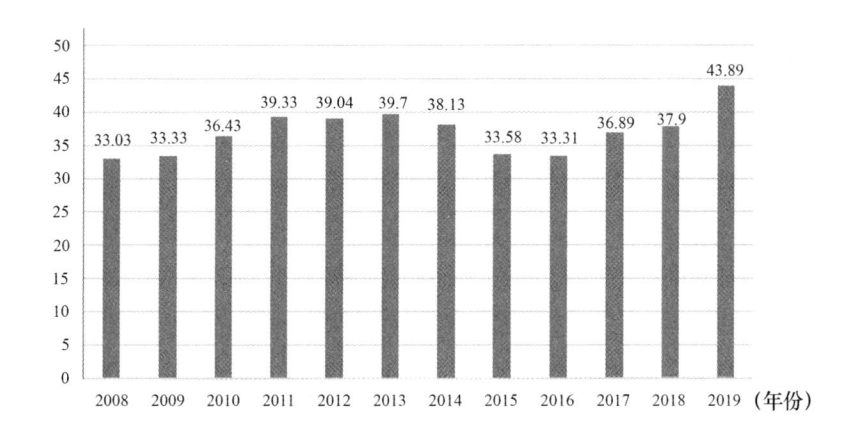

图3-6 2008—2019年中国铁路货运量（亿吨）

资料来源：中经网统计数据库：http://db.cei.cn/page/Login.aspx，2021年1月3日。

（三）民航

中国自20世纪中期以来，民航事业不断发展。20世纪80年代以来，随着经济实力的增强，中国民航各方面迈上一个新高度。截至2019年底，民用机场达228个，国内外航线发展均取得较大突破（见表3-1）。

表3-1   2010—2019年民航航线条数   （单位：条）

航线	2010	2011	2012	2013	2014	2015	2016	2017	2018	2019
民航航线总数	1880	2290	2457	2876	3142	3326	3794	4418	4945	5521
国际航线条数	302	443	381	427	490	660	739	803	849	953
国内航线条数	1578	1847	2076	2449	2652	2666	3055	3615	4096	4568
港澳地区航线条数	85	91	99	107	114	109	109	96	100	111

资料来源：中经网统计数据库：http://db.cei.cn/page/Login.aspx，2021年1月3日。

在航线里程方面，2019 年，中国航线总里程为 964.93 万公里，比 2008 年航线总里程增长了 3.58 倍，其中国际航线里程、国内航线里程和港澳地区航线里程分别达到了 401.47 万公里、546.75 万公里和 16.7 万公里（见图 3-7）。

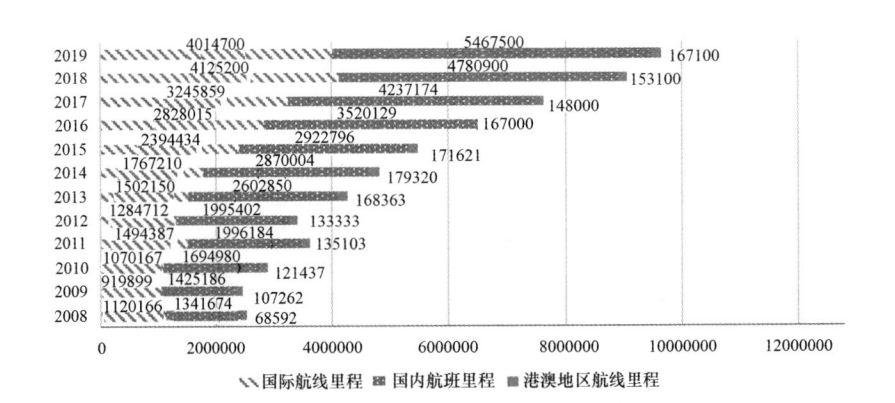

年份	国际航线里程	国内航班里程	港澳地区航线里程
2019	4014700	5467500	167100
2018	4125200	4780900	153100
2017	3245859	4237174	148000
2016	2828015	3520129	167000
2015	2394434	2922796	171621
2014	1767210	2870004	179320
2013	1502150	2602850	168363
2012	1284712	1995402	133333
2011	1494387	1996184	135103
2010	1070167	1694980	121437
2009	919899	1425186	107262
2008	1120166	1341674	68592

图 3-7　2008—2019 年中国民航航线里程（公里）

资料来源：中经网统计数据库：http://db.cei.cn/page/Login.aspx，2020 年 12 月 1 日。

东盟国家航空事业发展总体较好。从 2018 年航空货运量来看，新加坡和泰国货运量最高，分别达 519.4 亿吨和 266.7 亿吨。其次是马来西亚、印尼。货运量较低的国家分别是老挝和柬埔寨。从航空客运量来看，2018 年，印度尼西亚客运量达到 1.15 亿人次，泰国达 7605 万人次，马来西亚达 6048 万人次，其中新加坡樟宜国际机场国际旅客运输量达到全球 20 名，这与东盟国家重要的地理位置和丰富的旅游资源密切相关。

（四）海运

水路运输业分为内河运输和海运。经济社会发展到一定阶段之后，水运会处于优先发展位置。从中国的具体情况来看，内河运输中，中国内河的航线主要有：长江、珠江、淮河、黑龙江、松花江、京杭运河。截至 2019 年底，中国内河航线的航行长度为 12.73 万公里。其次是海上运输，主要包括沿海、远洋航线和 8 个港口。沿海的海上运输以温州为界，分为以上海、大连为中心的北方海航区和以广州为中心的南方海航区。以上海、大连、天津、秦皇岛、广州、湛江等港口为起点，共能通向亚洲、非洲、欧洲、美国、大洋洲150多个国家和地区的600多个港口。据统计,2019年中国港口完成货物吞吐量为140.07亿吨,同比增长6.1%。外贸货物吞吐量40.93亿吨,同比增长6.3%。集装箱吞吐量完成2.38亿TEU,同比增长8.3%。中国规模以上的港口货物吞吐量为126.72亿吨,同比增长6.6%。

由图3-8可知,2008—2019年中国水运货运量呈现持续上涨趋势,从29.45亿吨上升到74.72亿吨,11年一共增长了153.7%。作为世界海运中枢地区的东盟,港口基础设施比较完备的有新加坡、印度尼西亚、菲律宾、泰国等国。从港口货物码头吞吐量看,2018年新加坡和马来西亚货物码头吞吐量分别达到3660万TEU和2495万TEU。其中新加坡港吞吐量仅次于上海港,位居世界第二。其次是越南、印度尼西亚、泰国、菲律宾,货物码头吞吐量分别是1285.3万TEU、1637.4万TEU、1118.5万TEU和863.7万TEU。缅甸、柬埔寨、文莱的货运码头吞吐量比较低,20万—100万TEU。

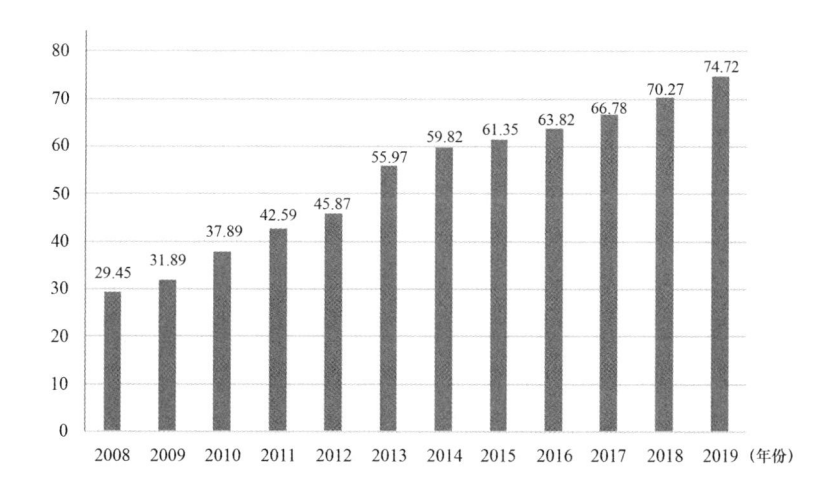

图3-8 2008—2019年中国水运货运量变化(亿吨)

资料来源:中经网统计数据库:http://db.cei.cn/page/Login.aspx,2020年12月2日。

二 交通基础设施互联互通状况

交通基础设施互联互通是中国与东盟合作的优先领域,中国大力支持该领域的合作,致力于实施促进中国与东盟互联,双方在这个领域的合作中取得了丰硕成果。

（一）中国与东盟各国公路互联互通现状

2008年12月，昆明至曼谷的公路正式通车，2013年12月泰国清孔—会晒大桥正式通车，昆曼公路实现了无缝连接。2014年中越货物直通车开始运行。2018年2月27日，"蓉欧＋"东盟国际班组（成都—内江—钦州港）首班从成都国际铁路港出发，经由内江火车南站前往广西钦州港，转发至目的地越南。这次班列首发的成功，预示着成都从这里建成了连接欧洲和东盟经济动脉的"黄金通道"。2019年1月，中国企业承包建设的柬埔寨金边第三环形公路项目的开工仪式在金边举行。柬埔寨总理洪森声称，在中国的支持下，已经建设了数千公里的公路和桥梁。这些基础设施不仅重塑柬埔寨国内的交通网，还帮助柬埔寨和邻国取得了更加密切的联系。

（二）中国与东盟各国铁路互联互通现状

2014年12月10日9点30分左右，K9832号列车从云南昆明站出发，开往中越边境的河口县。这标志着第二条中越国际铁路的中国段—昆明至河口的准轨道铁路的铁路运输全线投入运营。2016年1月，中国和印度尼西亚合作的"雅万高速铁路"正式启动。2016年10月，中国企业在马来西亚中标的第一个大型铁路项目——马来西亚南部铁路项目成功签约。2016年11月，中老铁路项目第二阶段招标签约仪式在老挝首都万象举行。2018年6月，中老铁路全线最长桥的主体工程顺利完成。2018年11月，中老铁路首次打通超千米隧道。2019年1月19日凌晨3点20分，中国中铁五局承建的中老铁路——标那通站双线特大桥的连续梁成功合龙，实现中老铁路的第一次连接成功。

（三）中国与东盟各国民航互联互通现状

中国民航作为亚太地区数一数二的新兴市场，多年来一直保持着持续高速发展。截至2018年底，中国—东盟互通城市已达42个。包括北京、广州、上海浦东、厦门、南宁、成都、深圳、昆明、福州、汕头、重庆、海口、武汉、沈阳、天津、马尼拉、瓦格、宿务、克拉克、河内等。其中国和东盟连接路线最多的省份是广西和云南。2016年8月，随着南宁—斯里兰卡湾国际航线的开通，南宁和东盟所有国家实现了航线运行。2018年1—5月，广西与东盟之间的航班起航达4518次，客运量达到55.2万人次。其中从南宁机场到东盟各国的航班有3777次。航线旅客的吞吐量是47万人。云南是中国东盟合作的前沿地区，截至2019年6月底，云南已开通东盟6个国家21条国际航线，其中缅甸4条、老挝3条、泰国7条、新加坡4条、柬埔寨2条、马来西亚1条。东盟国家和"对飞行"航班每周达74次，在老挝、泰国、新加坡、新加坡、马来西亚等国家，都有很多云南的航空力量在此运营。

（四）中国与东盟各国海运互联互通现状

海运方面，2013年9月，中国—东盟港口城市合作网络正式成立，同年11月23日，中国和马来西亚签署了《建立港口联盟关系的理解备忘录》。2015年，中马两国在港口合作领域签订了第一份合作文件，两国的海运合作有了很深的发展。2015年11月12日，澜沧江—湄公河中国和东盟六个国家的外交部长进一步加强合作达成共识，正式确立了六个国家共同参与的新区域合作机制。2015年第一届港口国际合作论坛开幕，为丝路沿线港口交流与合作提供了平台。2016年3月6日，钦州港—缅甸—马来西亚集装箱直线运输在钦州保税港区实现首航，为西南地区开拓缅甸市场奠定了物流基础。

第二节　旅游合作基础与现状

一　旅游合作基础

（一）地缘优势和人文优势

中国与越南、老挝、缅甸等周边东盟国家相邻，双方交流基础深厚，为跨境旅游合作奠定了基础。首先，中国—东盟国家开展跨境旅游合作具有良好的区域优势。例如，广西和越南交界，国境线达到1020公里。分布着友谊关、东兴等11个口岸与云南省和缅甸、越南、老挝三国接壤。近年来口岸的旅游设施不断完善，为跨境旅游的快速发展创造了便利的条件。其次，中国和周边国家利用山水相连的自然景观和人文景观，在交界公路、铁路等交流空间上具有较强的互达性，在发展跨境旅游方面具有先天优势。最后，中国和东盟国家具有自然地理和人文环境相似的地缘优势。彼此民间文化社会交往频繁，为跨境旅游合作提供了良好的社会环境。

（二）互联互通交通基础设施和旅游基础设施不断完善

近年来，中国—东盟国家之间的基础设施不断完善。中国与越南、缅甸等周边东盟国家跨越国界的公路、铁路和航空等交通线路不断完善，加快了中新经济走廊国际大通路的建设，为跨越国界的旅游一体化创造了良好的基础条件。例如，中国通向周边国家的南宁—凭祥—河内、广西靖西—越南龙邦等国际铁路，及正在建设中的昆明到万象国际铁路，昆明到新加坡的泛亚铁路。今后中国与东盟国家之间的铁路、公路、民航等都可以"无缝对接"。同时，中国广西、云南开通了到东盟所有国家的主要航线，为跨境旅游提供了高速便利的出行方式。同时，中国企业积极外出，加大了对周边国家旅游基础设施的投资建设。

（三）"一带一路"建设和区域一体化的有力推动

"一带一路"的建设和区域一体化进程，为跨越国界的旅游一体化合作提供了重要动力。"一带一路"的提倡和建设大大促进了劳动力、资本、技术和信息等生产要素的跨境自由流动和资源的高效配置，为跨境旅游文化产业的国际合作提供重要动力。跨境旅游产业合作作为当前和今后中国和东盟地区一体化合作的示范项目和重点领域，随着中国—东盟自由贸易区"升级版"的全面实施，中国—东盟国家跨境旅游合作一体化进程深入推进。同时，跨境旅游成为跨境经贸合作的新热点和重点领域，跨境旅游示范区和跨国国际旅游合作区得到国家级政策支持，不断发展。2015 年 12 月，中国发表了《国务院关于支持沿边重点地区开发开放若干政策措施的意见》，明确提出了有针对性的四项措施，加强了中国与东盟各国的旅游合作。

二 旅游合作状况

（一）互为最重要的旅游目的地和客源地

现在，中国和东盟作为彼此重要的旅游客源国和目的地，特别是泰国、越南、柬埔寨、缅甸和老挝等国家，作为最重要的旅游目的地和游客来源地，推进了双方区域旅游的一体化合作。自 2001 年中国—东盟自由贸易区成立以来，中国和东盟国家的经济贸易频繁进行。特别是旅游服务贸易发展迅速。2016 年，中国出境游去东盟地区达 1980 万人，比 2015 年增加 6.4%。从东盟地区到中国的游客达到 1034 万人，比 2015 年增加了57.8%。2017年，中国成为泰国、越南、柬埔寨、缅甸四国的第一大游客市场国家。其中，中国到泰国旅游人数达到980万人，比2016年增加11.97%。2019年，双方人员往来突破6000万大关。

（二）跨境旅游成为双方国家旅游合作的重要载体和新热点

一方面，目前中国—东盟国家依靠地缘优势和人文沟通等优越条件，积极开展"自驾旅游—边境旅游—跨国旅游"等多种形式的跨国界旅游合作形式。跨境文化旅游合作正成为中国—东盟次区域国际旅游合作的新热点和重要载体。另一方面，中国—东盟国家开展了多种形式的跨境旅游项目。其中开展了"东兴—芒街""凭祥—同登"等项目，深受国内外游客的欢迎。另外，广西的防城港开通了"海上胡志明小道"。这是一条跨越国境的海上观光路线，沿线有哈伦湾的芽庄、岘港、亚龙湾等有名的观光名胜。中越、中缅也开通了"边境旅游"和"越境旅游"等精品线路，成为该地区旅游的新热点。2016年广西和越南开通了中国东兴—越南芒街的跨国自驾旅游项目，2017年广西防城港市推出中越边境旅游网络异地签证服务项目，深受广大游客的欢迎。

（三）跨境旅游投资成为中国—东盟国家旅游合作重要领域

目前，越南、缅甸和老挝等周边东盟国家旅游资源丰富，但许多旅游资源开发水平较低，配套旅游基础设施建设迟缓。随着"一带一路"建设的加速，中国企业对周边东盟国家进行旅游基础设施投资的情况越来越多。2017年四川文化旅游企业在柬埔寨暹粒地区投资两亿元打造重点旅游项目"吴哥王朝"；2017—2018年度外资对缅甸投资中，中国居首位。其中酒店和旅游业投资合计28.5亿美元，旅游业成为中国缅甸投资的重点领域。对于缅甸、老挝、柬埔寨等旅游资源丰富的周边东盟国家，由于经济基础薄弱、旅游基础设施投资不足，中国企业在旅游文化基础设施上进行投资的潜力巨大。

第三节　医疗交流与合作状况

中国—东盟卫生领域的交流与合作，已成为中国与东盟各国间共谋人民健康幸福的共识。通过对中国和东盟各国医疗保障体系建设比较，从医疗保障管理主体、筹资主体、医疗保障支付方式等几个方面，借鉴东盟各国医疗保障体系的主要做法和有益经验，结合中国具体国情和医疗保障体系现状，健全与完善中国医疗保障体系，探索中国—东盟国家针对重大公共卫生事件的交流与合作，推进可持续健康发展。

一 医疗保障管理主体比较

中国医疗保险发展道路比较曲折，不同险种由不同部门主管，导致管理主体"多元化"。其中，城镇职工医疗保险和居民医疗保险由人力资源和社会保障部管理，新型农村合作医疗（简称"新农合"）由国家卫生和计划生育委员会管理，城乡医疗救济由民政部管理。上述四个部分分别有着自上而下的独立管理系统。新加坡和中国很相似。由包括卫生局、人力资源部、中央公积金局在内的3个国家级机构管理。菲律宾也有3个国家级的机构：社会保障局、家庭发展互助基金会、国家健康保险委员会。东盟其他国家如泰国、越南、马来西亚、老挝、文莱、柬埔寨、缅甸、印度尼西亚等，都是以单一国家部门管理（见表3-2）。

表3-2　　　　中国与东盟部分国家医疗保障管理主体比较

国别	管理主体
中国	人力资源和社会保障部、国家卫生和计划生育委员会、民政部
新加坡	卫生局、人力资源部、中央公积金局
泰国	卫生部
越南	社会保障委员会
马来西亚	卫生部
印度尼西亚	卫生部
菲律宾	社会保障局、家庭发展互助基金会、国家健康保险委员会
文莱	卫生部
老挝	劳动与社会福利部
柬埔寨	国家社会保障局
缅甸	社会保障局

资料来源：东盟各国医疗卫生机构相关信息整理。

二 医疗保障筹资比较

中国的医疗保障系统包括城镇职工医疗保险、居民医疗保险、新农合和医疗救助。医疗保险基金的管理相对分散，保障水平较低，按各种医疗保险种类分别实施，对风险的抵抗力较弱。

新加坡实行"政府津贴、个人储蓄、健保双全、保健基金"为一体的医疗保障系统，每个居民都有自己的医疗保险账户。根据劳动者的年龄不同，每年本人工资的6.5%—9%（员工、雇佣者各自缴纳额的一半）金额汇入员工的个人保健储蓄账户。这是一项1990年设立的大病医疗保险计划，允许成员用公积金保健储蓄账户存款投保，确保成员有能力支付重病治疗和长期住院的费用。新加坡近80%的人口是华裔，家庭观念很高，大多数家庭实行"储蓄文化"。这个对医疗保障也有一定的促进作用。

泰国的全民健康保险计划也被称为"30泰铢计划"。无论是私立还是公立，只要和政府签订合同，就可以得到政府的财政补助金。医院接受使用30泰铢医疗卡的患者的话，会得到1200泰铢的补助金。该计划覆盖全国98%的地区，所需资金主要通过调整国家卫生支出结构来实现。在实施"30泰铢计划"之前，泰国有各种医疗保险制度。然而，这些保险计划有很大的差异，带来了许多社会问题。为此，泰国卫生部提出了开展全国国民医疗保险的构想，从2002年开始实施"30泰铢计划"。实行这个计划给泰国政府也带来了沉重的财政负担。2005年泰国政府在"30泰铢计划"中使用的支出由533亿泰铢增加到621亿泰铢，主要实施社会健康保险（social health insurance，SHI），通过3%的工资税筹措资金。

现在越南开始为收入接近贫困线的人支付50%的保险费。贫困标准是城市人口平均月收入25美元以下，农村人口平均月收入19美元以下。对于学生，政府至少补助资金筹措额的30%，接近贫困线的学生补助50%。越南政府的大量补助金减轻了贫困人口的负担，到2007年为止，各种健康保险的覆盖率达到了总人口的49%。但是，这一举措也给政府带来了财政压力，如果没有适当的解决办法，很有可能发生严重的基金危机。

马来西亚的医疗资金来源主要有三条路线：（1）运营预算主要包括管理、公共卫生、医疗护理、服务等各项支出。开发预算主要用于训练、设备筹集以及医院的设立和扩张。(2) 员工社会安全基金（social security organization，SOCSO）。月收入 1000 元（按国民收入水平调整）以下的员工必须强制投保，保险费由雇主全额负担。(3) 个人保险。政府大力推进国民健康保险，被保险人可以在特约医院接受医疗服务，可以直接由保险公司支付医疗费。由于大部分资金由政府筹措，给国家造成了沉重负担，政府大力推进个人医疗机构和个人保险公司的发展，缓解了政府的压力。

文莱保健服务主要由财政部提供资金，卫生保健预算的分配由财政部分配，由卫生部管理。关于个人卫生保健支出，数据非常有限，但2018 年公共支出和个人支出的比例大致分别为 97.2% 和 2.8%。文莱没有多少个人保险，政府提供全面的卫生保健服务支付，国外常驻民的个人保险商业机构非常有限。外国人的雇主通常在当地购买医疗保险。文莱非常关注财政投入和收支平衡。资源动员和分配涉及政府一般收入、保险费用、患者现金支出等领域的融资机制。

老挝正在改革正式和非正式部门的公务员医疗制度。向穷人提供医疗服务的股票基金规模正在扩大。2008 年卫生总支出占 GDP 的 4%。2009 年老挝的平均卫生支出占 GDP 的 4.1%，相当于人均 36 美元，一般政府卫生支出占卫生总支出的 19.4%。2007 年，捐赠支出约占公共部门卫生支出总额的 30%。老挝的卫生服务主要由政府提供，主要从家庭现金支出中提供资金。2008 年，卫生支出占卫生总支出的 82.5%，19.9% 来自个人医疗保险，62.6% 来自现金支出。现金支出是家人的沉重负担。特别是对于穷人，支出负担过重，进而陷入贫困。很多家庭因为医疗保健的高昂成本而不能获得基本保健服务（见表 3-3）。

表 3-3　　　　中国—东盟部分国家医疗保障筹资方式比较

国别	筹资方式	国家	筹资方式
中国	政府财政、企业和个人共同缴纳保费	马来西亚	公共医疗由政府出资，私人医疗由保险公司出资
新加坡	政府财政、企业和个人共同缴纳保费	印度尼西亚	公共医疗由政府出资，私人医疗由保险公司出资

续表

国别	筹资方式	国家	筹资方式
泰国	政府出资为主	文莱	政府出资
越南	推行各种医疗保险项目	缅甸	政府出资为主
马来西亚	公共医疗由政府出资，私人医疗由保险公司出资	老挝	政府和企业共同出资，其中政府出多数

资料来源：东盟各国医疗卫生机构官网整理。

三 医疗保障支付方式比较

中国的医疗保险系统一般采用按项目收费的共付制，定期向医疗保险机构报告医疗服务记录。医疗保险机构按服务项目向服务提供者支付费用。[①]

新加坡采用了"放门诊、保住院"的方式，抑制了费用的支出。大病保险制定扣除额和最高补偿额，也就是说只有超过医疗费某个基数的时候才能支付。新加坡政府先后发布了保健储蓄计划、健保双全计划、医疗救助基金三个医疗保障项目。保健储蓄计划可以支付本人和家人入住公立医院或登记的个人医院三等床位费用。医疗费用超过规定基数时，可以支付80%的大病保险费用，剩下的20%由保险人自己支付。对于健保双全计划，政府将医疗救济基金的利息收入捐赠给各公立医院，解决贫困者的住院费用问题。新加坡的支付方式防止了过度消费，提高了医疗保险系统的运用效率和基金的利用效率。但是，这种制度所吸纳的资金数量庞大，有增加基金价值压力和通货膨胀的风险。

泰国卫生委员会对医疗卫生机构一般采用两种支付制度：（1）门诊服务和住院服务都实行"按人头支付"制度；（2）门诊采用"按人头支付"，住院实行总额预算下的按病种付费制度。但在具体实施中，各省支付方式也不尽一致。上述泰国实行的支付制度，有效地控制了医疗费用。低廉的价格在很大程度上解决了普通百姓看病贵的问题，但也出现了医院之间发展不平衡、部分医院的医疗资源开始流失、公立医院医生工作负担加重、病人候诊时间长等问题，这些问题也使该计划要面临进一步

---

① 申曙光：《我国医药卫生体系及医保体系的建议》，《光明日报》2020年3月30日。

的改革。

越南社会保障委员会与越南卫生服务提供机构签订合同，由合同机构向投保人提供卫生服务，机构可自由选择保险和卫生机构。以前越南的健康保险是根据服务项目来支付的，但是因为容易产生诱导需求，所以造成了健康保险基金的赤字。从2005年开始实施按人头或者类别收费，有效抑制了医疗费用的上升。

马来西亚对卫生事业的财务进行统一管理，各级医疗卫生机构的费用根据国家预算支出。卫生部门中的卫生管理人员和医疗人员属于国家公务员，国家对公务员及其家属进行公费医疗。卫生防疫、妇幼保健的支出全部由国家承担，居民就医实行低收费。私立医疗机构由保险公司支付投保人的费用，没有加入保险的人的相关费用自费支付。

印度尼西亚对公共医疗保险计划和个人医疗保险计划基本上实行相同的支付方式。公共医疗保险实施综合医疗费和按人头付费。根据政府规定，卫生服务中心提供妇幼保健、计划生育、计划免疫等基本医疗服务。印度尼西亚实行严格的等级转诊制度。患者一般由保健子中心按规定送到卫生服务中心就诊，再送往行政区医院，最后去省立医院。主要的目的是推动大部分医疗问题在基层解决。

第四章

中国—东盟文化交流互鉴与发展

第一节 中国—东盟人员交往状况

一 对外汉语教育交往

东南亚是世界上华侨华人的一个聚集地。据庄国土教授估算，2007年东南亚华侨华人总数约3348.6万人，占东南亚总人口的6%，占世界4543万华侨华人的73.7%。其中，马来西亚有3所中文专科学校，中文独中60所，中文小学1290所，其他还有271所国民小学和中学。20万人以上在中文学校上学。可以看出，虽然海外对中文教育的需求很大，但是东南亚大部分的中国学校都是依靠华人社团等组织来筹集教育资金的民间机构。教师流动性高，师资力量和设施明显不足。因此，对外汉语教育成为中国对东南亚教育援助的优先领域，涵盖了教师和志愿者的派遣、教材的合作编撰、华文教师的培养、青少年学生的夏令营举办等各个方面。[①]

派遣汉语教师志愿者是当前中国对东南亚教育援助的主要方式之一。中国国家汉语国际推广领导小组办公室（以下简称"国家汉办"）于2001年启动国际汉语教师志愿者项目。泰国对世界各种文化较为包容，追求多元文化，尤其对汉语具有亲近感。自从2003年向泰国派遣第一位教师志愿者以来，我国向泰国派遣了一万多名中文教师志愿者。到2019年，中国每年都会向泰国派遣1000多名中文教师志愿者，2020年更是达到1800人。他们在1000多所中小学推广着中国的语言文化。泰国成为中

[①] 查雯：《争论中的城市外交与东南亚国家的经验》，《北京社会科学》2015年第9期。

国派遣中文教师志愿者最多的东南亚国家。1937 年创建的老挝寮都公学是中国国务院侨务办公室规定的中文教育示范学校。在中国政府的支持下,现在每年有 30 多位公派中文教师志愿者在这所学校进行中文教育。2004 年向印尼派往第一位教师志愿者后,中国多年来已派遣了 1500 名教师。2009 年,中国在柬埔寨设立了中文国际普及中心,7 年累计向柬埔寨派遣了 1000 名中文教师志愿者。培养当地中文教育教师也是近年来对中国东南亚教育援助的主要方法之一,2018 年仅由国务院华侨办公室主办的培训班,就有包括华文教育模范学校校长班、海外优秀华文教师班、华文教师证书班 3 个班在内的 16 个班,有 1600 多人。各省的侨方也举办了与东南亚地区为主的中文教育教师培训班。例如,2018 年云南省西双版纳培养了 50 名来自缅甸和老挝的中文教师。在云南文山培养了 42 名来自缅甸北部地区的中文教师。在福建福州培养了 31 名来自柬埔寨、印度尼西亚、新加坡、马来西亚的中文教师。广东省华侨从 2004 年开始举办为期一年的东南亚华文幼儿培训班,迄今为止已举办了 14 届,为印度尼西亚、马来西亚、菲律宾、柬埔寨、越南、泰国、老挝等东南亚国家培养了 919 名中文老师。2009 年开始,在广西、云南、贵州等地,吸引了东南亚各国的青年学生参加"汉语桥夏令营",每年学生人数从 300 人达到 500 人。整体上看,通过语言、历史、文化等交流活动,东南亚各国的青年学生增加了对中国的了解。[①]

二 来华留学生发展

进入 21 世纪以来,东盟国家来中国的留学生人数进入了快速增长阶段,2001 年东盟国家到中国的留学生为 5000 多人,2016 年就超过 8 万人。2017 年,东盟国家到中国的留学生达到 48.92 万人,继美国和英国之后,中国成为亚洲最大、世界第三的留学目的国。来中国的留学生占到了全世界留学生的 8% 左右。2011 年,在中国留学生 TOP10 的来源国中,东盟国家占 3 个,2013 年东盟国家到中国的留学生占中国留学生总数的 19%。2015 年,东南亚各国的留学人数为 22.7 万人,其中近三分之一的人选择了中国。2017 年,来自泰国、印度尼西亚、越南的中国留学生人数都突破了

---

① 黄宏:《中国在东南亚国家软实力建设的拓展空间》,《公共外交季刊》2018 年第 2 期。

万人大关。其中，泰国的增加尤为显著，2001年泰国来中国的留学生只有860人，2017年上升到23034人，增加了近26倍。从印尼来中国的留学生增长也很快，中国和印度尼西亚建交60周年后的2011年，从印度尼西亚来中国留学的学生人数也超过了1万人，2017年达到14714人，比2001年的1697人增加了7.7倍。老挝近年来也成为来中国留学的新生力量，从2001年的312人增加到2017年的9907人，增长了30.8倍。[①]

近年来，中国不断加大对东盟留学生奖学金政策的支持力度。从2008年开始，中国每年都推行"中国—东盟奖学金项目申请方法"，在东南亚国家中实施"中国—东盟（AUN）"项目。2010年8月第一届ASEAN和中国教育部长圆桌会议达成《贵阳声明》。中国政府连续10年为东盟国家提供1万名学生的奖学金。2013年中国提出未来三年到五年向东盟国家提供1.5万人的政府奖学金。2017年"一带一路峰会论坛"开幕式上，中国承诺每年向"一带一路"沿线有关国家提供1万人的政府奖学金。近年来，越来越多到中国的留学生享受政策红利，2012年916名越南学生接受中国政府奖学金援助，越南成为获得中国政府奖学金人数第二位的国家。2017年越南、泰国、老挝同时进入了获得奖学金人数前十位的国家。[②]

三 孔子学院建设发展

我国在东盟各国建设孔子学院是从2005年12月21日开始的，最开始由中国厦门大学和泰国皇太后大学合作建立，之后孔子学院在东盟国家加速发展。2006年是东盟孔子学院建设高峰时期，共有12所孔子学院落户东盟，其中10所落户泰国，一处落户菲律宾，一处落户新加坡。2007年，两所孔子学院在东盟设立。一个是北京大学和泰国朱拉隆功大学共同举办的孔子学院。另一个是海南师范大学和印尼雅加达中文教育中心共同运营的孔子学院[③]。2010年，第一个由印尼国民教育部批准的阿拉扎大学孔子学院正式成立，同年，老挝唯一的孔子学院国立大学孔子

[①] 马早明：《"一带一路"背景下中国与东盟高等教育合作的策略选择》，《华南师范大学学报》（社会科学版）2017年第1期。

[②] 李海荣：《中国—东盟年鉴》，线装书局2017年版，第461页。

[③] 该所孔子学院现已关闭。

学院成立。2012年，北京外国语大学和马来西亚大学共同创办了孔子学院。2014年，广西师范大学与越南河内大学合作创建了越南第一个孔子学院。2015年马来西亚增设了1所孔子学院。泰国增设了两所孔子学院。菲律宾增设了孔子学院。（见表4-1）

在东盟各国中，泰国孔子学院的发展优势尤其明显，到2020年共建成孔子学院16所（见表4-1）。其中，曼松德昭帕雅皇家师范大学孔子学院是我国与泰国教育部合作创立的"本土化汉语教师培训基地"，接受了大量泰国本地化汉语教师的培训项目，开创了泰国当地汉语教师长期培训模式。皇太后大学孔子学院积极推进"孔子新汉学"项目，东方大学孔子学院积极融入社区，竭诚为当地民众服务，试着与企业和当地政府、社会组织合作。齐恩迈大学孔子学院[①]以全面支持本校人文学院中文学科的开设为重点，进行了"汉语教育进入社区"的指导，开设了各具特色的汉语课程。为了更好地融合大学和社区，宋卡王子大学普吉孔子学院积极开发了旅游贸易等方面的特色课程。同时，泰国孔子学院的注册学生数也位居东盟之首。仅2018年，川登喜大学素攀孔子学院注册学生就达到21721人。另外，孔敬大学全年开设412个班，注册学生达到12403人。[②]

印度尼西亚有七所孔子学院，在东盟10个国家中位列第二。阿拉扎大学孔子学院是印尼孔子学院中发展比较好的孔院，主要开设了汉语听力课、作文课、员工汉语中文课。哈山努丁大学孔子学院积极推进多种形式的课程运营，包括文化选修课、汉语兴趣班、HSK和YCT汉语考试培训班、中国文化专题课、汉语语言教育及文化体验课等课程。丹戎布拉国立大学孔子学院以中文专业教育为主，以本校师范教育学院的中文专业和西加华文教育协调机构的教师班学生为对象，还为经济系、英语系、地理系、社会学系学生开设了中文课程作为外语课计入学分。玛琅国立大学的孔院致力于培养中文系的学生。从2011年到现在招募9组学生。第一届中文系22名本科生顺利毕业。泗水国立大学孔子学院于2010年开设了中文系。到现在为止培养了近一百个中文系的毕业生。

---

① 该所孔子学院现已关闭。
② 数据整理于孔子学院/国家汉办官网：www.hanban.org，2020年12月2日。

表4—1　东盟地区孔子学院总览

孔子学院名称	中国合作高校	成立时间	孔子学院名称	中国合作高校	成立时间
皇太后大学孔子学院（泰国）	厦门大学	2005年12月21日	南洋理工大学孔子学院（新加坡）	山东大学	2006年6月27日
勿洞市孔子学院（泰国）	重庆大学	2006年2月28日	丹戎布拉大学孔子学院（印尼）	广西民族大学	2010年6月28日
玛哈沙拉坎大学孔子学院（泰国）	广西民族大学	2006年2月20日	阿拉扎大学孔子学院（印尼）	福建师范大学	2010年6月28日
宋卡王子大学孔子学院（泰国）	广西师范大学	2006年2月23日	玛琅国立大学孔子学院（印尼）	广西师范大学	2010年6月28日
宋卡王子大学普吉孔子学院（泰国）	上海大学	2006年3月1日	玛拉拿塔基督教大学（印尼）	河北师范大学	2010年6月28日
孔敬大学孔子学院（泰国）	西南大学	2006年3月16日	泗水国立大学孔子学院（印尼）	华中师范大学	2010年6月28日
川登喜大学素攀孔子学院（泰国）	广西大学	2006年6月24日	哈山努丁大学孔子学院（印尼）	南昌大学	2010年6月28日
朱拉隆功大学孔子学院（泰国）	北京大学	2007年8月9日	三一大学孔子学院（印尼）	西华大学	2010年6月28日
农业大学孔子学院（泰国）	华侨大学	2006年11月15日	亚洲典耀大学孔子学院（菲律宾）	中山大学	2006年10月30日
清迈大学孔子学院（泰国）	云南师范大学	2006年11月15日	布拉大学孔子学院（菲律宾）	西北大学	2007年7月11日

续表

孔子学院名称	中国合作高校	成立时间	孔子学院名称	中国合作高校	成立时间
东方大学孔子学院（泰国）	温州医科大学	2006年11月20日	红溪礼示大学孔子学院（菲律宾）	福建师范大学	2009年10月27日
曼松德昭帕雅皇家师范大学孔子学院（泰国）	天津师范大学	2006年12月19日	菲律宾国立大学孔子学院（菲律宾）	厦门大学	2014年12月7日
易三仓大学孔子学院（泰国）	天津科技大学	2014年9月4日	马来亚大学孔子学院（马来西亚）	北京外国语大学	2012年7月8日
海上丝路孔子学院（泰国）	天津师范大学	2015年4月28日	世纪大学孔子学院（马来西亚）	海南师范大学	2015年7月15日
华侨崇圣大学中医药孔子学院（泰国）	天津中医药大学	2015年11月25日	沙巴大学孔子学院（马来西亚）	长沙理工大学	2018年11月13日
帕纳空皇家大学孔子学院（泰国）	大理大学	2017年12月22日	彭亨大学孔子学院（马来西亚）	河北大学	2018年11月14日
王家孔子学院孔子学院（柬埔寨）	九江学院	2009年8月12日	老挝国立大学孔子学院（老挝）	广西民族大学	2010年9月9日
国立马德望大学（柬埔寨）	桂林电子科技大学	2018年12月5日	苏发努冯大学孔子学院（老挝）	昆明理工大学	2017年11月16日
河内大学孔子学院（越南）	广西师范大学	2014年10月14日			

注：截止时间为2020年12月2日。

资料来源：根据孔子学院/国家汉办官网整理所得：www.hanban.org，2020年12月2日。

菲律宾有四所孔子学院。菲律宾孔子学院不断通过实践和革新，推进汉语课程的建设，并深入纳入菲律宾国民教育系统，以全方位培养当地的中文教师为目标，最终取得了令人瞩目的成果。现在"汉语师范学科"的建设已经成为菲律宾孔子学院的重要工作。亚洲典耀大学孔子学院和布拉卡大学孔子学院都设立了"英语、中文专业双学位"项目。以培养本地的中文教师，解决中文教师的不足为目标。截至2017年底，布拉卡大学孔子学院拥有近400名"英语、中文专业双学位"本科毕业生。第一届131名这个专业的学生在2016年顺利毕业了。红溪礼示大学孔子学院已经将中文教室搬进菲律宾总统府。

马来西亚有4所孔子学院。马来亚大学孔子学院作为马来西亚第一孔子学院，经过多年的发展，学生人数逐年增加。孔子学院的汉语课程包括了1—6级的学生。

新加坡有1所孔子学院。新加坡南洋理工大学孔子学院历经14年的岁月，以中文教育为办学目的，多年来开设了中文国际教育专业证书、商务翻译及翻译专业证书、交际中文、商务中文等课程。对新加坡的中文教育做出了很大贡献。

柬埔寨有两所孔子学院。柬埔寨王家学院孔子学院是柬埔寨中文教育中心、当地中文教师培训及教育研究中心、中文考试中心及孔子学院奖学金授权受理中心，是中国柬埔寨友好交流的桥梁。经过多年的发展，王家学院孔子学院成为柬埔寨著名的教育品牌。

其中，老挝国立大学孔子学院和越南河内大学孔子学院自成立以来，在汉语教育、文化交流、汉语考试和当地教师培养方面取得了显著成绩，是当地汉语教育学和文化交流的重要机构。

第二节 中国—东盟友好城市缔结与发展

一 缔结友好城市简要

由于地理位置相邻，中国和东盟各国人民的交流源远流长，最开始，移民主要移居东南亚各国。因此，中国各地的城市，特别是南方的城市，都多数将东南亚的城市作为自己的友好城市。截至2017年12月20日，根据中国友好城市联合会的统计资料，中国与东盟10个国家建立了166

组友好城市：越南 34 组、泰国 33 组、菲律宾 28 组、印度尼西亚 21 组、柬埔寨 16 组、老挝 14 组、马来西亚 11 组、缅甸 7 组、文莱和新加坡各 1 组。

在中国，从与东南亚各国结成友好城市的省区来看，除了新疆、西藏、青海、内蒙古、贵州之外，26 个省、自治区、直辖市的地方政府都和东盟各国发展了友好城市关系。但是，由于东南亚各国自身的经济发展水平有限，中国各省份与东南亚各国缔结的友好城市的比例，除了广西、云南、海南三个相邻省份外，建立比例相对较少。例如，广西设立了 97 组友好城市，其中与东盟国家建立了 48 组友好城市，占总比重的 49%。云南省成立了 63 组友好城市，其中与东南亚国家建立了 22 组友好城市，占总数的 35%。海南省设立了 49 组友好城市，其中与东南亚国家建立友好城市的有 8 组，占总体比重的 16%。福建省设立了 84 组友好城市，其中与东盟各国建立了 9 组友好城市，占全部的 11%。中国其他省份和东南亚缔结的友好城市数量占各省友好城市总数的 10% 以下。其中，中国缔结友好城市的数量超过了 100 组的四省分别为江苏（300 组）、山东（180 组）、广东（173 组）、浙江（101 组）。上述省份与东盟各国的友好城市分别为 6 组、7 组、13 组和 1 组，分别占本省缔结友好城市总数的 2%、4%、8% 和 1%。可以看出，除边境城市的经济合作区外，由于其他从众多人文因素出发所构建的友好城市关系的经济驱动力稍显不足，友好城市占中国各省区缔结友好城市的比重很低。①

二 缔结友好城市关系类型

中国与东盟各国友好城市关系的发展，一方面与其他地区一样，主要服务于两地经济合作和旅游资源开放，另一方面，两地由于人文交流历史悠久，宗教信仰、祖源血统相接近，因此中国与东盟地区友好城市类型更为丰富。

---

① 陈楠：《当代中国城市外交的理论与实践探索》，博士学位论文，华东师范大学，2018 年。

（一）首都城市缔结型

中国北京市先后与印度尼西亚首都雅加达特区（建立时间：1992年8月4日）、泰国首都曼谷市（1993年5月26日）、越南首都河内市（1994年10月6日）、菲律宾首都马尼拉市（2005年11月24日）和老挝首都万象市（2015年4月24日）建立了友好关系。①

（二）中心城市与首都城市缔结型

除了首都间缔结友好城市外，中国一些重要的区域性城市也与东盟各国首都建立了密切的关系。与缅甸原首都仰光市发展友好城市关系的分别有扬州市（1997年7月8日）、昆明市（2008年12月1日）和南宁市（2009年10月21日）；与老挝万象市发展友好关系的城市（地区）分别有昆明市（2011年10月17日）和广东省（2015年4月28日）；与菲律宾首都马尼拉市发展友好关系的城市分别有广州市和上海市；与柬埔寨首都金边发展友好关系的城市分别有上海市（2008年10月8日）、昆明市（2011年6月8日）和重庆市（2014年1月29日）；与曼谷市发展友好城市关系的分别有潮州市（2005年11月23日）、广州市（2009年11月13日）、重庆市（2011年9月26日）和上海市（2016年5月10日）；②与文莱首都斯里巴加湾市发展友好关系的城市为南京市（2011年11月21日）。

（三）中心城市缔结型

除各国首都外，中国的一些中心城市和省区也与东盟各国的中心城市建立了友好关系，如上海市（1994年5月4日）、广东省（2009年11月12日）、广西壮族自治区（2015年9月17日）先后与越南胡志明市发展了友好城市关系。江苏省（2002年9月18日）、广东省（2015年9月21日）、南京市（2008年10月30日）与马来西亚马六甲市发展了友好城市关系。除了曼谷以外，中国和泰国的清迈市也发展了友好城市关系。例如昆明市（1999年6月7日）和哈尔滨市（2008年4月29日）分别与之发展为友好城市关系。昆明市和缅甸曼德勒市于2001年5月10日发展了友好城市关系。中国与菲律宾第二大城市宿务市也发展了许多友好

---

① 数据整理于北京市人民政府外事办公室：http://wb.beijing.gov.cn/home/yhcs/，2020年12月1日。

② 陈楠：《全球化时代的城市外交：动力机制与路径选择》，《国际观察》2017年第5期。

关系。例如，厦门市和宿务市于1984年10月26日发展了友好城市关系。海南省（1996年6月9日）、广东省（2009年10月23日）和广西壮族自治区（2010年10月26日）也相继与宿务市发展了友好城市关系。建立有中国驻老挝总领事馆的老挝卢布拉州也成为与中国城市缔结友好城市的首要选择，云南省西双版纳州（2002年10月18日）、广西壮族自治区（2014年5月14日）和海南省（2016年7月16日）相继与卢布拉州发展了友好城市关系。2012年2月5日，山西省晋中市与普拉班省省会朗地亚发展了友好城市关系。①

三 边境城市友好城市发展

从地缘上看，中国与东盟的越南、老挝、缅甸等国陆地接壤，双方陆地边境城市有着密切的经济和人员往来等联系。对于友好城市的建立，往往起着相互促进作用，其中广西壮族自治区与越南、云南省与越南、老挝和缅甸等国均有陆地接壤。受此影响，中国与东盟诸国建立的边境友好城市中，均为广西或者云南与对方边境城市所建立。

广西壮族自治区和越南的边境城市之间，共发展了五组友好城市，分别是防城港市和下龙市（2008年4月1日）、那坡县和面皇县（2011年11月21日）、田阳县和金成县（2012年6月6日）、崇左市和谅山市（2013年2月23日）、龙州县和复和县（2013年9月4日）。

云南省和越南的边境城市总共建立了四对友好城市，分别是河口瑶族自治县和老街（2006年6月15日）、文山市和河江市（2007年8月8日）、麻栗坡县和北光县（2008年5月19日）、富宁县和苗旺县（2009年10月22日）。云南省和老挝边境城市共同建立了两对友好城市，分别是普洱市和丰沙里省（2008年6月3日），普洱思茅区和丰沙里县（2014年9月25日）。云南省和缅甸的边境城市缔结了两组友好城市，分别为保山市和米奇纳市（2010年6月4日）、瑞丽市和木姐市（2012年10月2日）。②

---

① 陈楠：《当代中国城市外交的理论与实践探索》，博士学位论文，华东师范大学，2018年，第23页。

② 《云南与世界5大洲34个国家缔结了94对国际友城》，2019年3月4日，人民网（http：//www. people. cn/l）。

第三节　中国—东盟文化交流现状

一　文化交流概况

中国和东盟在历史上文化交流形式多样，内容丰富。面对"一带一路"建设的现实需要，中国和东盟各国需要进一步加强各民族的文化交流和文化研究，促进不同民族文化的相互了解。为此设立了专门的活动基金，为东盟到中国的人员提供学习和研究的环境，加深他们对中国文化和国情民风的了解，鼓励他们从事双方文化的交流、推广和研究，不断推进中国与东盟的文化交流合作。

在中国和东盟一直以来的文化交流中，政府机关和民间团体都扮演着重要的角色。新中国成立以来，中国作家协会多次邀请印尼、菲律宾、泰国、缅甸、越南、老挝等国家的作家代表团访问中国，促进了中国和东盟各国的文学交流和合作。东盟各国文艺团体与中国文艺界对话频繁，中国作家代表团或作家个人多次应邀访问东盟各国。另外，政府机关、文艺团体、科研机构、新闻媒体等举办了各种研讨会。文化有着巨大而深远的影响力和传播力。面对"一带一路"建设的新契机，中国和东盟相关文化机构，将进一步加深交流与合作，具体工作内容包括加强作家与学者的互访交流，推荐优秀文化作品翻译出版，组织文化采风活动等，通过设立中国—东盟文化奖，鼓励为中国和东盟文化交流做出突出贡献的作家、学者。

二　文化交流类型

（一）中国—东盟文化论坛

"中国—东盟文化论坛"的前身是2006年诞生的"中国—东盟文化产业论坛"。从2011年起，升格为文化部和广西壮族自治区人民政府共同主办的省级论坛，2012年进一步升级，改名为"中国—东盟文化论坛"。

2012年，第七届论坛由文化部和广西壮族自治区人民政府主办，由中国国家图书馆协商、广西文化厅主办，于同年9月11日在广西南宁开幕。来自中国、东盟各国及韩国的国家图书馆馆长或其代表，东盟秘处,中国—东盟中心的相关代表,以及国内各省、区、市的专家学者等共200余名国内外嘉宾应邀出席论坛。以"亚洲图书馆资源共享与合作发展"为主题,讨论了"文献资源共同建设与共享""数字图书馆建设合作"等内容,来自中国国家图书馆、广西文化厅和新加坡、马来西亚、韩国等国家的图书馆界代表,聚焦于中国和东盟各国图书馆的交流合作,进行了内容翔实的主旨发言,最终达成了广泛的共识。

2019年9月20日,中国文化和旅游部、广西壮族自治区人民政府主办的第十四届中国—东盟文化论坛在南宁举行。论坛以"一带一路"为背景,将文化和旅游融合发展定为主题。作为中国—东盟博览会框架中的一系列重要活动,迄今为止,中国—东盟文化论坛一直在推进区域文化和旅游合作与促进中国和东盟文化旅游关系的发展方面发挥了积极作用。

(二)中国—东盟博览会

中国—东盟博览会(China – ASEAN Expo 英文简称 CAEXPO)简称东博会,是由中国和东盟十国经贸主管部门及东盟秘书处共同主办的,广西壮族自治区人民政府承办的国家级、国际性经贸交流盛会,每年在广西壮族自治区南宁举办,主要特色体现为:

第一,结合进口和出口,以进口为特色,强调开放东盟市场,作为东盟商品进入中国的桥梁。

第二,结合商品和服务贸易,以旅游服务和中小企业技术革新成果转让为切入点,培育中国与东盟经贸合作的新成长点。

第三,经济贸易活动与文化交流相结合。博览会期间,"风情东南亚"晚会、"南宁国际民谣艺术节"开幕派对、"中华情"晚会、高尔夫名人赛、"网球之友"名人赛、时尚节、美食节等同时举行,丰富多彩的文化体育活动穿插其间。

截至目前,中国—东盟博览会和中国—东盟商务与投资峰会已成为中国和东盟各国重要的开放合作平台,在中国和东盟国家的"一带一路"建设中发挥了中流砥柱的重要作用。一是凝聚高层共识,推动构建中国—东盟命运共同体。前16届中国—东盟博览会、商务与投资峰会共有83位中外领导人、3300多位部长级贵宾出席,通过开幕大会主旨演讲、领导人会见、主题国活动、政商对话等,不断推进中国—东盟战略伙伴关系深入发展。二是深化经贸交流，促进中国—东盟自贸区建设。2020年是中国—东盟自贸区建成10周年，中国—东盟博览会举办以来，共有83.2万名客商参展参会，在货物贸易、投资、国际产能合作、跨境园区建设等方面开展合作，取得了实实在在的经贸成效，有力促进中国—东盟自贸区全面建成、升级发展。三是畅通双方沟通，深化多领域合作。中国—东盟博览会框架下共举办了200多个会议论坛，涵盖40多个领域，形成了各领域、全方位合作机制，推动了面向东盟的金融开放门户、中国—东盟信息港等一批重大机制、重大项目落地。

（三）广播影视领域的广泛交流

中国和东盟地域相近，人文相通。过去十年来，在双方的共同努力下，中国和东盟的合作关系通过中国—东盟自由贸易区和中国—东盟命运共同体这两个聚集点，加快历史进程的发展。要进一步深化与东盟的交流与合作，媒体的作用是不可或缺的。关系不是靠父母，而是取决于民心。人民心灵相通是"一带一路"的社会基础，也是中国—东盟合作的基石。不同的民族文化需要相互交流、理解和学习。中国与东盟的相互联系除了陆、海、空的交流外，更重要的是通过媒体交流看法，共享信息。因此，电影和电视媒体发挥着重要的作用。近年来，中国和东盟在广播和电视领域开展了有效的交流合作，举办了许多论坛和交流活动。

1. 中国—东盟广播电视高峰论坛

这个论坛由国家广播电影电视总局主办，2008年4月在北京召开。与会代表热烈讨论了新闻交换、科技合作、人员交流、节目制作、产业调整等议题，提出了一系列具体措施，签署了一系列合作协议，发表了《中国—东盟广播峰会论坛北京声明》。

2. 中国—东盟电视交流论坛

国家广播电影电视总局和广西壮族自治区人民政府共同主办的论坛，2009年10月22—24日在广西南宁举行，东盟十国政府主管部门高级官员及电视机构高层人士，与中方代表80余人出席。以"深化合作，共同创造未来"为主题，以行业制度、媒体融合等内容为背景，讨论电视行业的发展以及中国和东盟双方的交流与合作。通过对口交流，广西电视台与老挝国家电视台、越南数字电视台分别签订了合作协议。双方共同生产，分别播送经贸节目。论坛期间还将举办"中国—东盟电视台播放周",互相提供纪录片节目。本次论坛是继2008年4月"中国—东盟广播峰会论坛"之后,为提高双方在广播电视领域的合作层次,深化合作关系而举办的重要活动。

3. 2007中国—东盟电视合作峰会

2007年12月18—20日,在昆明市召开中国—东盟电视领域合作论坛。来自中国和东盟10个国家的主流电视媒体和电视机构负责人,就交互采访和北京奥运期间的合作等内容进行了沟通讨论,签订了合作交流协定。通过的《2007中国—东盟电视合作峰会联合宣言》指出,电视在当今时代拥有最广泛的观众群,中国和东盟各国都具有优秀文化,加强电视合作,有利于文化多样性的发展。

第五章

中国—东盟各国文明交流互鉴主要问题

自中国与东盟双边自由贸易区建立以来，区域经济关系发展迅速，尤其进入21世纪以来，双边经济关系、贸易往来等取得了突破性进展。2020年前5个月，中国与东盟进出口1.7万亿元，同比增长了4.2%。其中中国对东盟出口9366.2亿元，增长了2.8%，自东盟进口7598.6亿元，同比增长6%，均高于同期中国外贸进出口整体增速。东盟成为中国第一大贸易伙伴。[①] 自2009年以来，中国已连续11年成为东盟第一大贸易国和第二大出口国。众所周知，中国与东盟各国无论是自然环境、国土面积、历史发展条件还是经济社会发展等方面都存在较大发展差异，加上近几年来美国推行的重返亚太战略，美国在东南亚地区的动作十分频繁，而且力度不断加强，也给中国—东盟融合发展和文明交流互鉴带来了一系列问题，主要体现于经济发展不平衡问题和文化认同问题。

第一节 中国—东盟国家间经济发展不平衡

一 经济发展水平存在较大差异

区域经济发展水平是衡量地区间经济发展程度重要的一个方面，区域经济发展不平衡会对地区间经济发展造成不良后果，不仅制约中国—

[①]《商务部发言人高峰答第一财经记者》，2020年6月1日，第一财经网（http：//news.sina.com.cn/o/2020 - 06 - 11）。

东盟经济长远发展,也是一种不可持续的经济发展方式。中国与东盟各国经济发展水平差异毋庸置疑,2003 年,中国—东盟双边贸易额只有 782 亿美元,10 年后的 2013 年,中国与东盟贸易额增长到 4436 亿美元,是 2003 年的 5.7 倍,同比 2012 年增长 11%。2019 年,中国—东盟贸易额达 6415 亿美元,增长 9.2%(见表 5-1),快于中国对外贸易平均增速,在中国前三大贸易伙伴(欧盟、东盟、美国)中增速最快,在中国对外贸易中占比上升,中国与东盟贸易额超过中国与美国贸易额千亿美元。东盟历史性成为中国第二大贸易伙伴,彰显了双方经贸合作活力。2019 年,在中国与东盟十国贸易中,中国向东盟出口达 3053.91 亿美元,较 2018 年增长 12.7%;中国从东盟进口达 2024.65 亿美元,增长 5.0%。2019 年,中方顺差 773.8 亿美元,较上年的 506.1 亿美元增长了 52.9%。① 这彰显了中国经济发展韧性,也体现了中国与东盟双边的潜力。另外,东盟十国间内部也存在着经济发展不平衡现象,可以说相对比较严重,给东盟自身发展壮大带来了一定障碍。因此,深入剖析中国—东盟之间存在的经济发展差异和相关问题,成为更好地促进区域经济发展与解读中国—东盟文明交流的重要内容。

(一)各国经济抗风险能力不一

受到自身所处的国内外环境和经济发展基础等方面的影响,各国的经济风险抵抗能力存在较大差距,一定程度上可看出东盟各国之间经济发展存在明显差异,抗风险能力不一,经济发展不平衡。

表 5-1　　2000—2019 年中国—东盟 GDP 增长率比较　　(单位:%)

国别	2000 年	2005 年	2010 年	2015 年	2019 年
文莱	2.85	0.39	2.60	-0.39	3.87
印度尼西亚	4.92	5.69	6.22	4.88	5.02
柬埔寨	10.71	13.25	5.96	7.04	7.05
老挝	5.80	7.11	8.53	7.27	4.65
缅甸	13.75	13.57	9.63	6.99	2.89

---

① 《2019 年中国与东盟贸易分析》,2020 年 12 月 31 日,搜狐焦点防城港总站(https://fcg.focus.cn/zixun/25c6ed83971a52f0.html)。

续表

国别	2000 年	2005 年	2010 年	2015 年	2019 年
马来西亚	8.86	5.33	7.42	5.09	4.33
菲律宾	4.41	4.94	7.33	6.35	6.04
新加坡	9.04	7.36	14.53	2.99	0.73
泰国	4.46	4.19	7.51	3.13	2.37
越南	6.79	7.55	6.42	6.68	7.02

资料来源：世界银行数据整理：https://data.worldbank.org.cn/indicator/NY.GDP.MKTP.KD.ZG，2020 年 3 月 1 日。

东盟十国中，文莱的 GDP 增长率虽然整体呈现出上升的变化趋势，但期间也出现了相应指标在正负区间来回变化的情况。其中 2015 年出现了 -0.39% 的 GDP 增长率最低值，2019 年出现了 3.87% 的 GDP 增长率最高值（见表 5-1），说明了文莱经济发展稳定性较差，抗风险能力较低。印度尼西亚、菲律宾、越南三国 GDP 增长率起伏较小，总体呈现上升趋势，说明上述三国经济发展形势良好，抗风险能力较好。柬埔寨、老挝、泰国三国的 GDP 增长率虽略微呈现下降趋势，但下降幅度较小，可一定程度说明上述三国经济发展势头较好，有一定的经济抗风险能力。马来西亚、新加坡两国的 GDP 增长率下降幅度较大，其中新加坡的 GDP 增长率，由 2000 年的 9.04% 下降到了 2019 年的 0.73%，之间也几次出现 GDP 增长率的大起大落。可说明马来西亚、新加坡的经济发展风险较大，存在诸多不稳定因素。综上所述，东盟各国经济抗风险能力差异较大，经济发展存在明显差距。

(二) 中国—东盟进出口贸易差距

1. 进出口贸易额差异较大

从国际贸易数据看，东盟国家的经济发展属于外向型经济类型，经济增长主要依靠出口，这可能会造成国内需求不足，经济容易产生波动。虽然随着经济发展问题的凸显，东盟各国提出了一系列的经济改革措施，如泰国的基础设施大建计划、马来西亚经济转型计划、印度尼西亚的经济发展规划、越南经济振兴规划等一系列措施，来进行大规模的基础设施建设，希望以此拉动国内需求，寻求经济新的增长点。东盟基础设施建设从东盟互联互通规划的提出来看,展现出了巨大潜力,基础设施互联互通的建设对之后东盟间经济平衡发展有巨大刺激效应。随着泛亚铁路和东盟公路网络计划的提出,东盟的基础设施会进一步得到完善,对抵御经济风险,发展东盟内部经济有巨大促进作用,也为中国—东盟的进一步融合发展起到了前提条件的作用。

自2009年以来,中国与东盟十国进口贸易额均在不断增长(见表5-2)。2009—2018年,区域内增长幅度最大的是中国,10年增加了11298.3亿美元,东盟国家中增长幅度较大的有越南、新加坡与泰国,三国分别增长了1669.11亿美元、1250.95亿美元、1144.91亿美元,贸易额增长均超过了1000亿美元。增长幅度较小的是文莱(17.15亿美元)、老挝(47.03亿美元),增长低于50亿美元,另外柬埔寨(125.48亿美元)和缅甸(149.99亿美元)两国也仅增长不超过150亿美元,上述增长幅度较小的四国,最主要的原因是其经济体量较小,贸易额起步较低,比如文莱,2009年该国进口贸易额只有24.49亿美元,2018年该值为41.64亿美元;老挝从2009年的14.61亿美元,也只增长至2018年的61.64亿美元。

另外,也不是所有国家,一直以来的进口贸易额持续上涨,也有一些年份呈现下降趋势。比如泰国在2014—2015年,新加坡分别在2013年、2015—2016年,缅甸在2016年,文莱在2012年、2014—2016年,柬埔寨在2013年,印度尼西亚在2013—2016年,马来西亚在2015—2016年,中国在2015—2016年均出现不同程度的下降。也就是说,中国和东盟十国中,只有越南和老挝两国自2009年以来贸易额实现了持续稳步的上涨。

如表5-3所示,中国和东盟国家出口贸易基本呈现不断增长态势。截至2018年,除中国外,其他东盟国家的出口贸易额均未超过万亿元大关,而且文莱、柬埔寨、老挝、缅甸等国家出口贸易额较低,增加幅度较小,这进一步说明了中国—东盟各国之间的贸易差距较大。

2. 中国—东盟贸易不平衡问题

2002年11月,中国同东盟签署《全面经济合作框架协议》,启动了中国—东盟自贸区建设进程。2014年,双方启动自贸区谈判升级版。2015年11月,双方签署《关于修订〈中国—东盟全面经济合作框架协议〉及项下部分协议的议定书》,标志着中国—东盟自贸区升级谈判正式

表5-2　2009—2018年中国、东盟十国进口贸易额

(单位：亿美元)

国别	2009	2010	2011	2012	2013	2014	2015	2016	2017	2018
越南	699.49	848.39	1067.5	1137.8	1320.3	1478.5	1656.1	1748.0	2129.2	2368.6
泰国	1337.09	1829.2	2287.9	2491.2	2504.1	2277.5	2026.5	1942.0	2215.2	2482.0
新加坡	2457.85	3107.9	3657.7	3797.2	3730.2	3779.1	2970.9	2833.4	3279.2	3708.8
菲律宾	458.78	584.68	636.93	653.50	657.05	687.05	747.51	894.35	1019.0	1193.3
缅甸	43.48	47.60	90.19	92.01	120.43	164.59	168.85	157.05	192.53	193.47
文莱	24.49	25.38	36.29	35.72	36.12	35.99	32.29	26.79	30.85	41.64
柬埔寨	58.30	67.91	93.00	113.50	95.55	106.92	132.61	138.66	153.04	183.78
印度尼西亚	937.86	1356.6	1774.4	1916.9	1866.3	1781.8	1427.0	1356.5	1569.3	1887.1
老挝	14.61	20.60	24.04	30.55	30.81	42.71	56.75	53.72	56.67	61.64
马来西亚	1237.57	1646.2	1874.7	1963.9	2059.0	2088.5	1759.7	1686.8	1954.2	2176.0
中国	10059.2	13963.0	17434.8	18184.1	19499.9	19592.3	16795.7	15879.3	18437.9	21357.5

资料来源：根据世界银行数据整理：https://data.worldbank.org.cn/indicator/TM.VAL.MRCH.CD.WT，2019年12月30日。

表5-3　2009—2018年中国和东盟出口贸易额

（单位：亿美元）

国别	2009	2010	2011	2012	2013	2014	2015	2016	2017	2018
越南	12016.1	15777.5	18983.8	20487.1	22090.1	23422.9	22734.7	20976.3	22633.5	24867.0
泰国	72.00	89.07	124.65	130.01	114.47	105.09	63.53	48.75	55.71	65.74
新加坡	41.96	51.43	67.04	78.38	66.66	68.46	85.42	100.69	110.10	127.00
菲律宾	1196.46	1577.79	2034.97	1900.32	1825.52	1762.93	1503.66	1444.90	1688.11	1802.15
缅甸	10.53	17.46	21.90	22.71	22.64	26.62	36.53	42.45	48.73	52.95
文莱	1572.44	1986.12	2280.86	2275.38	2283.31	2339.27	1999.52	1897.43	2181.30	2474.55
柬埔寨	66.62	86.61	92.38	88.77	112.33	114.53	114.29	118.31	138.79	166.72
印度尼西亚	384.36	514.96	483.05	520.99	566.98	621.00	588.27	574.06	687.13	693.07
老挝	2698.32	3518.67	4095.03	4083.93	4102.50	4153.78	3515.87	3304.81	3734.46	4129.55
马来西亚	1524.22	1933.06	2225.76	2291.06	2285.05	2274.62	2143.10	2153.88	2366.35	2529.57
中国	570.96	722.37	969.06	1145.29	1320.33	1502.17	1620.65	1765.81	2150.14	2436.99

资料来源：根据世界银行数据整理：https://data.worldbank.org.cn/indicator/TX.VAL.MRCH.CD.WT，2019年12月30日。

结束。2018年11月,《中国—东盟自贸区升级议定书》生效,并于2019年1月1日全面实施。中国与东盟正在进行《区域全面经济伙伴关系协定》(RCEP)谈判(RCEP于2022年1月1日正式生效),这将成为中国—东盟经贸关系实现跨越式发展新的助推器。①

2019年,中国与东盟经贸往来取得了新突破,比如中国—东盟自贸区签订的《议定书》正式生效,双方经贸投资规模取得重要成绩。根据中国海关总署统计,2018年,中国—东盟贸易额达5878.7亿美元,同比增长14.1%,增速超过中国对外贸易平均水平,在中国前三大贸易伙伴中增速最快(超过欧盟和美国)。其中,中国向东盟出口3100亿美元,较上年增长14.2%;从东盟进口2686.3亿美元,增长14%,东盟已连续8年,成为中国第三大贸易伙伴。② 另据数据显示,截至2019年,中国与东盟贸易额已接近5800亿美元,较2018年同期增长了约8%,2019年双边贸易额有望突破6000亿美元。如今,东盟已经发展成为中国第二大贸易伙伴,而东盟经常居于同期中国对外贸易额的首位。③

具体从双方贸易往来具体结构看,2019年,中国与东盟十国贸易中,中国向东盟出口达3594.2亿美元,比2018年增长了13%;中国从东盟进口达2820.4亿美元,增长5.0%。2019年,中方贸易顺差为773.8亿美元,较2018年的506.1亿美元增长了34.6%。就2019年贸易顺逆差看,中国与东盟国家贸易为顺差排前三位的是:越南、菲律宾、新加坡;中国与东盟国家贸易为逆差排前三位的是:马来西亚、泰国、老挝;中国与东盟贸易额排前三位的是:越南、马来西亚、泰国。就2019年增长速度看,中国与东盟10国贸易中增速排前三位的是:柬埔寨(增长27.7%)、缅甸(增长22.8%)、马来西亚(增长14.2%)。中国从东盟进口贸易额排前三位的是:马来西亚、越南、泰国,其中增速排前三位的是:文莱(增长81.7%)、缅甸(增长36.4%)、马来西亚(增长

---

① 《中国—东盟关系》(2019年版),2020年2月20日,中国—东盟中心官网(http://www.asean-china-center.org/link/links/2020-02/4401.html)。
② 《中国—东盟关系》(2019年版),2020年2月20日,中国—东盟中心官网(http://www.asean-china-center.org/link/links/2020-02/4401.html)。
③ 《2019年中国—东盟关系发展取得长足进展 为2020年双边合作深化奠定基础》,2020年1月2日,搜狐国际在线(https://www.sohu.com/a/364209531_115239)。

13.6%）。中国向东盟出口贸易额排三位的是：越南、新加坡、马来西亚，其中增速排前三位的是：柬埔寨（增长32.9%）、老挝（增长21.2%）、越南和缅甸（均增长16.7%）。① 可见，无论是东盟对中国的对外贸易还是中国对东盟各国的对外贸易中，中国与东盟都具有坚实的合作基础，从而使双方都获得巨大利益。不过也可以看出，中国—东盟经济关系发展不平衡主要体现于东盟贸易在中国总体贸易额中所占的比重较低，而且新加坡与马来西亚两国的双边贸易额约占到了50%，这就体现出了严重的贸易失衡。

3. 中国—东盟双向投资不对称

进入21世纪以来，中国与东盟国家双边投资增长在稳步实现，双方投资合作在不断扩大，如2002—2012年，中国与东盟双边投资额累计为1007亿美元。2014年，东盟国家对华投资总额首次超过800亿美元，同时新加坡继续成为东盟国家对华投资首位，2013年该国对华投资额为72亿美元，也是该年中国最大外资来源国。根据中国商务部统计资料显示，截至2018年底，中国和东盟累计双向投资总额达2057.1亿美元，其中，中国对东盟累计投资额890.1亿美元，东盟对中国累计投资额1167亿美元。双向投资存量15年间增长22倍，中国对东盟投资呈加快增长势头。2018年，中国对东盟非金融类直接投资99.5亿美元，同比增加5.1%，高于2017年1.7%的增幅。东盟对华投资57.2亿美元，同比增长12.5%，大大高于2017年3.88%的增速。2018年，东盟首次成为中国第二大对外投资目的地。东盟是中国第三大投资来源地，仅次于中国香港特别行政区和欧盟。②

2019年是中国—东盟落实"2030愿景"的开局之年，中国与东盟持续保持着紧密的贸易、投资与经贸往来。2019年，中国与东盟国家在基础设施、数字经济等领域的战略对接方面迈出了新步伐。同年11月，中国与东盟国家领导人一道对外发布了《关于"一带一路"倡议同〈东盟

---

① 《2019年中国与东盟贸易分析》，2020年4月21日，搜狐焦点防城港总站（https://fcg. focus. cn/zixun/html）。

② 《中国—东盟关系》（2019年版），2020年2月20日，中国—东盟中心官网（http://www. asean-china-center. org/link/links/2020 - 02/4401. html）。

互联互通总体规划2025〉对接合作的联合声明》《中国—东盟智慧城市合作倡议领导人声明》与《深化中国—东盟媒体交流合作的联合声明》等重要文件。截至2019年8月，中国与东盟双方相互累计投资约2300亿美元。① 据中国商务部统计，2019年，中国对老挝非金融类直接投资达118200万美元，位居东盟国家的第三位，全球排在第九位。②

另外，东盟10个国家情况各异，新冠肺炎疫情严重程度也不同，中国企业需要结合东盟各国的具体情况和关切，提高国际合作能力和水平，着力做好自身，推动针对性合作。2020年，是中国先后与越南建交、与印尼建交、与缅甸建交70周年，是中国先后与菲律宾建交、与泰国建交45周年，是中国与新加坡建交30周年。2020年作为中国—东盟数字经济合作年，在当前双方共同抗疫期间，应积极探索实施电子商务合作、线上远程医疗合作、线上抗疫物资贸易合作、线上商机对接合作等，开拓合作发展新空间，共同打造数字丝绸之路。为此，对已经走进或计划走进东盟国家的有关中国企业，在东盟国家疫情急需支持期间，如果尽力援助，有利于为在东盟国家疫情后发展打好基础。

（三）基础设施建设与经济发展问题

基础设施建设与经济发展之间有着十分紧密的联系，二者辩证统一。一方面，基础设施建设会推进经济发展，良好的基础设施状况是经济发展的基石，可以增进就业并且拉动经济增长；另一方面，经济发展也会促进基础设施进一步完善。基础设施完善是一个国家或者地区经济长期平稳健康发展的重要保障，并且会带来进一步的集聚效应，从而产生经济规模效应。从东盟各国间具体情况看，除去新加坡的基础设施很完善以外，其他九国均存在一系列的基础设施建设滞后问题。受历史、自然环境等因素和发展影响，东盟更多国家追求短期经济发展效益较明显，对基础设施建设与投资均不够重视，基础设施的落后造成了交通、能源、通信等各方面存在发展滞后等问题，直接制约了经济社会发展。

---

① 《2019年中国—东盟关系发展取得长足进展 为2020年双边合作深化奠定基础》，2020年1月2日，搜狐国际在线（https://www.sohu.com/a/364209531_115239）。

② 《2019年我对老投资额位居东盟第三》，2020年2月20日，中国—东盟自由贸易区商户门户（http://www.cn-asean.org/tz/tzdt/202002/t20200214_921737.html）。

1. 基础设施建设对域内经济发展的作用

随着中国—东盟命运共同体的构建，21世纪"海上丝绸之路"和"亚洲基础设施投资银行"（AIIB）（以下简称"亚投行"）的提出，为东盟各国基础设施的建设和完善起到了积极作用，更加促进了区域基础设施建设互联互通。从地缘政治角度看，东盟是中国周边最重要的地区之一，东盟重要的战略区位是开展中国—东盟文明交流的重要驱动力与推动力，中国—东盟自由贸易区的建设，中国—东盟战略伙伴关系的进一步优化，为中国实行"走出去"战略起到了积极有效的作用。在新的国际贸易环境下，使得中国和东盟各国贸易得到优化，对中国—东盟互联互通的建设起到了重要推进作用。

首先，良好的基础设施对经济增长有着巨大的促进作用，中国—东盟自由贸易体系的构建必须依托于良好的基础设施，基础设施带来的产业增长和产业集聚的效益既是中国—东盟文明交流互鉴的重要一方面，同时也是题中应有之义；落后的基础设施是制约东盟各国经济发展的最主要的原因，也是中国走向东盟发展所面临的问题。因此，为进一步强化中国—东盟文明交流和贸易共进，需要加强域内国家基础设施的建设和投入。

其次，加快基础设施建设对改善经济投资环境也能起到不可替代的作用，要实现营商环境的改善和经济长期平稳健康发展，加大对基础设施的投入是先行之路，基础设施建设带来的经济效益前所未有，也是提高生产效率进一步增加经济效益的有效方式与方法。从世界银行数据库公布的数据看，2000年前，运输一吨橡胶制成品的成本约为550美元，而随着老挝公路的全面建成和通车，运输一吨橡胶品的费用已经降到了380美元以下，2018年，该项运输成本已经可以完全控制到200美元以内，由此可见，基础设施发展对经济促进与增长的巨大作用。从世界银行公布的数据看，2000年，越南公路每完善1%就会使运输成本降低3%左右。[①] 另外重要的是，基础设施的完善有助于产品扩大市场份额，占据更大更多元的市场，进一步提高市场交易效率以促进资源自由高效流动。

---

① 世界银行数据库官网：https://data.worldbank.org.cn/indicator/TX.VAL.TRAN.ZS.WT，2020年12月30日。

最后，基础设施的建设会带来整个社会福利水平的提高。基础设施实际上是一种耐用长久的消费品，良好的基础设施可以提高地区人民福利，改善生存生活环境。大力推进基础设施建设是文明进步的体现，通过基础设施建设，政府可以有效地解决一系列社会问题，如通过基础设施建设可以起到重新分配社会财富的作用，使得社会分配更加公平，而且基础设施建设会带动投资、消费的进一步升级，促进经济快速增长，是解决中国和东盟各国贫困问题的有效催化剂与良药，对广大农村地区成效更为显著。比如印尼，20世纪60年代起开始大力进行基础设施建设，印尼农村地区的生存生活环境大幅度改善，在缩小城乡差距方面起到了巨大作用。越南在20世纪末开始进行的高速公路大规模建设和港口建设，为越南带来了巨大的经济增长效应，为此，促进了同期该国经济指标大幅度提升，就业得到了大幅度提升，同时贫困发生率也有所下降。

世界银行数据表明，基础设施建设投资每增加一个百分点，GDP也相应地增长1%。所以应该大力进行基础设施建设，特别是从中国—东盟命运共同体的建设看，基础设施建设将是推动地区经济发展最主要的一个方面，基础设施建设会占GDP比重5%—10%。①

2. 东盟基础设施建设发展历程与经济促进

从东盟国家摆脱殖民统治开始，东盟各国经济发展就向着工业化进程不断挺进。要实现工业化发展，就不可避免地必须进行基础设施建设，整个工业化进程也就是基础设施不断完善的过程。新加坡、马来西亚、泰国、印度尼西亚、菲律宾这些主要东盟国家的工业化进程都不可避免地经历了基础设施建设的大力推进，推动了贸易出口的进一步发展，上述国家基础设施建设也是一个不断完善和分阶段推进的过程。

在刚刚摆脱殖民统治初期，东盟各国基础设施处于相当落后的局面，属于刚起步时期。比如新加坡裕廊工业园区的建设起步，大力建设港口城市，同步建设推进科学、教育、文化等各方面基础设施的建设，为新加坡工业化起到了基础性作用，也标志着东盟各国基础设施建设的兴起。从20世纪70年代起，东盟国家开始以出口为导向的基础设施建设，出口

---

① 世界银行数据库官网：https://data.worldbank.org.cn/indicator/SI.POV.NAHC，2020年12月2日。

加工、出口贸易的繁荣发展也带动了相关基础设施的建设和完善；利用当时东盟各国充足的自然资源优势和廉价劳动力优势，大力发展出口导向的经济贸易。各个出口加工贸易区的建成，以及相应的配套基础设施建设的完成为东盟经济腾飞起到了不可替代的作用。新加坡建成了国际化的樟宜国际机场，建成了现代化集装箱港口，初步形成了贸易、制造、运输为基础的初步基础设施态势，为今后新加坡经济发展和文明进步打下了坚实基础。随着各国工业化进程的不断升级，相应的基础设施建设也紧锣密鼓地推进；20世纪80年代中期起，新加坡、印度尼西亚、泰国等东盟国家大力推进重工业进程，相关重工业基础设施建设也同步进行，工业基础设施获得了大幅度提升。虽然遭遇了一定时间的经济萧条，但是基础设施建设并没有因此而后退。随着先进工业国家的工业转移，东盟国家获得了大量劳动力密集型工业，缅甸、老挝、柬埔寨、越南这些东盟国家通过开放的政策引进了大量工厂，同时相应的基础设施建设也提上日程，国内产业结构升级的同时，基础设施建设也取得了可喜成绩，经济发展也进一步实现了增长。

20世纪末，东盟国家遭遇了前所未有的金融危机，各国经济出现了大幅度波动、失业人口不断增加，出现了严重的社会危机。期间东盟各国不得不大幅削减基础设施建设投入，泰国的曼谷高架铁路和公路停止建设，印度尼西亚近400亿美元的工业建设和与之配套的基础设施建设也陷入停滞，马来西亚的吉打州填海工程、苔贡水坝、马印大桥等一系列公共工程和基础设施建设均停工。该时期随着基础设施建设的停滞，东盟各项经济指标也大幅度下滑，面对严重的金融危机，东盟各国的基础设施建设受到了相当大的打击，为东盟经济发展蒙上了阴影，这也是东盟基础设施建设落后的一个主要原因。

随着21世纪的到来，东盟国家经济出现了回暖迹象。东盟各国开始大力推动基础设施建设，促进经济复苏与发展。2008年，国际金融危机又造成了东盟国家的经济波动，为应对金融危机，实现经济平稳健康运行，东盟各国推出了以基础设施建设为主的大型经济刺激计划。包括新加坡提出七大经济发展战略、越南经济振兴计划、马来西亚经济转型计划等都为东盟度过金融危机，拉动就业起到了积极作用。具体来看，各国在应对危机时都采取了不同的举措。比如，尽管亚洲金融危机使马来西亚经济面临较大困难，迫使其推迟了多项大型发展计划的推进与实施，不过近年来，马来西亚一直致力于信息技术和多媒体产业的推进与发展，其中作为世界上第一个集中发展多媒体信息科技的计划——多媒体超级走廊建设，已进入新时期，从而促使该国经济出现了较快复苏，其经济建设和基础设施建设稳步推进。同时，马来西亚"多媒体超级走廊"建设的实施，对中国推进科技园区和高新技术产业带的建设，乃至发展知识经济等方面都具有一定的启示和借鉴作用；同时，菲律宾也设立了4个高新技术园区，以期带动就业促进经济增长；印度尼西亚也推出了超160亿美元的大型工程基础设施建设项目专项资金，为经济恢复和经济增长带来了新的动力。

3. 东盟基础设施建设和贫困问题

基础设施建设对解决贫困问题起到了重要与支持作用，从宏观上看，大量基础设施建设资金的投入，拉动经济增长，创造新的经济增长点。从微观上看，基础设施建设创造了更多就业机会，改善就业环境，特别是对贫困人口的脱贫有着积极意义。贫困问题是一个世界性难题，也是东盟大多数国家中普遍存在的一个发展困境，如何解决贫困问题，实现东盟各国经济快速发展是东盟面对的艰巨任务。

大力建设基础设施，能增加更多就业机会，让更多贫困人口可以实现自由就业，进一步增加贫困人口经济收入，促进贫困欠发展地区经济发展；显而易见的是，基础设施建设对减少贫困增加收入所起的作用非常大，不仅可以完善基础设施促进经济发展，而且可以缓解贫困问题，实现社会长期安定团结，对稳定东盟经济社会发展起到不可替代的作用。从东盟在农业基础设施的投入上可以看出，大量的财政投入用于改善农村基础设施，发展农业灌溉，兴修大型水利灌溉工程。这些措施的实施让农业生产进一步提高，增加了农业人口的收入，从客观上起到了解决贫困问题的作用。随着东盟各国以基础设施建设为主的建设投入，东盟贫困人口有所减少。

从世界银行数据库相关数据可以看出，印度尼西亚2000—2010年，处于贫困线以下的人口比重从15.2%下降至13.9%，老挝1993—2008年处于贫困线以下人口比重从45%下降到27.6%，马来西亚1990—2009年处于贫困线以下人口比重从15.5%下降至3.8%，菲律宾1994—2006年处于贫困线以下人口比重从 40.6% 下降至 26.5%，泰国 1988—2009 年处于贫困线以下人口比重从 42.2% 下降至 8.1%，越南 1993—2006 年处于贫困线以下人口比重从 58.1% 下降至 14.5%。①

4. 区域间基础设施建设合作与发展

当前，泛亚铁路的合作建设、中老铁路、印尼雅万高铁、卡拉奇—拉合尔高速公路等基础设施建设项目，是区域间基础设施建设合作发展的重要体现。从东盟国家的基础设施建设进程看，都与工业化进程密切关联。东盟国家基础设施建设为东盟经济发展带来了契机，也为东盟国家经济转型升级起到了巨大的促进作用。中国—东盟的贸易交流和文明交流在基础设施建设方面还有可以深度挖掘的地方，在未来中国与东盟各国的文明交流互鉴中将起到不可替代的关键作用。

东盟十国基础设施属新加坡最为完善，虽然其他成员国的基础设施建设已经粗具规模，但仍然处于相对滞后状态。东盟国家除了新加坡外，交通路网的建设比较落后，公路网、铁路网密度均较低，港口吞吐量和航空运输量规模也相对较小。因此，东盟国家在基础设施建设方面还有更多的空间和建设余地。为此，中国—东盟文明交流互鉴就可以从基础设施建设着手，在交通设施完善、大力推进公路、铁路建设，中国高铁建设也可惠及东盟国家，可以进一步加强能源合作，在促进东盟国家能源体系建立的同时保证中国能源安全，这是中国与东盟文明交流互鉴的题中应有之义和重要方面。

（四）东盟互联互通与基础设施建设问题

2010 年，东盟领导人峰会一致通过了《东盟互联互通总体规划》，其中特别提到了基础设施建设应实现互联互通，这是东盟融合发展的关键战略。东盟基础设施互联互通主要包括东盟公路网建设、河道运输网和海运航线、泛亚铁路等。东盟一体化发展的客观要求就是基础设施互联互通，基础设施互联互通也是东盟共同体实现的基础。

2015 年，随着"东盟共同体"的正式确立与建立，一定程度上减少了东盟内部贸易、投资交流的大多数障碍，以此可以更好地实现与加强

---

① 世界银行数据库：https://data.worldbank.org.cn/indicator/SI.POV.NAHC，2020 年 12 月 1 日。

东盟互联互通、巩固东盟共同体建设成果。东盟互联互通战略的提出和实践，增加了东盟内部的团结，有利于东盟融合发展和提升东盟国际地位。随着东盟互联互通协调委员会的正式成立，东盟公路网、泛亚铁路、马六甲—北干巴鲁互联等东盟基础设施互联互通关键控制性项目也稳步推进建设。此外，该组织还负责协调东盟成员国间的各类矛盾和相关分歧，保证东盟共同体真正实现互联互通；还负责监督各个成员国按东盟整体部署进行经济建设和基础设施互联互通，使得东盟有了专业监督机制，为东盟进一步发展创造条件。

1. 公路网与铁路网建设

公路网和泛亚铁路是东盟大力建设基础设施的重要体现，随着东盟公路网的不断完善，各个成员国公路标准不断提升，并且逐步实现陆地国家与岛国的多桥梁连接，进一步完善东盟公路网，使得东盟内部实现了处处可通汽车的构想；同时，将东盟的公路网实现和印度、中国等周边国家的无缝连接，加快与中国等国家的经济交流合作，随着河内至印度公路的建成，把沿线老挝、缅甸等国家紧密联系起来，标志着东盟内部公路网更加完善。泛亚铁路开始于新加坡，最后到达中国云南昆明，跨越东盟各个主要国家，对密切中国与东盟联系起到了重要作用。在中国—东盟泛亚铁路的建设过程中东盟国家出现一定的财政困难因素，中国通过资金支持和协调等各方面工作，为东盟各国投入泛亚铁路建设实现了可能性，中国在保证泛亚铁路建设方面起到积极的建设性作用。中国和东盟均将从泛亚铁路的建成中获得重大利益和实现中国与东盟各国的文明交流互鉴，从而实现中国—东盟命运共同体的形成和发展。

2. 河道运输网和海运航线建设

河道运输网和海运航线的建设是东盟基础设施建设的重要组成部分，东盟河流支系发达，河网密布，充分利用内陆航道可以实现东盟内部运输的便捷化和低成本化，也属于基础设施互联互通的一个重要方面。据统计，东盟内部河流可通航里程超5万公里，但现今内河航道的通航率比较低，许多河段需要进一步扩宽和取直，相关码头也需要进一步建设和提升。

在航海运输方面，东盟十国除了新加坡和马来西亚以外，其他成员国由于海港基础设施建设落后,很多深海港口没有充分利用起来,严重影响东盟海运业发展。随着东盟对主要 50 个港口的基础设施建设,东盟陆地国家和岛国之间的联系会更加紧密,并且随着一系列国际航道线的开通,东盟和中国乃至世界的交流会更加频繁且有效。

(五) 教育与医疗水平差异带来的相关问题

东盟基础设施建设以及东盟互联互通是打造东盟共同体的主要方面,各项基础设施建设已经深入到东盟社会经济的方方面面。在基础设施互联互通的各个方面,交通、能源、通信等基础设施都有大幅度提升。东盟交通运输包括公路、铁路和海运等各项目已经全面铺开,2013 年,昆曼公路建成和泛亚铁路延伸至印度尼西亚泗水等一系列建设成果的取得都为东盟经济发展带来了机会。东盟海洋港口的建设和完善,随着新加坡港扩建完成,马来西亚巴生港扩建完成,印度尼西亚丹绒布禄港扩建完成,东盟的海运能力得到大幅度提升。

可以说,东盟基础设施的落后状况随着东盟基础设施互联互通的实行将有极大改观,同时也产生了巨大的经济效益,实现了东盟区域内的贸易自由和人员流动自由,为中国—东盟自由贸易区的建设起到了积极作用。同时由于区域内各国教育与医疗水平的差异,给域内经济社会发展也带来了相关发展问题。

由图 5-1 可以看出,东盟十国中,教育公共开支占 GDP 的比重最高的三个国家为越南、文莱和马来西亚,教育公共开支占 GDP 比重最低的三个国家为缅甸、柬埔寨和菲律宾。上述指标的高低,很大程度上与各国经济发达与否有着密切联系。且除越南和文莱外,其余东盟各国对教育的投入,均未明显超过 4%,说明东盟多数国家需要加大对教育事业的投资力度来促进国民教育的发展。

由图 5-2 可以看出,东盟十国的医院床位数情况都不太乐观。中国和东盟在医疗健康领域,合作潜力巨大、范围广泛。

二 文化差异与发展不平衡问题

中国与东盟国家领导人达成统一共识,并强调中国与东盟伙伴关系,努力实现双方互联互通。在中国与东盟各国文明交流互鉴中,中国可以积极参与东盟各国基础设施建设,引导中方企业积极走出去,开拓东盟

第五章　中国—东盟各国文明交流互鉴主要问题 / 139

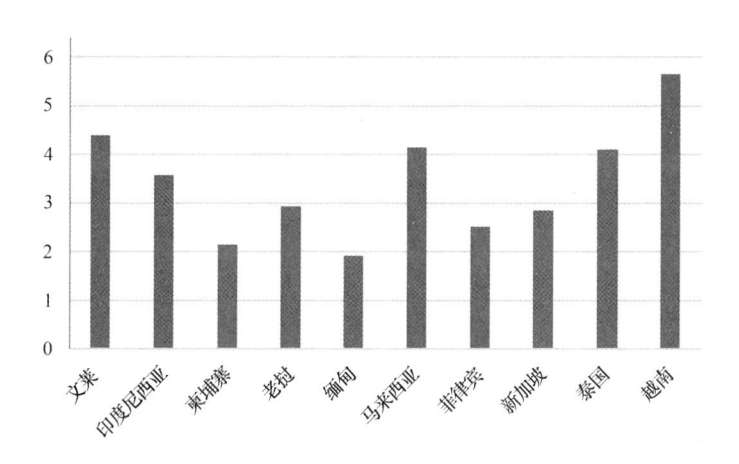

图 5-1　2019 年东盟十国教育公共开支总额占 GDP 比例（%）

资料来源：世界银行数据库，https：//data.worldbank.org.cn/indicator/SI.POV.NAHC，2021 年 1 月 3 日。

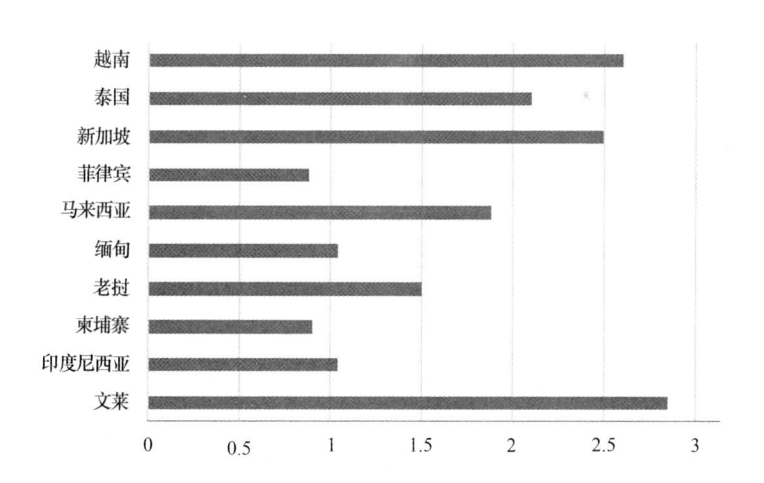

图 5-2　2019 年东盟十国医院床位数（每千人）

资料来源：世界银行数据库，https：//data.worldbank.org.cn/indicator/SI.POV.NAHC，2020 年 12 月 30 日。

市场，尽早实现中国—东盟命运共同体的深远战略目标。比如亚投行建设的积极推进为中国加入东盟基础设施建设起到了巨大的桥梁作用，不仅对参与东盟国家基础设施建设提供了资金支持，而且对未来中国全面加入东盟经济社会发展有着重要的现实意义。不过由于多方因素，中国—东盟在社会发展与融合上还存在相关问题，对双方交流发展产生了一定影响。

(一) 文化差异对双方交流产生的相关影响

在"一带一路"建设大背景下，东盟作为"海上丝绸之路"的重要参与者与建设者，中国作为东盟最大的贸易合作伙伴，是双方对外贸易不可或缺的贸易伙伴。但东盟国家之间和中国存在着较大的经济文化差异，东盟成员国之间经济发展存在巨大差异，比如新加坡、文莱经济发展水平较高，其他国家经济发展相对较为落后。经济发展不平衡问题是制约东盟实现一体化进程的主要问题，也是影响中国—东盟经贸关系的重要因素。同时，东盟自然地理环境和中国也有着较大差异，东盟国家以湿热气候为主，多海岛国家，形成了特有的语言、民族风俗和生活方式，虽然中国和东盟国家都是多民族国家，也由此形成了巨大的文化差异，使得中国—东盟文明交流互鉴存在着特殊问题，即多民族国家创造出来的多样化文明一定程度上对国家之间的文明交流产生某些不利影响。

另外，东盟国家和中国在政治体制上也存在巨大差异，其中就存在着社会主义国家、共和制国家以及总统制国家等政治体制，并且各体制内部还存在诸多细微差别。不同的政治制度对中国—东盟命运共同体建设带来了一系列难题，如何做到经贸关系中的"求同存异"是避免因体制差异所带来问题的关键。东盟国家内部差异使得东盟国家间发展一定程度上受到了某些制约，同时也为中国—东盟经贸往来蒙上了一层阴影，政治、经济、文化的差异问题需要东盟国家以及中国以更加包容的态度去处理文明交流中产生的摩擦甚至冲突。在世界经济更加开放的时代背景下，中国与东盟的传统贸易方式将受到一定冲击，加上中国与东盟之间的文化差异，未来中国—东盟自贸区在贸易产品、贸易模式、贸易结构等方面也将进行相应调整，这使中国—东盟未来的发展和文明交流面临某种挑战。

(二) 文化差异对发展中国—东盟贸易的积极影响

中国与东盟多数国家属于发展中国家，实际在产业结构、贸易产品、经济增长方式等方面存在着相似之处，中国与东盟国家经贸关系实现了不断升温，形成了诸多建设性制度，这对中国与东盟开展经济贸易和文明交流提供了条件。美国曾作为中国第一大贸易国家，随着中美贸易战打响，中美之间贸易受到了相应打击，贸易额出现下降。反观中国与其他国家或区域贸易现状，则表现出了欣欣向荣的景象，2020年新冠肺炎疫情，中欧贸易关系在疫情中逆势上行，中国首次成为欧盟最大贸易伙伴。2019年，中国—东盟贸易额达6414.6亿美元，同比增长9.2%。其中，中国向东盟出口3594.2亿美元，较上年增长12.7%；从东盟进口2820.4亿美元，增长5.0%。中国连续11年成为东盟第一大贸易伙伴，东盟上升为仅次于欧盟的中国第二大贸易伙伴。[①] 2008年国际金融危机背景下，中国—东盟贸易量有所下降，其他年份均呈现逐年上升趋势。"一带一路"建设框架的提出，对进一步加强中国—东盟贸易关系有着重要作用。

随着区域一体化进程的不断深入发展，不同国家和民族的文化背景、特色文化环境和特殊消费习惯，在各国交流过程中逐渐受到各国的重视。相应地，文化差异影响越来越突出。中国是一个拥有五千年文明史的文明古国。历史上形成的中华民族独特的文化个性，推动了中华民族屹立于世界民族文化之林。中国独特的文化，也让中国在全球化浪潮下受益匪浅。特别是在对外贸易中，每个贸易成员都有自己独特的文化魅力，这就要求中国在对外交往中不但要体现自己独特的文化魅力，而且也要关注和了解对象国的文化魅力。

第一，文化差异的稳定性很高，各贸易国之间的文化差异的变动相对较小，这种稳定性、确定性一定程度上可以降低模糊性，从而增加对预期交易行为结果的有效控制。比如新加坡是一个由华族、马来族、印度族及欧亚族四个民族组成的国家，其中华族占到了该国总人口的3/4，可见，新加坡是一个以华人为主体的社会。但这并不代表以华人为主体的新加坡就认同中华传统文化。实际上，因为受到多种文化的长期浸染，以及作为之前西方殖民地而受到的影响，导致了新加坡地处东西文化汇合点，在长期的发展中将东西方文化相互融合，加上马来族是新加坡的

---

① 《中国—东盟关系（2020年版）》，2020年3月31日，中国—东盟中心官网（http：//www.asean-china-center.org/asean/dmzx/2020-03/4612.html）。

主体民族，因此，新加坡将马来语定为国语，为了实现更好的治理，英语是其行政与公共语言，通过双语教育，深层次上强化了英语以及语言所附着的西方文化，同时削弱了各民族本身语言的影响力，最终导致了中华传统文化的淡化。也就是说，与新加坡进行贸易往来需要明确其文化差异稳定性，与新加坡企业合作所强调的类似西方国家企业一样，是建立在彼此竞争关系基础之上而不是长期的相互承诺的关系，强调在竞争的基础上建立互惠互利的信任关系，以契约为基础，实现双赢。

第二，文化差异还通过影响消费者的需求从而增加对外贸易量。不同国家的消费者一般都有着某种特征的精神文化烙印，消费需求也可能存在一定的不同，使得商品种类、个性化商品大大增加，各国都有基于生产规模而形成的独自的比较优势产业，从而促进与激活各个国家之间的对外贸易交往与活动。而且，由于文化差异的稳定性很高，获得了比较优势的企业就会因为生产规模和文化差异的稳定性获得稳定的核心竞争力，长期地取得对外贸易的利益和福利。比如2020年新掀起的"直播带货"潮，泰国作为全球最大的榴莲出口大国，中国又是其主要出口市场，泰国不仅首次通过铁路运输大规模水果出口中国，同时泰国官员也通过网络直播平台向中国观众推销榴莲、山竹等泰国水果，根据相关数据显示，仅6月1—7日，泰国在泰国天猫上就销售了14万颗榴莲、32万颗椰青以及390万只山竹。在整个疫情期间，泰国榴莲出口至中国依然呈现增长模式。

（三）文化差异对中国—东盟经贸关系的消极影响

随着东盟一体化进程在不断演进，东盟各成员国、中国与东盟之间的文化贸易交流与交往越来越频繁，文化差异对民众社会交往、国际贸易的重要性已日益显现，基于文化差异甚至可以说是文明交流的碰撞还是会对东盟内部成员国之间的贸易产生不利影响，对中国—东盟经贸关系也会产生某些不利因素，文化差异对经贸往来的消极影响也引发了人们的思考。

1. 文化差异导致交易成本上升

文化差异可能导致贸易双方增加沟通与交流的难度，同时也会导致经济活动难度的提高。不同的民族，因为文化差异常常使得沟通出现障碍，甚至是误差，容易导致在贸易谈判中出现误解、误判，甚至是错误，从而影响正常贸易的顺利进行。所造成的交易成本直接通过贸易价格机制传导到具体商品的价格上。从而影响贸易成交量，并进一步影响出口企业的生产和发展，文化差异的存在导致交易成本的上升是中国—东盟文明交流互鉴中需要解决的重要问题，例如在马来西亚、新加坡等国家，在餐桌上谈贸易、谈工作可能意图相反，甚至给人造成没有诚意，只知道吃的相反的信息判断。具体来说，就是要通过有效的语言沟通实现有效的文化交流，甚至实现文明互鉴，从而实现有效的贸易往来，进一步降低交易成本，保证贸易进行的正常化。因文化差异导致交易成本的上升，可能使中国—东盟贸易市场一体化受到冲击，不利于资源的合理配置，市场机制发挥作用的方式会发生改变。贸易是一个综合存在的交易实体，要做到各个环节的成本控制和记录，贸易产生的一切交易成本都应该而且必须计入成本控制的各个方面，尤其是精确到具体商品中的时间成本、沟通成本、运输成本和交易手续成本等。

2. 文化差异导致贸易风险加大

虽然中国—东盟一体化进程在不断加快，但是在一体化进程中所带来的贸易风险需要引起警惕，由于文化差异的存在可能带来经贸风险问题。文化差异的存在导致交易成本的上升，可能导致贸易额减少甚至无法继续进行，这必定会导致区域间贸易额减少。一种商品从一国出口到另一个国家，这中间会经过许许多多环节，其中运输环节就是一个重要环节，由于制度与经济文化等因素，很多国家认为交通等基础设施无法像投资银行或其他贸易一样快速地产生直接经济效益，宁愿先放弃交通设施建设，而不是像中国实现了村村通公路，并实现了世界最长高速公路里程数，也由此形成了在中国的物流上午下单下午就可以到达客户手中的中国速度，降低了贸易风险。

3. 文化差异可能导致信任危机

因文化差异带来的沟通不畅与不理想可能导致双方信任危机的产生。其危机根源之一是各国文化差异所认可的做事方式、规章制度等，比如西方国家的契约精神，中国雇员的合同制等，都有可能在走出去的企业在雇用人员的过程中产生一定约束或者是信任，而在东盟某些国家，即使签约了，不想来工作就可以随意不来，等手中钱花完了需要找饭钱的时候或许这个员工又出现了。这样的文化差异在企业合作、经贸往来的过程中容易导致信任危机，从而无法实现互利互信的良好持续交往状态。另外，文化差异也可能导致信息不对称，这也是制约中国—东盟合作交流的较大障碍。因为信息不对称所带来的经贸摩擦和交易风险十分严重，贸易双方都希望获得巨额利润，由于国际贸易是一个综合复杂的构成体，在国际贸易市场中存在大量交易信息，而且双方掌握的这些交易信息不一定都是真实有效的信息，必定有一方会掌握更多有利信息，然后出于己方贸易最大化的诱惑，一方肯定会利用自己掌握的信息创造更大价值；而掌握信息偏少的一方可能受到不利的贸易对待，由此伤害了贸易国间的感情，最后对双边贸易产生不利影响，甚至很难实现持续贸易。

三　经贸交流互鉴问题

2019年1—6月，中国与东盟贸易额达2918.5亿美元，较2018年同期增长了4.2%。中国与东盟贸易仅次于中国与欧盟贸易，相差461.5亿美元。中国与东盟贸易比中国与美国贸易多335.2亿美元。[①] 同时，中国对东盟投资也进一步加大，中国—东盟自由贸易区建成整10年，中国—东盟如何度过经贸合作的"十年之痒"是现今人们普遍关注的问题。随着中美贸易摩擦的持续，2020年新冠肺炎疫情的全球影响，中国—东盟经济合作快速增长的势头有所衰减，如何创造中国—东盟新的经济增长点是中国—东盟自由贸易区面临的关键问题。

（一）消费者偏好不同导致贸易受影响

文化差异对生产者和消费者的偏好产生重大影响，专业化集团大多通过规模经济以获取更大利润，实现组织的存续和最大经济利益，如果客户的消费偏好因为文化差异的存在而差异过大，为了迎合和满足客户差异过大的消费偏好，企业无法生产规模经济要求的生产量，单位生产成本将会上升，当生产成本上升过高时，会导致企业无利可图甚至亏损，从而减少了对外贸易获取利润的可能。同时，根据需求相似理论，收入水平相似的国家，互相间的贸易关系可能就越密切，两国之间开展贸易的可能性就越大。实际上，不仅居民收入水平、文化、宗教信仰、生活

---

① 《中国与东盟：今年上半年贸易分析》，2019年7月28日，环球网（https://baijiahao.baidu.com/s?id=1640297309222278074&wfr=spider&for=pc）。

习惯、社会习俗等多方面因素都会影响消费需求，文化差异越小，其消费需求越可能相似，两国的贸易活动就会更加活跃。如果，贸易伙伴国之间的文化差异过大，两国之间的贸易活动可能因为交易成本的提高和消费需求的迥异而受到一定程度的抑制。[1] 比如东盟国家中好几个是伊斯兰国，无论室外气温有多高，由于宗教信仰等方面的影响，这些地区或国家的女装很难实现像中国市场一样的多元化、多样化，而这些国家内部的服装贸易则相对更为频繁。

文化差异造成人们价值取向的不同将最终影响人们的消费取向，中国与东盟相关国家在消费习惯上的较大差异一定程度上会对贸易产生相关影响，中国是一个众多人口的庞大消费大国，是东盟国家所不具有的、无法替代的优势，但中国和东盟国家在消费观念和消费能力上的差异直接影响双方贸易。这种影响是多方面的，既影响中国市场，也影响着东盟国家。首先，贸易往来更多体现的是商品贸易，一种商品要打开市场主要看该产品是否符合消费者的偏好，是否受到消费者的追捧，说到底是由消费者这一有选择权利的群体所决定的。东盟国家的消费习惯受到各国文化风俗的影响毋庸置疑，他们对中国产品的需求是决定中国对东盟贸易成败的一个关键因素，某种产品，例如中国的手机、家用电器、汽车等产品在东盟的销量直接取决于东盟国家消费者对该产品的认可和需求；反之，东盟面对中国10多亿人口的消费市场，巨大的消费潜力与消费能力是东盟国家极为看重的关键因素，各国丰富的热带水果、橡胶等农产品远销中国市场作为东盟国家主要的贸易收入来源国，这需要由中国百姓的胃来决定。其次，服务贸易也是经贸往来重要的内容。比如国际留学生、国际旅游等，旅游作为东盟国家对中国主要收入的一个重要方面，中国每年赴东盟各国旅游人员为东盟国家带来了丰厚的旅游资源与外汇收入。最后，东盟十国，各国有着千差万别的文化差异，在中国—东盟的文明交流过程中应呈现千姿百态、百花齐放的文化发展状态，具体问题具体分析，有针对性地找准文化差异、认可文化多元性和多样性，为实现中国—东盟一体化，建立中国—东盟庞大的旅游资源市场，

---

[1] 郑福生：《文化差异对中国对外贸易的影响研究》，硕士学位论文，华中科技大学，2017年，第45页。

实现真正意义上的文明交流与互鉴有着重要的指导意义。

(二) 结构性不合理

中国与东盟大多数国家是发展中国家,在贸易结构和产业机构方面存在相似性,双边都是以劳动密集型产业为主,大多也都是依靠丰富的自然资源和廉价劳动力促进经济增长,这就说明双边贸易存在共同性问题、共通性特点,众所周知,国际贸易是一种互补性极强的交换机制,一个国家进口自己国家缺乏的各类资源和产品,如果贸易双方存在较大的贸易共同性,那么就会对双方的贸易乃至经济合作带来一定困难,甚至采取贸易保护政策。中国和东盟大多数国家的制造业处于较低端水平,在很难科学布局明确的产业分工和实现中国与东盟国家的产业转移前提下,如何实现区域间良好的经贸合作,实现合理化、科学化的结构布局,值得中国与东盟各国进行深层次思考。

(三) 区域间贸易产品重叠性较大

无论是从经济增长方式还是从本国经济环境和发展条件来看,中国与东盟都具有很多相似的地方,也就是说很难做到互补发展的积极效应。双边都是以出口为导向型的贸易发展模式,都需要吸引大量外资的注入和投资,本土经济增长缺乏相应的持续增长动力。在承接国际产业转移方面存在相当大的高度竞争性,虽然中国对东盟的投资在不断增长,贸易额也呈现不断上涨态势,但是从具体的贸易结构和产业结构来看,中国与东盟的贸易还存在相当大的竞争性挑战。

(四) 难以提高贸易信任度

国际贸易需要交易双方在秉持诚心、诚信、真实、真诚、信任等原则的基础上进行,这样才能够实现长久合作。中国—东盟国家间的交流交往一旦出现不诚信,就使得彼此间的交易难以持续实施下去,也因为不信任,跨国企业投资很难找到潜在的、长久的合作伙伴,或者贸易与投资在此过程中要想取得潜在合作对象的信任,为此可能需要付出更大的努力、更高的成本、更长久的时间。这种在交流交往中的不信任会使合作的可能性越来越少,信用经济几乎无法实现,从而使得贸易以及合作将可能越来越少。也就是说,不付出诚信的交流交往,没有诚信无法实现合作,从而抑制一个国家的对外贸易与投资。

第二节　中国—东盟文化交流与认同问题

文化是一个国家文明形象的体现，共同的文化认同在国家间的交流合作中起到不可替代的重要作用，文化交流已成为中国—东盟文明交流互鉴的一个重要方面，也是维护中国—东盟双边合作的关键性问题。处理好中国与东盟的文化交流问题，打造中国—东盟文明交流的国际范式，促进中国—东盟政治、经济、文化全方位的文明交流与进步，对构建东盟命运共同体有着重要的现实意义。中国文化博大精深，丰富的民族文化，优秀的文明精神家园，大力发扬优秀先进文化，提升中华文化国际影响力，让中华民族文化立于世界文化之林，可以为中国与世界各国文明交流，为中国—东盟文明交流互鉴做出重要贡献。为此，首先要全面破除"中国威胁论"的错误论调，进一步增进国家间文化与文明交流，吸收丰富多彩的东盟文化，正确处理与东盟文化差异所产生的相关分歧。深刻理解东盟文化多样性与中国文化文明交流互鉴的基础与要义，全面了解文化多样性视角下对实现东盟域内国家经济社会融合发展、建设中国—东盟命运共同体相关问题。

一　文化认同问题的由来

文化是表现一个民族和一个国家的特有特征，也是最明显、最有标志性的符号，文化交流已经成为国际交流的重要方面。中国—东盟一体化进程促进了双边文化交流与发展，在大力弘扬自身文化的同时也应普遍吸收外来文化。不过，东盟由于受到政治、经济、宗教、制度等多因素影响，各国文化所呈现的多元性、差异性十分明显，这势必造成文化认同的某些障碍，这既是实现东盟一体化进程中的主要障碍，也是中国—东盟文明交流互鉴中可能存在的问题，加上各国出于本能地对各自文化的保护，在文化交流中实现文化融合，实现文化的多元性等方面可能会造成相关文化冲突。因此，充分认识中国—东盟文明交流存在的文化障碍，是进一步深入探讨中国和东盟关系，进一步深入发展的重要前提。

东盟成立的初衷一方面是实现各成员国间更加团结以此促进共同发

展，另一方面也是为了共同抵制外来势力干涉与威胁，甚至共同敌人。由于东盟多数国家早期受到过外国殖民与统治，使得各国经济社会发展严重不平衡，很多国家迟迟未能实现工业化，经济建设受到极大制约，某些东盟成员国出现政局不稳与经济发展停滞等问题，使得这些国家不得不花费更多时间与精力加紧对内统治的完全掌控。应该说，东盟从开始成立之初就属于一个弱紧密型组织，彼此约束力不强，相比欧盟共同体来说，东盟还是一个较为松散的组织，这也是东盟内部成员各国普遍对文明认同存在着障碍的一个重要原因，也是中国同东盟合作面临的一个主要问题。比如越南、菲律宾、马来西亚这些国家的佛教与伊斯兰教的宗教摩擦问题，就是国家间文化认同障碍的具体体现，由此可能导致东盟文化与社会融合问题的放大，或实现各成员国之间的文化交流与融合更加困难。众多成员国的加入带来了更多元文化的碰撞，这对东盟一体化进程既是发展机遇，也带来了相当大的挑战。东盟大民族主义文化的形成需要相当长的一段时间，在弘扬本民族文化的同时还要尊重其他民族文化，更需要在发展的过程中有时间去消化吸收，这还是一个漫长的过程。既然东盟文化认同是一个缓慢培养的长期过程，东盟各国和中国就必须认识到彼此文化认同感形成的长期性与重要性，东盟各成员国之间和中国需要时刻保持对文化交流的开放性、积极性与主动性态度，积极推动双边或多边的文化交流活动，用中国—东盟命运共同体的构想发挥各自的优势和智慧，共同解决在双方文明交流过程中产生的文化认同障碍问题。

  全球化进程不仅仅包括经济全球化，文化多样化、信息全球化也是其中重要的方面。中国—东盟文明交流过程从微观上看也是一个文化多样化发展的一分子，属于文化多样化的一部分。在文化多样化过程中肯定会出现不同文化之间的碰撞和摩擦，各个国家和民族形成的文化多样性体系使得文化融合和文化认同变得更加困难。在长期的民族形成过程中，民族文化通过不断演进，通过人民的不断创造、不断丰富，推进文化发展，这使得单一的民族文化十分牢固，都认为自己国家和民族的文化是最先进的文化样式，总是极力扩张与主推自己民族的文化，这就是人们经常提到的文化具有的排外性特征。对外来文化的排斥和打压是文化排外性的主要表现形式，文化的排外性特征是文化全球化面临的最大敌人，也是中国—东盟文明交流的主要障碍。东盟国家里已经有两个社会主义国家，再加上中国这一个社会主义大国，社会主义文化和资本主义文化势必也会进行激烈的碰撞，其意识形态、价值取向、制度模式的不同，可能造成文化霸权主义的盛行，资本主义加紧进行文化渗透带来社会主义阵营的强烈反抗与斗争，导致民族情绪的进一步高涨。理顺中国—东盟文明交流过程中文化认同障碍带来的严重问题，如何做到文化的求同存异与百花齐放，并加快中国—东盟文明交流的有序进行，是当前区域内面临的主要问题，也是需要中国东盟各方共同完成的紧迫任务。

中国 5000 年的灿烂文化一直以来都是其他国家纷纷学习和效仿的榜样，但是由于南海问题的存在，东盟某些国家一直存在着反华情绪，使得中国—东盟的文化交流始终受到阻碍。加上中国和东盟存在的国外市场竞争关系，和双边产品市场的重叠性等问题，使得中国—东盟经济文化交流出现了严重问题。从政治关系视角审视文化交流问题，以美国为首的一些国家大肆宣扬中国威胁论，东盟出于平衡国际关系的考量，也不得不在一定程度上遏制中国的发展，这也是中国—东盟文化交流障碍形成的一个原因。

（一）造成中国—东盟文化认同障碍的主要原因

文化认同障碍阻碍了中国—东盟文明交流的进一步推进，同时也破坏了中国—东盟命运共同体的构建梦想。文化认同问题和其他一系列政治、经济和社会问题夹杂在一起，被认为是普遍影响东盟一体化进程，激化摩擦冲突，严重影响中国和东盟正常交往的重要因素。充分认识造成文化认同障碍的各项因素和这些因素相互起作用的方式，对应对中国—东盟文明交流产生的问题具有重要意义。为此，需要充分认识到在中国—东盟文明交流互鉴的过程中文化认同问题的综合性、复杂性、严重性，要进一步分析具体是哪些因素在影响文化认同，这些因素是如何起作用的，哪些因素起主要作用，哪些是次要因素，以及它们互相之间又有什么联系，最终是否可以解决或者是降低这些问题因素对文化认同的影响；综合分析文化认同障碍所带来的后果，以及这些后果如何再次对中国—东盟文明交流互鉴带来相关不利影响。

1. 宗教问题

宗教信仰属于一种意识形态，首先表现为一种特定形式的思想信仰，是人们世界观和思想认识问题，通过严密的宗教思想传播影响人们的行为，是人类社会发展到一定历史阶段、人类思维能力发展到一定水平以后产生的社会现象。随着全球范围内宗教复兴，宗教已经成为国际交往中日益不可忽视的政治要素。

东盟国家幅员辽阔，人口众多，宗教信仰也呈现出十分多样化的特征。佛教、基督教、伊斯兰教都广泛存在于东盟国家中，各国宗教都有各自的教义和信仰，信徒都按照信仰的宗教来进行社会活动，由于各宗教世界观的差异存在，必定造成宗教之间的不相容，可能出现各种摩擦和冲突。宗教对东盟的影响已经深入政治、经济和社会生活的方方面面，深刻影响着东盟国家一体化进程，更影响着中国与东盟的文明交流。

新加坡的宗教构成十分复杂，信仰佛教的人数占总人口的31.9%，信仰基督教的人数占总人口9%，信仰伊斯兰教的人数占总人口14.9%，信仰道教、印度教和其他宗教占比分别为21.9%、3.3%、0.6%，不信教的占14.5%。[①]马来西亚主要信仰伊斯兰教，其他宗教也广泛存在于社会中。泰国主要信仰佛教，也有伊斯兰教信徒，但所占比重较小。印度尼西亚全国约有87%的人信仰伊斯兰教，是一个伊斯兰国家，另外信仰基督教新教的人数占比为6.1%，天主教为3.6%，印度教为2%，佛教为1%。[②]文莱是政教合一的国家，也是一个主要信仰伊斯兰教的国家，其中伊斯兰教徒占全国总人数的63%，佛教占12%，基督教占9%。[③]菲律宾主要信仰天主教和基督教，少数人信仰佛教和伊斯兰教等。缅甸超过85%的全国人口信仰佛教，大约5%的人信仰基督教，8%的人信仰伊斯兰教，约0.5%的人信仰印度教，1.21%的人信仰泛灵论。[④]柬埔寨主要信仰小乘佛教，也存在天主教和伊斯兰教。老挝主要信

---

① 数据整理自外语新闻网：http://www.for68.com/new/2006/8/wf7821814516860022472-0.htm，2020年1月3日。

② 杨武：《当代东盟经济与政治》，世界知识出版社2006年版，第137页。

③ 《文莱基本情况》，2020年1月3日，百度文库（https://wenku.baidu.com/view/27c55ff076a20029bd642d63.html）。

④ 《缅甸国家概况》，2020年1月3日，中华人民共和国驻缅甸联邦共和国大使馆官网（http://mm.china-embassy.org/chn/ljmd/abad/t1459910.htm）。

奉佛教，其他宗教也少数存在。越南以信奉佛教为主，佛教在越南居宗教统治地位。不难看出，东盟十国的宗教信仰错综复杂，不同宗教之间、不同教派之间差异巨大，必然导致文化认同难以达到统一的局面。

综上所述，宗教问题是困扰东盟文化认同的一个主要问题，东盟存在的较为复杂的宗教信仰问题对各个国家产生了深远影响，使得东盟一体化进程中的文化认同问题十分尖锐，也影响了中国与东盟国家正常的文明交流。因此，分析宗教问题对东盟内部团结的影响程度，以及研究宗教问题对中国与东盟文明交流带来何种影响，如何看待这种影响、如何降低宗教问题带来的文化认同差异对东盟一体化和中国—东盟命运共同体的构建带来的不利影响十分重要。必须认识到宗教信仰带来的文化认同问题切实存在，不能忽视这一问题给东盟带来的诸多社会问题，更不能忽视其在中国与东盟文明交流中产生的影响。

2. 民族问题

不同的社会群体会形成不同的文化基础，而拥有相同文化基础的群体在不断的社会活动中形成了同一个民族。民族具有的凝聚力，这是民族存在的主要特征。俗话说血浓于水，血缘关系的稳固进一步加强了民族团结，建立在血缘关系上的民族具有强大认同性和同一性。东盟是一个多民族组织，每个成员国内部也是多民族国家，民族的多样性特征必定使得各民族之间关系的交错，难免会产生一系列的矛盾和冲突。本地土著民族和外来民族、多数民族和少数民族之间的各种恩怨和矛盾是不可掩盖的事实，民族矛盾是东盟文化认同面临的巨大敌人。民族问题造成的国家分裂危机时刻存在。

东盟成员国国内的民族主义不仅给自己国家带来了诸多负面影响，而且影响了东盟国家间的正常往来，进而影响整个东盟一体化进程，同时也给他国与东盟各国文明交流蒙上了阴影。民族主义造成的国家分裂危险普遍存在于东盟内部。但有目共睹的是，某些国家狭隘的民族主义表现并不能消除中华文化在东盟国家的影响力，也不能完全阻碍中国与东盟国家的正常文明交流。文化的多样化是未来的一个大趋势，是任何组织、任何国家都不能阻挡的世界潮流；完全排斥其他民族先进文化的狭隘民族是得不到支持的，这样狭隘的民族主义理念和当今世界主流思想是相违背的，不仅会给自身带来不可预料的灾难性后果，同时也会对他国造成不可估量的损失。文化认同的差异，影响区域一体化和正常的国际交往交流，为此，应认识到民族问题带来的一系列社会问题和国际问题给东盟各国发展造成的不利影响，还要看到在中国与东盟各国的文明交流中妥善处理该问题的重要性。

3. 政治体制问题

近年来，中国—东盟人文交流交往虽取得了不错成果，但双方人文交流、文明沟通仍然缺乏制度化与合作机制，其中政治体制就是其中的重要因素。东盟各国政治体制存在着较大差异，和中国的政治体制相比也呈现着巨大差异性。军事政治、共和制度、社会主义制度、君主立宪制、君主制等形形色色的政治制度，广泛存在于东盟国家之中，巨大的政治体制差异使得东盟到目前为止都还是一个较为松散的区域组织，完全不同于欧盟的组织性质和强有力的凝聚力。这样的一个政治体制构成是十分复杂的，在一体化进程中必定会带来诸多问题和难以调和的矛盾。

其中，缅甸和印度尼西亚是典型的军事政治体制，在国家的政治生活中有着浓厚的军事色彩。1948年缅甸独立后，先是形成了以吴努为总理的民主政治体制，随后奈温政变试图以人民议会的方式统治缅甸。到了20世纪80年代末期，缅甸军方对国家的全面接管以及之后以昂山素季为首的民盟在选举中获胜，这让军队方面和民盟的摩擦冲突不断，随后军队逮捕了以昂山素季为首的民盟成员，并宣布在全国进行公投和大选，逐渐形成了有强烈军事政治色彩的政治体制。虽然印度尼西亚属于总统共和制，但军队组织在国家政治中具有举足轻重的作用。印度尼西亚的独立，军队发挥了至关重要的作用，军队在该国治理过程中富有成效，军人也在政府部门中担任要职。在印度尼西亚苏哈托总统的治理之下，该国军队成为了抵御外侮、维护国内政局稳定的重要力量，该国国民也普遍认为，军队是国家政治参与的主要力量。

菲律宾和新加坡属于共和制，菲律宾实行的民主制实现了三权分立，但是家族势力对国民议会的操作使得国内形成了多数代表家族势力的政治家，他们操纵选举使得普通民众无法正常参与国家政治选举，在菲律宾国内出现了大量要求政治改革的集会和游行。新加坡同样实行行政、立法、司法三权分立的政治体制，国家领导人由全民普选产生，总统权利受到约束和制约。新加坡国内政局稳定，人民行动党对国家的高效治理使得新加坡不断繁荣进步。

越南和老挝是东盟的两个社会主义国家,越南政治体制的"中国模式"让越南共产党成为越南的执政党。越南的国家主席是国家最高领导人,总理是国家最高行政机关职位,由国家主席提名。越南共产党带领越南人民全力进行经济建设,人民生活水平不断提高,越南政局相对稳定。在老挝人民革命党的领导下,带领全体老挝人民执行有原则的全面革新路线,维护国家稳定,沿着社会主义目标,建设国家、保卫国家。老挝人民坚持老挝党的领导、坚持走社会主义道路不动摇,经济社会得到很大发展。在长期艰难曲折的革命和建设中,老挝人民革命党一直处在执政地位,成为国家政权的领导核心。尤其是1986年老挝实行改革开放以来,老挝逐步摆脱了最不发达状态,其特色社会主义呈现出勃勃生机活力,政治革新稳步推进,经济建设成绩斐然,教育文化繁荣发展,民生工作取得了成效。

泰国、马来西亚、柬埔寨是君主立宪制国家。在泰国,泰王是国家象征性的元首,虽然1997年泰国宪法规定泰王和王室只是国家象征并没有实权,是国家完整统一的代表,但是2006年政变过后,泰国王室再次掌握了军队控制权,在泰国,人民是拥护泰王的。欧洲一些国家,比如英国、挪威、西班牙等,这些国家也都有国王,但是这些君主基本上不参与现实的政治运作,国家政治运转与政治权利主要掌握在首相手中。泰国的国王不是虚君,实际权力很大,比如对军队的影响力与控制力。泰国虽然也有宪法,同样有三权分立与议会,但是主权既不在议会,也不在政府,而是在国王。泰国真正的三权分立实际上是军队、国王和民选政府三个权力中心。泰国政府存在的长期腐败问题是导致政府效率较低和泰国政局不稳定性的重要原因,加上政府没有对军队的指挥权,因此一旦泰国出现政治动荡,军队就会在适当时候出面接管国家,实行宵禁。马来西亚最高元首也只是象征性的,其最高元首是由马来西亚统治者会议中依选举君主制遴选产生的,为马来西亚宪法和国会法令明文条列的国家代表、立法和行政的最高决策人,也是马来西亚伊斯兰教领袖兼武装部队统帅。然而,最高元首在行使其权力时必须听从马来西亚总理(首相)的意见。尽管最高元首拥有任命总理、拒绝同意解散国会等权力,但国家实权实际是由首相领导的内阁掌控。也就是说,马来西亚政府权力缺乏应有的监督，权力相对集中，政府在进行决策时容易受个人倾向的影响。

柬埔寨采用的也是君主立宪制，国内既有国王也有首相。柬埔寨的国王也具有象征性，在人民心中是至高无上的。柬埔寨国王原来是有权力的，但后来经过红色高棉洪森掌权后，国王也就失去权力了，实权掌握在首相手中。根据柬埔寨宪法可看出，柬埔寨是一个君主立宪制国家，该国立法、行政与司法三权相分立。国王是国家元首。当国王不能管理国事的时候，参议院议长有资格担任临时国家元首。此外，柬埔寨宪法还规定，国家各项提案必须经过层层审批，由国王签署之后才能生效。

文莱实行君主专制政体，该体制是一种政治体制和政府形式，国家分区（县）、乡和村三级管理。全国划分为4个区：文莱—摩拉、马来奕、都东、淡布隆。区长和乡长由政府任命，村长由村民民主选举产生。文莱王朝自1363年开始传到现在已有600多年历史，是亚洲现存历史最长的王朝之一。该国国家元首苏丹享有国家最高权力，文莱苏丹不仅是宗教领袖、国家元首，还兼任首相、国防和财政大臣等职务，带有宗教色彩的政府官员政治地位很高，并且可以兼任立法机构决策成员，议员和政府机构职员均由苏丹直接任命。文莱是世界上最富裕的国家之一，2019年国内生产总值（GDP）134.7亿美元（现价），人均GDP 31087美元。但其经济结构不平衡，经济以石油天然气产业为支柱，其余各类经济发展不充分。

从以上东盟政体的分析可以看出，东盟政治体制的差异带来文化认同的差别会对东盟一体化进程造成不利影响，也严重影响了中国与东盟各国的文明交流。政治体制的问题是各个国家人民自主选择的结果，应该充分尊重东盟各国的治理方式，同时也应全面分析在同东盟进行文明交流时会产生什么样的问题，会造成什么样的后果，正确看待和处理这一系列问题对未来中国与东盟文明交流互鉴十分重要。

4. 文化与思想差异

文化多样性、丰富性是东盟国家的宝贵文化资源、文明交往基础，但由此带来的思想文化差异给中国—东盟文明互鉴也带来了相应困难，也给双边经贸合作、人员往来等造成了诸多障碍。

从历史规律来看，一个国家的强大，往往都会在国际上引发相应的文化潮流，塑造一个强大的国际形象。自古以来，中华文化对中国周边国家和地区产生了深远影响，形成了相对独立的中华文化圈、儒家文化圈。中国是一个有着悠久历史的文明礼仪之邦，文化源远流长、博大精深，是世界四大文明古国之一，有着灿烂辉煌的文明，也是唯一将古老文明延续至今的国家。中国一直以来都有着大国典范与风范，这一切来源于拥有深厚的文化底蕴；中国文化不仅是中国人的精神财富，也是世界文明的福音，对人类的进步和世界文化的发展产生了深远的影响。较长时间以来，中国忽视了文化软实力在构建国家综合实力中的重要作用，以至于中国文化在走出去过程中的吸引力和影响力相对有限。中国综合国力、国际影响力不断增强，中国文化也越来越受到世界人民的欢迎和青睐。但就目前来说，中国文化不具有与自身实力相匹配的国际地位，中国的文化影响力需要随同国力的上升而增强，其力度、影响力、辐射度，仍有进一步提升的空间。

第一，中国—东盟未能形成真正意义上的文化共同体。与欧洲相比，中国和东盟各国还没有形成相对稳定的文化心理基础。中国及东盟国家由于历史发展的复杂性，区域内国家之间缺乏信任，特别是在20世纪80年代以前，彼此之间还有着巨大的信任危机。目前，在东南亚地区，受社会大众欢迎的现代娱乐文化仍然以西方国家文化为中心，中国现代文化还没有在东南亚地区形成流行文化的趋势。

第二，社会制度的差异和负面文化的影响。在东盟十个国家中，只有越南、老挝是社会主义国家，其他国家大部分是资本主义国家。根据国家体制的不同，东盟各国在国家统治、民主建设等方面的选择也不同。改革开放40多年来，中国获得了全球关注的综合实力，但在一些国家人民的心中，中国人勤劳、节约，但过于功利，对名利看得太重，这些中国文化的负面部分对于提升中国文化的软实力十分不利。现在，中国现代文化在东盟地区的影响力还很有限。例如，在语言方面，汉语在东盟地区的影响力尚不及英语。很多东盟国家把英语作为第二语言来对待。在高等教育方面，中国大学的竞争力比不过西方国家。在目前来中国进修、留学的东盟国家学生中，很多学生不是为了中国的教育质量而来的，而是中国政府能为他们提供优秀的奖学金和学习条件，当然，也有学生看好中国的发展前景。中国现在处于文化大发展的大繁荣期，取得了很大的成果，但真正具有国际竞争力的领域却屈指可数。由此可见，中国文化影响力的发展落后于中国硬件力量的发展，在东盟地区没有形成相当影响力的文化。

第三，分裂势力玷污国家的形象，对中国文化软实力的发展不利。"台独""港独""西藏分裂""疆独"等独立势力发生了扰乱国内秩序的现象。这些分裂分子接受外国势力的帮助，妄图用"乱"来牵制中国的发展。西方反中国势力利用各种机会在国际上制造诸多问题，对中国文化软实力的发展不利。文化建设和普及是一个长期的工程，随着中国人对文化传播认识的提高，以及综合国力和国际地位的进一步提升，中国将获得适合作为政治大国和经济大国的国际文化影响力。为了加快中华文化软实力向硬动力转变，增强文化经济促进作用，促进中国文化的大发展和繁荣，目前中国政府正在促进文化产业的发展和管理，充分发挥文化产业的活力价值，推动文化竞争力成为实现强大的经济发展推进器。

（二）内部不合理竞争和大国间博弈带来的一系列问题

区域经济一体化是全球经贸合作各方达成的普遍共识，中国—东盟自由贸易区处于区域发展的竞争板块，随着中国经济不断发展和国际地位的明显提高，东盟各国乃至美国、欧盟等西方国家对中国—东盟一体化一直虎视眈眈，印度、日本、韩国等国家也一直在加紧拉拢东盟国家，在经济合作、贸易交流方面和中国形成了竞争。中国与东盟如何把握未来交流方向，如何进一步增进互信是未来发展面临的又一大问题。

1. 域内不合理竞争的存在

中国进一步扩大改革和开放的举措，不但为中国经济发展带来了新的契机，而且也让周边国家看到了中国强大的经济发展势头。许多国家认为，中国、日本和韩国，甚至是中国与东盟内部成员国之间，都相应存在着诸多典型的不合理竞争。实际上，区域间市场重叠、盲目竞争才是区域合作与发展的难题，也是实现文明交流互鉴的障碍。随着全球经济增长的放缓，以及中国经济发展进入新常态，庞大的中国—东盟经济一体化进程会出现许多波折，对中国—东盟区域经济整合带来不可避免的损失和阻碍。

2. 中国—东盟国家发展阶段不同所产生的合作障碍

东盟十国的经济发展情况存在差异。发展程度较高的国家包括新加坡、文莱、马来西亚、泰国等国,而其余各国基本属于发展较为滞后的国家。中国和东盟各国在发展层次上存在的差异,导致各国面临的困难和实际要解决的问题各不相同。因此,各国在交往过程中所关注的领域可能有较大差别,经济社会发展不平衡,国家之间的交往更需要强调彼此间克服障碍才能实现合作共赢。

3. 大国间博弈

近几年来,美国无理挑起的贸易战争就是大国博弈带来的最新问题。部分美国决策者认为,中国的崛起,中国—东盟发展进入新时代,对其全球战略产生了影响,随着美国"重返亚太"战略的提出,美国积极加紧拉拢菲律宾、日本、韩国和印度等国家制衡中国发展,这必定会对中国与东盟的合作交流提出巨大挑战。大国角逐、地缘政治、区域经济盲目竞争对中国—东盟文明交流产生了不利因素,东盟各国出于自身国家利益的考量和自身安全因素的考虑,面对一些发达国家的巨大诱惑和威胁压力,会与中国保持相应的距离,难以与中国有过度亲密的合作。因此,中国—东盟文明交流会比较难以形成统一的对话机制,这必定会阻碍中国—东盟合作的长期健康可持续发展。

二 东盟内部矛盾纠纷影响了深入合作交流

东盟的发展理念不同于欧盟的完全一体化方针,东盟内部成员国之间存在难以形成统一意见的问题,各国出于对本国发展方向和利益的考虑,可能会牺牲东盟整体利益以保全自身利益,这会造成东盟日益成为松散的组织架构,给东盟一体化进程带来难以估量的损失。松散的组织导致东盟运作效率比较低,各个成员国之间的矛盾难以协调,更难以解决。从历经的几次金融危机以及新冠肺炎疫情所需要的联防联控的最终结果可以看出,东盟在组织协调与资源信息等各方面存在很大问题,虽然东盟多次磋商希望改变目前较为松散的局面,但是都因为缺乏坚强的统一领导机制成效不显著。

东盟内部矛盾的出现源于各成员国缺乏应有的信任、缺乏一体化的意识,意识形态的差异难以调和,因此东盟的发展曾经多次陷入停滞,主流意识形态的差异造成东盟始终缺乏统一发展的步伐,始终处于松散局面,各种改革措施不能落到实处,影响了东盟的发展壮大。

总之，相关问题的解决机制的缺乏，政治、经济、文化差异，宗教文化分歧等一系列发展问题困扰着东盟。制度差异化问题是东盟协调发展面临的一个不可回避的问题，在一定程度上阻碍了彼此之间的交流合作，导致东盟成员国之间的矛盾不断激化，东盟自身的矛盾让东盟的发展困难重重。中国—东盟在文明交流的过程中还应清醒地认识到东盟内部矛盾对双边交流合作带来的问题，以更加扎实有效的方案来保证中国—东盟文明交流的健康发展。

三 东盟政治风险对区域发展的影响

中国—东盟自由贸易区的设立，使得东盟这样一个大市场呈现在区域发展面前，也成为中国对外投资的主要地区之一。然而东盟十国的国情和政治环境各不相同，存在政治动荡或者社会危机的相关问题，如何保障中国—东盟国家投资贸易以及相关利益不受损失，是中国与东盟文明交流互鉴中一个重要的问题。在切实践行中国—东盟自贸区实践的同时，一定要意识到东盟国家的政治环境所带来的政治风险及其造成的影响。

（一）政治风险

随着中国改革开放进程进一步发展和经济实力的不断增强，中国企业不断实施走出去战略。作为中国邻国的东盟国家，以其丰富的资源、巨大的潜力市场和一系列的投资优惠政策吸引了大批中国企业"走出去"到东盟各国开展投资贸易合作。尤其随着"一带一路"构想的提出和实践，中国在东盟的投资将越来越大，在中国对东盟投资迅猛扩展的同时，对东盟国家潜在的政治风险问题也日益成为企业不得不考虑的一个重要因素。东盟各国发展差距巨大，投资环境复杂多变，政治风险长期存在且仍处于不断变化中，最近几年，中国与少数东盟国家在南海问题上冲突不断，更为中国投资东盟增添了不稳定因素。比如东道国违约风险就是典型的风险形式，东道国在接受外国投资过程中发生毁约或违约的行为致使原定协议、合同无法履行或无法继续履行，所造成的是外国投资者的损失，而作为主权者的违约行为产生的是一种国家契约责任，东道国作为一般商业伙伴的违约行为产生的只是一种民事契约责任。2009年，东盟国家中除了越南、马来西亚、新加坡、菲律宾、文莱之外，缅甸、泰国、老挝、柬埔寨、印度尼西亚都曾存在过政府违约的风险。

中国—东盟命运共同体的建设需要全面认识和把握各类风险因素，防范和化解重大投资风险，维护中国在东盟的经济利益，保障中国投资者在东盟投资安全是一个亟须解决的重大问题。中国—东盟一体化进程加快，中国在东盟的经济利益更为重大，中国在东盟的投资日趋多样，投资占比也不断增加。要充分利用东盟国家有的而中国没有的稀缺自然资源，缓解中国资源需求紧张局面，开拓广阔的东盟市场，促进产业结构转型升级、提升科技创新产业比重，实现经济新常态下中国经济的增长，进一步深化供给侧结构性改革，发挥中国对东盟的比较优势，最终实现中国与东盟的互利互惠和健康可持续发展。以2010年为例，中国对新加坡投资11.2亿美元，对缅甸投资8.8亿美元，对泰国投资6.7亿美元，柬埔寨4.4亿美元、老挝3.1亿美元、越南3亿美元，印度尼西亚、马来西亚和文莱分别投入2亿、1.6亿、0.2亿美元。2018年对菲律宾投资0.59亿美元，对柬埔寨投资7.8亿美元，对老挝投资12.4亿美元，对马来西亚投资16.6亿美元，对缅甸投资-1.97亿美元，对泰国投资7.4亿美元，对文莱投资-0.15亿美元，对新加坡投资64.1亿美元，对印度尼西亚投资18.6亿美元，对越南投资11.5亿美元。[1] 可见，新加坡的投资环境相对较好，各项政策相对稳定，这有利于中国在新加坡的资金安全，故中国对新加坡的投资占比较大，占据对整个东盟投资的四分之一，这也从一个侧面反映了中国已经开始重视在东盟资金的安全。

(二) 政治动荡

东盟国家的政治稳定和政策稳定是影响中国在东盟资金安全的主要制约因素，如果东盟出现政治动荡，甚至出现战争等危机问题，又或者是相关投资政策、税收政策、贸易政策等的出现，会直接损害中国在东盟的经济利益和资金安全。

由于"战争、革命、内乱或具有政治动因的暴力冲突、恐怖主义或破坏活动所造成的资产或收入损失"在东盟国家发生概率较高，因而所遭受的这类政治暴力包括袭击、暴乱、骚乱、动乱、战争、恐怖主义等对经济发展带来了极大的破坏性影响。2009年，除了老挝、越南、马来

---

[1] 中华人民共和国商务部、国家统计局、国家外汇管理局：《2018年度中国对外直接投资统计公报》，中国商务出版社2019年版。

西亚、新加坡、文莱外，缅甸、泰国、柬埔寨、印度尼西亚、菲律宾都存在政治暴力风险。

以上这些因素是造成中国在东盟资金安全、投资风险的主因，东盟国家存在较大的政治风险以及社会经济的不透明性，各国应未雨绸缪，及时行动采取措施，在保证资金安全的前提条件下实现利益最大化。就政治风险而言，缅甸的风险最高；柬埔寨、印度尼西亚、泰国、老挝的风险比较高；越南、菲律宾的风险适中；马来西亚、文莱以及新加坡基本无政治风险。

（三）营商环境的不稳定

随着全球化浪潮的加速推进，国际经济合作的重要性日益凸显。东盟作为全球最主要的新兴经济体，正迸发出蓬勃的发展活力。东盟国家基于其自身战略利益的理性选择，也正积极融入"一带一路"倡议基础设施建设与互联互通发展中。中国—东盟自由贸易区于2010年1月1日全面建成，双边关税的平均税率降到了0.1%，并对超过90%的贸易产品实行零关税。自贸区成立以来，成员国间双边贸易发展迅速。世界银行《2020年全球营商环境报告》对东盟各国营商环境进行的分析结果显示，东盟各国的营商环境存在较大差别，总体营商环境水平在提升，东盟国家中除了新加坡的营商环境最具有竞争优势外，其他成员国均存在较大的不稳定风险。

首先是政治不稳定带来的营商环境不确定性，比如缅甸北部的长期军事斗争状态，以及缅甸政府军和果敢武装的战争，造成难民涌入中国云南边境。这反映出了政治因素带来的营商环境的不稳定性问题。不过近几年来，缅甸政局相对稳定，根据《2020年全球营商环境报告》显示，缅甸于2018年1月成立了促进营商环境委员会，以推动提升缅甸营商环境指数。根据世界银行报告显示，缅甸属于营商环境改善成绩突出的20个国家之一，其营商环境在全球190个经济体中排名提升至第165位。尤其是开办企业、办理施工许可、注册资产、执行合同和保护少数投资者5项的改进突出。例如开办企业这一项从2018年排名152位提升到了第70位。[1]

---

[1] 《缅甸营商环境 排名提升至165位》，2019年10月31日，中华人民共和国商务部官网（http://www.mofcom.gov.cn/article/i/jyjl/j/201910/20191002909113.shtml）。

其次，东盟各国对外政策相关问题，在贸易投资的交流中，各国都会出于维护本国经济利益、保护本国企业的目的，采取一系列政策措施来阻碍外资在本国逐利。比如马来西亚的外汇管控措施较为严格，对外国投资本国的关键行业有巨大准入限制，甚至是不许进入，应该说，东盟国家中除了泰国、马来西亚、新加坡、文莱、菲律宾外，缅甸、老挝、柬埔寨、越南、马来西亚都存在汇兑限制风险；泰国、文莱、老挝等一些东盟国家的行政效率较为低下，各项行政审批流程复杂冗长，税收优惠政策不是很明显，法律待完善、贸易投资限制、贸易保护主义等问题的存在使得对东盟国家的贸易投资与经济促进产生了相应的营商风险。另外，民族主义、宗派主义、恐怖主义、外部大国势力干涉等问题都带来了贸易环境的不稳定与不确定性，干扰了中国—东盟国家间的正常文明交流。

最后，贸易摩擦推动了东盟国家出口额增长。2018年贸易摩擦暴发以来，美国先后对中国加征了四批关税，中国也及时地予以反击，双方关税壁垒不断升高。有学者认为，在中美关税高墙之下，东盟国家充当了贸易"中转站"。比如以越南为代表的东盟国家仍享有美国贸易最惠国的低关税待遇，同时海关监管较为宽松，推动了东盟转口贸易快速上升。越南等国进口商从中国进口半成品或制成品，稍经加工甚至不需要加工，只附上越南原产地证明再出口至美国。根据越南国家统计局数据显示，越南对美出口和自中国进口2018年下半年分别增加39亿美元和36亿美元，2019年上半年分别增加54亿美元和58亿美元，数量上十分接近，并且远超越南对其他贸易伙伴的进出口变化。在此之前，二者变化并未像上述变化高度同步，2018年前11个月美国成为越南最大的出口市场，出口额约达437亿美元，同比增长15%。2019年，越南对美国出口额386亿美元，同比大增25.3%。目前，美国持续保持越南最大出口市场地位。转口贸易导致越南对美国贸易顺差剧增，2019年5月美国财政部将越南列入汇率操纵国观察名单，美国总统特朗普也曾专门指责并施压。在美国压力下，2019年下半年越南官方加大了原产地监管，当年10月越南海关查获约43亿美元从中国出口、到越南中转、最终销往美国的铝制半成品。这背后是因为美国对越南出口铝制品仅适用15%的关税，远低于对中国适用的374%。严监管下转口贸易大幅收缩，2019年下半年越南对美出口增量79亿美元，自中国进口增量46亿美元，二者差距拉大。2020年上半年，越南自中国进口较上一年同期更是下降7亿美元，对美出口则增加40亿美元，二者基本脱钩。根据2019年进出口数据显示，东盟其他国家只有柬埔寨出现过类似越南的转口贸易特征，但柬埔寨占东盟整体出口仅有1%，其份额可以忽略不计。东盟其他较大的经济体，如新加坡、泰国、马来西亚，均没有参与上述转口贸易的迹象。①

另外，东盟每个国家针对不同的国家征收着不同税种，实行不同的税率。比如越南是东盟中复杂程度最低的国家，该国也逐渐将企业所得税税率降至20%。由于各国税收制度的差异以及由此引发的诸如重复收税、有害税收竞争、避税以及国际偷税等问题也日益突出，税收不协调以及税收冲突已逐渐成为中国—东盟各国经贸关系发展的障碍。《2020年全球营商环境报告》指出，近年来，在东盟国家中，排名最好的国家是新加坡和马来西亚，其次是印尼、泰国和菲律宾。

第三节　中国—东盟国家社会发展相关问题

一　教育合作相关问题

教育合作是国际文化交流的重要方面，也是国际服务贸易的重要组成部分。随着中国—东盟自由贸易区的建设和发展与"一带一路"倡议的深入推进，中国与东盟教育方面的区域性国际合作逐年增多，质量逐步提高，在人才培养、人才互访交流、学术文化交流、合作机制与制度建设等方面均取得了一定进展。然而，双方合作办学意识普遍不强、合作深度与广度不够、区域资历框架尚未形成、有效合作机制不健全等问题，制约着中国—东盟教育区域性国际合作深层次发展。中国与东盟需进一步加强教育方面的交流合作，增进双方了解，实现互利共赢。既需要清楚双方当前教育合作现实，也应准确判断该事项的发展趋势。

---

① 《东盟贸易增长背后的产业链风险》，2020年8月10日，搜狐新闻网（https://m.sohu.com/a/412428131_115571/）。

(一) 教育合作中的主要问题

首先，中国—东盟教育合作中主要存在"合作广度不够，规模范围相对较窄；合作深度不够，创新驱动能力不足；合作力度不够，社会服务能力有限；质量保障体系亟待完善"等主要问题。[1] 具体表现在：越南、老挝、泰国这些东盟国家，因为传统文化和历史的差异性使得中国的教育模式和教育方式很难在上述东盟国家推广，要真正做到有针对性地满足东盟各国的差异化教育需求很难。此外，中国—东盟经济发展方式和意识形态的不同以及文化认同的差异，在相当大的程度上增加了教育互利共赢的难度，使得中国—东盟教育合作互补难以进行和深化。主要问题在于中国—东盟教育合作存在机制不够健全，也就是说中国的教育对外运用还不够强。虽然中国和东盟各国在其他领域合作较为良好而且也取得了一系列成果，但是教育合作长期形成机制缺乏互利共赢的整体规划，教育相关证书互认等制度规定还未真正形成，并没有达到真正意义上的补充东盟国家教育缺陷，没有吸收东盟国家更优质的教育方式，没有让东盟国家得到真正的中国教育输出优势，也没有给东盟国家带来教育空白的填补。这一方面需要具体达成教育合作共识，另一方面还需要加强紧密合作进一步探索合作的新模式，摆脱各自体制和机制障碍，只有进一步加强教育领域的合作才能深化中国—东盟合作互利共赢的意识，并且激发合作的活力和潜力，进一步扩大对外开放对东盟开放的能力。

中国—东盟深化教育合作的主要问题的解决在于提高教育合作的质量，加强教育领域的互认，这也是互利共赢能不能全方位实现的关键所在。因此，中国和东盟各国教育主管部门之间，在具体教育教学质量评定以及评定体系的建设和教育教学质量管理等方面需要进一步加强建设；学生教育与教师教学需要共同建设，更需要中国和东盟加强协商，共同制定和认同相应的教育教学评定标准，也只有通过广泛的教育合作和互相认同才可以打破教育合作领域的各项体制和机制障碍取得教育领域合作的良好成果，让中国—东盟教育合作实现互利共赢、互补互助。此外，

---

[1] 刘雪梅：《"一带一路"背景下广西—东盟职业教育发展研究》，《职业技术教育》2017年第32期。

中国—东盟国家间应在现有合作讨论体制框架下进一步寻找教育合作战略规划并实现中国—东盟教育合作书面意见的交换。中国和东盟各国在整个教育规划问题上要加强磋商，进一步明确教育发展方向，在各自人才培养上要具体详细地、分门别类地在教育的层次、教育专业设置、具体接受教育的模式等方面进行深化与细分，中国—东盟教育合作才可能产生更多有价值的成果，实现互利共赢。

（二）教育合作重点难点问题

中国—东盟教育合作重点问题是针对性不够、具体实施力度与执行力不足。教育合作不同于其他领域的合作，需要转变一种观念：教育合作不仅仅是学校与学校之间的合作，而是需要国家与国家之间、部门与部门之间、社会团体之间的多项合作和交流，需要全面的人才培养机制。中国—东盟教育合作需要满足中国和东盟经济社会发展需要，需要实现教育合作的深入开展，不断提升教育教学水平，让中国—东盟文明交流锦上添花。由于当前中国—东盟教育合作处于起步阶段，因此在实施过程中存在以下重点问题。

首先，在教育合作过程中政府和企业存在参与不足和难以协调的问题。中国和东盟的教育合作应在"一带一路"背景下以政府和高校为主导充分发挥积极协商、加强合作的作用，以企业为导向让众多企业参与到中国—东盟教育合作中去，充分发挥企业在人才培养中的作用，让教育真正发挥作用，为中国—东盟文明交流做出贡献。

其次，中国—东盟教育合作的体制和机制问题使得教育合作的实施较为困难，从某方面说已经制约了中国—东盟文明交流互鉴的发展。虽然政府间合作进行得如火如荼，但是要真正实施双方的教育合作措施落实教育合作共识还是有困难的。这就需要中国和东盟企业在其中发挥作用，特别是高新企业的作用，利用企业在人才培养中的高效作用可以弥补当前教育合作中的不足，让企业引导中国—东盟教育合作走向互利共赢，最终探索出适合中国—东盟文明交流的新模式。

最后，中国—东盟教育合作虽然比较单一，但是可以创造出多种教育合作模式，比如说联合培养、教师交换教学、课程共享等模式，当然这其中还有大量工作要做，也需要体制机制的合理保障。

二 社会参与欠缺

2021年是中国和东盟建立对话关系的整30周年。如前所述,过去30年间中国和东盟在经贸领域取得了尤为丰硕的成果,2020年东盟稳居中国第一大贸易伙伴,民间的人文、社会交往领域也已搭建了多种渠道,造福了中国和东盟十国人民。不过就目前来说,中国—东盟经济社会交流主要还是以政府牵头和主导,以经济推动为主线、网状关联为主体、空间集中等为特征,所体现的主要是中国—东盟政府间的社会交流而缺少更广泛的社会参与。以政府为主导的交流活动虽然具备相对成熟的条件,也具有强大的组织性,但从有利于中国—东盟一体化进程与经济社会发展来说,社会文明交流应该是全方位的交流,表现为拥有更加广泛民众参与的社会交流活动。

(一) 交流合作机制比较匮乏

就当前来说,中国—东盟双方社会民间自发组织和形成的交流活动机制比较缺乏,而且现有的民间交往也比较难以继续开展,也没有取得实质性成果,中国大部分民间组织和社会团体和东盟国家间开展交流活动还会受到各种体制和机制的限制,各国基本都是根据本国的特别需要单方面制定,这在很大程度上制约了中国—东盟民间交流,比如交流活动必须提前层层申报、层层审批、审批流程过长、审批手续复杂烦琐等,东盟国家社会民间团体进入中国开展交流活动同样会受到相关法律法规的限制和约束,这些因素限制了中国—东盟民间交流交往。同时,民间社会团体缺乏相关资金支持,现有政府资金支持力度是远远不够的,在缺少资金支持情况下,民间交流多半也就陷入停滞状态,这些情况广泛存在于双方社会文化交流交往中。

此外,由于中国和东盟各国在文化传统、民间习俗、宗教信仰等方面有较大的差异,在交流过程中更加需要民间社会团体的交流交往以深化彼此间的文明交流互鉴,如果只是单纯地依靠政府间交流,没有广泛发动群众扩大社会交往的参与度,对实现"一带一路"倡议中的"五通"就可能停留在表面,缺乏更多的实际意义,也很难取得良好的交流成果。在充分遵照各国法规与习俗的前提下扩大社会交流的广度和深度,让双方人民切实体会到中国—东盟文明交流互鉴所带来的实际意义,让人们更加自觉地为中国—东盟文明交流互鉴做出应有的贡献，或许就是完成中国—东盟命运共同体建设中的一项主要任务。

（二）交流深度依然有限

中国—东盟建立对话关系30年来，由于中国以及东盟国家的社会交往需求仍然范围不够广、程度不够深，在交流深度上远不及经济交流，不仅社会交流交往制度没有很好地建立起来，交往环境也没有完全形成，社会发展市场也不够成熟，社会文化消费依然处于较低的水平。同时，中国—东盟各国社会生产力相对较弱，尤其文化产品生产、品牌效应、影响力等都没有得到科学发展，开发也不到位，产品附加值依然较低，还需要更多的平台，更好的发展机会创造与提升中国—东盟社会文化交流交往的产品和服务价值。

（三）缺乏完善的制度保障

中国—东盟各国对外社会交往以及文化交流都制定了本国的一些交流制度与相关政策，但各国大多没有充分考虑其他国家的实际情况与需要，单方面地根据自身需要进行制度设计，但不同国家由于民族文化、价值观念、宗教信仰等不尽相同，甚至还有可能存在某种冲突。因此各国单方面制定的社会文化交流制度或政策在具体实施过程中可能遭遇相互排斥、相互矛盾甚至有歧视问题的产生，这些问题可能影响到社会文化交流交往的顺利展开以及深入与开拓，即所谓的"制度性障碍"，有待从更为宏观和统筹全局的角度去重新制定更为确切、更为系统、更为规范的中国—东盟文化制度与政策。[①]

三 民间交流缺乏了解与互信

（一）民间交流交往缺乏足够互信机会

民间大众的社会交流缺乏互相之间的了解，并由此产生了一系列信任危机，这也是中国—东盟文明交流中一个不可忽视的问题。中国与东盟各国的人文交流基本呈现出高层热、底层冷、中层不冷不热的状态。高层（官、商、学界）交流多，相互了解也多，但人文交流更多应体

[①] 黄耀东：《中国—东盟文化交流与合作可行性研究》，《学术论坛》2014年第11期。

现人与人之间的交流,而非官方出钱的筹划。① 这个问题呈现出两个不同的方面:首先,中国大多数群众对东盟国家乃至东盟人民了解得很少,其中多数人不清楚东盟到底有哪些国家,甚至于不知道东盟组织的存在,这样与东盟开展文化社会交流活动也就无从谈起。其次,东盟国家民众对中国的了解程度远远高于中国对他们的了解程度,这主要是大量华人华侨就生活在东盟各国,这些华人很好地融入当地社会,在东盟学习、工作、生活甚至从政,当地人也潜移默化地了解中国和中国民众,可以说华人在中国—东盟交流中发挥了较大的促进作用。虽然中国每年到东盟国家旅游的人数不少,但是由于各方面因素的制约使得中国民众在旅游过程中很难真正体验到当地的民俗生活,更加难以和当地人深入地交流和探讨,可以说语言和观念的差异性再加上时间因素限制了很多出国旅游的中国民众没能深切了解东盟国家的风土人情。

(二)交流人员素质亟待提高

中国与东盟各国之间,已有更多从事专业文化交流的人员,较过去有较大改善。但总体上看,彼此文化交流人员的素质不容乐观,对文化交流人员进行系统的教育和培训的力度不够。这样一来,中国和东盟文化的相互交流,都会受到自身文化水平和教育背景的制约。因此,如何有系统、组织地提高文化交流人员素质,成为亟待解决的问题。②

(三)认同感需进一步加强

文化的多样性和多元性,在中国—东盟文化社会之间存在着共性和差异性。文化差异性的存在,不同程度上会给中国和东盟国家之间带来不良影响。因此需要进一步加强文化共鸣,实现不同国家和民族的文化交融。③

---

① 庄礼伟:《中国式"人文交流"能否有效实现"民心相通"?》,《东南亚研究》2017年第6期。
② 黄耀东:《中国—东盟文化交流与合作可行性研究》,《学术论坛》2014年第11期。
③ 黄耀东:《中国—东盟文化交流与合作可行性研究》,《学术论坛》2014年第11期。

四　疫情背景下中国—东盟合作面临诸多挑战

新冠肺炎疫情对中国和东盟国家乃至全世界经济社会发展都造成了严重冲击。同时也给中国和东盟关系带来了很多负面影响。

（一）疫情凸显彼此依赖，中国与东盟政治安全合作不断加强

自2010年中国—东盟的贸易区全面建设以来，双方形成了经济上强大的相互合作关系。中国是第一个参加《东南亚友好合作条约》的东盟地区外国家，2003年与东盟就建立了战略合作伙伴关系，但与经济贸易领域相比，中国和东盟国家在政治安全领域的合作略微滞后，发展空间还很大。2008年国际金融危机爆发，中国和东盟各国对经济相互依存的敏感度日益突出，之后，中国和东盟在经济贸易领域的合作关系进一步改善和推进。新冠肺炎疫情大流行再次表明，中国和东盟国家在非传统安全方面同样较为敏感。

（二）疫情影响东盟经济发展，双方经贸联系应更加密切

旅游业是东盟各国优先发展的主要产业，中国和东盟国家都是双方重要的游客市场和旅游目的地。中国游客占2019年访问东盟国家的海外游客的0.25%。同样，东盟国家在中国主要国际客户市场中位列前列。在新冠肺炎疫情发生后，中国和东盟国家相继采取了严格的出入境管理措施。旅游业受到了很大的打击。除了旅游业之外，疫情还打击了其他第三产业。中国和东盟之间产业合作受到了巨大打击。

（三）疫情影响了社会正常发展，拉大了东盟民间对华分歧

在发生了新冠肺炎疫情后，中国政府举国上下，采取了最全面、严格和彻底的预防控制措施，一方面有力地保护了中国人民的生命安全，另一方面也为全世界的防疫赢得了宝贵的时间。东盟国家政府和民间也高度赞扬中国的大国担当。但同时，东盟各国民间也出现了一些不和谐的声音，在抗疫力量相互帮助下，中国—东盟命运共同体的意识明显增强，但由于本次疫情对东盟各国的国家运行产生了巨大冲击，群体认知偏差造成的社会刻板印象日益扩大，部分曾发生过排华事件的东盟国家极端势力开始在民间频繁活动。

（四）美国极力煽动部分东盟国家在南海与中国再起摩擦

由于对中国影响力上升的担忧和转移国内矛盾的需要，美国当局在

疫病发生期间极力抹黑中国的防疫成果，并趁乱在中国周边煽风点火。自2020年4月以来，美国部分研究机构、媒体对"中国导致湄公河下游多国干旱"大肆渲染。2020年4月22日，美国国务卿召开了关于新型肺炎疫情问题的特别外长会议后，宣布对中国"在湄公河上游水库的操作"表示关注。虽然美方的行动没有得到湄公河国家的回应，但一些国家的民间舆论已经受到了美国的蛊惑。

第六章

中国—东盟各国文明交流实践与潜力评价

第一节 中国—东盟各国文明交流实践

一 相关规划、政策支持及理论指导

(一)《中国与东盟文化合作谅解备忘录》

《中国与东盟文化合作谅解备忘录》全称是《中华人民共和国与东南亚国家联盟成员国政府文化合作谅解备忘录》，于2005年在第二届东盟—中日韩文化部长会议上由中国文化部部长孙家正和东盟秘书长王景荣共同签署。双方在备忘录中承诺将加强在文化领域的交流合作、共同研发和信息共享。该备忘录还规定各国应鼓励和支持对文化遗产的保护、开发，培养文化领域的人力资源以及加强文化企业的合作。这是在中国—东盟合作不断深入推进背景下，中国与区域组织签订的首个文化合作文件。

(二)《中国—东盟文化合作行动计划（2014—2018）》

2014年4月19日，在越南顺化举行了第二次中国—东盟（10+1）文化部长会议暨第六次东盟—中日韩（10+3）文化部长会议，文化部部长蔡武率中国政府文化代表团出席会议。此次会议上，蔡武与东盟各国文化部长及其代表围绕10+1文化合作面临的机遇与挑战、深化10+1文化务实合作，办好2014中国—东盟文化交流年活动、共建21世纪"海上丝绸之路"等议题进行了深入探讨，达成了广泛与统一共识。会议通过了《中国—东盟文化合作行动计划（2014—2018）》，以此成为双方开

展文化对话与合作的重要指导文件。在东盟—中日韩文化部长会议上，与会各方围绕在10+3范围内举办"东亚文化之都"活动，推动专业领域机制建设、文化产业、公共文化服务、人力资源开发等问题，一致同意深化10+3文化交流与合作内涵，为维护本地区和平、稳定与发展做出更大贡献。

（三）《中国—东盟教育合作行动计划（2016—2020）》

2016年8月1日，由教育部、外交部和贵州省人民政府在贵阳联合举办了第九届中国—东盟教育交流周。来自中国及东盟十国的政府官员、大学校长、专家学者，围绕"教育优先、共圆梦想"主题，共商中国—东盟教育交流合作大计，为建设更加紧密的中国—东盟命运共同体添砖加瓦。本次教育交流周活动被列入中国—东盟建立对话关系25周年的重要纪念活动。在前八届教育交流周活动中，中国与东盟国家签署合作协议近800份，参会的学校及教育机构有1800余所，协议签署方覆盖东盟十国，层次涉及高、中等教育，涵盖学生交流、教师交流、科研合作、图书及体育器材赠送、教师互派任教等各个方面。8月2日，第二届中国—东盟教育部长圆桌会议举行，这是继2010年该会议首次召开以来，11国教育部长时隔六年再次聚首。会议通过了《中国—东盟教育合作行动计划2016—2020》，成为中国与东盟之间首个教育领域5年行动计划，内容涵盖基础教育、高等教育、职业教育、学生交流、智库合作等多个领域。2019中国—东盟教育交流周于2019年7月在贵州省贵安新区召开，此次会议为双方共同开创教育合作与人文交流的美好未来规划了光明的合作前景。[①]

（四）李克强总理对中国—东盟关系建立的建议

2017年11月13日，国务院总理李克强参加第20次中国—东盟领导人会议并发表重要讲话。2017年是东盟"金禧年"，50年间，东盟走过了极不寻常的发展过程，获得了巨大成就。中国对东盟的发展进步感到由衷的钦佩和高兴，对东盟未来前景充满信心，中国坚定支持东盟发展，支持东盟在国际事务中发挥更大积极作用。中方愿同东盟国家一

---

① 《2019中国—东盟教育交流周开幕》，2019年7月31日，中华人民共和国教育部官网（http://www.moe.gov.cn/jyb_xwfb/gzdt_gzdt/moe_1485/201907/t20190723_391825.html）。

道，顺应和平与发展的世界潮流，团结一致，推动双边关系达到更高水平，并提出了如下相关具体建议：(1) 共同布局中国—东盟关系发展规划；(2) 促进"一带一路"倡议和东盟发展的紧密结合；(3) 稳步加强双方军事安全；(4) 进一步扩宽经济合作纽带；(5) 不断推动人文交流合作水平发展。[①]

二 文化交流平台机制建设突出成果与实践

（一）中国—东盟文化论坛

2006年9月，首届中国—东盟文化产业论坛顺利举办。之后几年，文化产业发展与合作，逐渐成为中国—东盟文化产业论坛的核心议题，对促进文化产业发展，推动中国和东盟十国全方位合作做出了积极的贡献。2019年9月20日，第14届中国—东盟文化论坛在广西南宁市举行，论坛以"'一带一路'背景下的文化与旅游融合发展"为主题，为中国—东盟文化交流与旅游合作搭建了一个深入沟通、碰撞思想的平台，促进文旅融合发展，助推中国与东盟各国文化旅游共同繁荣，共同为中国—东盟文化传承与"一带一路"旅游合作夯基垒台做出积极贡献。

（二）中国—东盟博览会

历届中国—东盟博览会吸引了国内外企业踊跃参会，参展参会企业及客商人数稳步增长，贸易成交额和经济合作项目签约额逐年提高，东盟国家参展参会积极性不断增强，展会专业性明显提升，取得了显著的经贸成效。

从表6-1中历届中国—东盟博览会的参展企业数、展位个数等相关指标发展情况来看。除了2020年受新冠肺炎疫情在全球蔓延，世界经济遭受严重冲击影响以外，后来的每一届均比上届的参展规模、参展数量以及参展人数等有较大幅度增长，可见其发展与影响力在逐年扩大。[②]

---

① 李克强：《在第二十次中国—东盟领导人会议上的讲话》，《人民日报》2017年11月14日第4版。

② 资料来源：中国—东盟博览会官网：http://www.caexpo.org/，2021年1月3日。

表6-1　　　　　　　　　中国—东盟博览会一览

项目	总展位数（个）	展览面积（万平方米）	东盟展位数（个）	参展企业总数（家）	参展参会客商人数（人）
第1届	2506	5	626	1505	18000
第2届	3300	7.6	696	2000	25000
第3届	3663	8	837	2000	30000
第4届	3400	8	1124	1908	33480
第5届	3300	8	1154	2100	36538
第6届	4000	8.9	1168	2450	48619
第7届	4600	8.9	1178	2200	49125
第8届	4700	9.5	1161	2300	50600
第9届	4600	9.5	1264	2280	52000
第10届	4600	8	1294	2361	55000
第11届	4600	11	1223	2330	55700
第12届	4600	10	1247	2207	65000
第13届	5800	11	1459	2670	65000
第14届	6600	12.4	1523	2709	77255
第15届	6600	12.4	1446	2780	85000
第16届	7000	13.4	1774	2848	86000
第17届	5400（"云上"参展企业1500多家）	10.4	574	220	云上为主
合计	80769	162	19748	36868	832317

资料来源：整理自中国—东盟博览会官网，http://www.caexpo.org/，2021年1月3日。

2004年，第1届中国—东盟博览会在广西南宁召开，共1500余家企业参展，其中包括19家世界500强企业，总展位数为2506个（其中东盟：626个），总展览面积为5万平方米，参展企业1505家，参展参会客商人数18000人左右。首届博览会贸易成交额10.8亿美元。首届中国—东盟博览会的总展位数达2506个，其中东盟展位数为626个，总展览面积 5 万平方米，参展参会客商人数为 18000 多人。随后一年一届的中国—东盟博览会如期举行，2019 年 9 月举行的第 16 届中国—东盟博览会，总展位数为 7000 个（其中东盟 1774 个），总展览面积达 13.4 万平方米，参展企业 2848 家，参展参会客商人数为 86000 多人。16 年间，中国—东盟博览会总展位数增长 179.33%（其中东盟增长 183.39%），总展览面积增长 168%，参展企业数增长 89.24%。参展参会客商人数增长 377.78%。从 2004 年至 2020 年，中国—东盟博览会已经走过 17 个年头。17 年来，中国—东盟博览会发展迅速，成果显著。

第 17 届东博会于 2020 年 11 月 27—30 日在南宁举行，盛会围绕"共建'一带一路'，共兴数字经济"主题，通过展览、论坛等一系列活动，深化经贸、数字经济、科技、卫生等多领域合作，推动中国—东盟命运共同体建设迈上新水平，为全球经济复苏增添亮色。16 年来，这一盛会始终围绕推动中国—东盟友好合作这一宗旨，搭建平台、畅通渠道、增进交流，服务范围从中国—东盟自贸区建设向区域全面经济伙伴关系协定（RCEP）拓展，不断推动区域经济一体化进程。

（三）中国—南亚博览会

从每届中国—南亚博览会的参展国家、展位个数、签约总额等发展情况来看（见表 6 - 2），几乎后来的每一届均比上届的参展规模、参展数量以及参展人数等都有一定幅度增长，由此可见南博会发展与影响力同样在逐年扩大。[①]

表 6 - 2　　　　　　　　　中国—南亚博览会一览

届次	参展国家（个）	展位（个）	逛展人数（万人）	签约总额（亿元）
第一届	42	2420	40	5982
第二届	46	3188	50	7082
第三届	78	6150	74	7850
第四届	89	8000	80	8612

---

① 数据整理自南博会官网：https://www.csa-expo.com/NBGW2/gw/newsCenter/newsCenter，2021 年 1 月 3 日。

续表

届次	参展国家（个）	展位（个）	逛展人数（万人）	签约总额（亿元）
第五届	87	8500	80	8079
第六届	超80	7500	—	6093
第七届因疫情取消			

资料来源：中国—东盟博览会官网：http://www.caexpo.org/，2021年1月3日。

为符合经济社会发展要求，为进一步深化中国与南亚、东南亚国家间的互利合作，中国—南亚博览会经中国国务院批准，由中国商务部和云南省人民政府共同主办，并诚挚邀请相关各国联合举办，从2013年起，每年在中国昆明举办一届。

2013年6月，首届中国—南亚博览会在昆明举办，以"促进中国—南亚全面合作与发展"为宗旨，以"相互开放、务实合作、互利共赢、和谐发展"为主题，本着"丰富内涵、突出特色、提升实效、打造品牌、服务各方"的思路，首届南亚博览会共有42个国家参与，设有2420个展位，逛展人数超40万人，最终签约总额达5982亿元。首届南博会成为中国与南亚国家互利合作的重要桥梁，并逐步成为中国和南亚国家扩大与其他国家和地区经贸交流的重要平台。截至2019年，已成功举办了6届。第6届展会以南亚、东南亚国家商品展示，推动中国与南亚、东南亚国家合作洽谈为主要目的。第五届较第一届发展情况看，参展国家数量增长107.14%、展位数量增长251.24%、逛展人数增长100%、签约总额增长35.06%。最新一届的发展情况较首届也有很大程度提高。总体来看，南亚博览会发展迅速，成果明显。

三 主要论坛及成果

（一）中国—东盟环境合作论坛

为了落实温家宝总理在中国—东盟领导人会议上提出的进一步加强中国和东盟环境保护对话与合作的有关倡议，推动中国—东盟环境保护合作战略的进一步实施，2011年以"创新与绿色发展"为主题，在中国南宁召开第一届中国—东盟环境合作论坛。

中国—东盟环境合作论坛（2019）于2019年9月17—18日在广西南

宁召开。自 2011 年以来，已在中国连续成功举办 9 届。来自生态环境部和国家有关部门及机构代表，地方生态环境部门代表，中国城市代表、行业协会代表，环保公益组织代表，大学、研究机构专家，以及东盟秘书处、东盟成员国环境部门代表、东盟城市代表、国内外研究机构代表和专家、国际组织和合作伙伴代表约 350 人参加了论坛。①

2018 年中国—东盟环境合作论坛主题为"大数据驱动生态环保创新"。中国—东盟环境政策高层对话是中国—东盟环境合作的优先领域之一，中国—东盟环境合作论坛已成为中国与东盟探讨环境合作的重要渠道和连接中国与东盟各界参与环境合作的重要桥梁，成为本区域的重要环境合作平台。2019 年论坛主题为推动区域绿色增长：生态城市建设与海洋生态系统可持续管理的最佳实践，论坛旨在围绕《中国—东盟战略伙伴关系 2030 年愿景》，推动落实领导人提出的合作倡议，进一步落实《中国—东盟环境保护战略（2016—2020）》，推进"一带一路"环境合作，同时搭建中国—东盟环境领域政策对话与交流平台，宣传我国绿色发展理念、环保政策和成就，分享成功经验，与周边国家携手推动生态城市建设与海洋生态系统可持续管理领域务实合作。

（二）中国—东盟文化旅游合作

2009 年 11 月 19 日，由国家旅游局、云南省人民政府联合主办的首届中国—东盟旅游合作论坛在昆明举行。以"合作·提升·共享繁荣"为主题，分为三个论坛：政府专场分论坛、企业专场分论坛、学术专场分论坛。政府专场分论坛以加强政府间合作为主题，内容主要围绕中国—东盟、云南—东盟政府间如何简化旅游手续，促进相互投资，加快推进大湄公河次区域旅游规划、项目建设、线路整合、宣传促销、人力资源培训以及旅游信息平台建设等方面的合作，建设中国—东盟自由贸易区框架下的无障碍国际区域旅游便利化。企业专场分论坛则以培育共同的市场为主题，主要讨论各企业如何进行相互投资、开辟市场、分享市场、联合营销。学术专场分论坛的重点围绕如何为企业界实现互利共

---

① 《2019 年中国—东盟环境合作论坛在南宁举行》，2019 年 9 月 27 日，中国新闻网（http：//news.china.com.cn/live/2019-09/17/content_546418.htm）。

赢目标提供保障等问题展开。①

为促进中国—东盟旅游合作，展示各国旅游发展新风貌，中国—东盟中心联合亚太旅游组织，于2016年5月26日在中国—东盟中心共同举办中国—东盟旅游合作论坛与中国—东盟旅游摄影大赛。摄影大赛吸引了来自中国与东盟十国的近千名旅游摄影爱好者参赛，共征集作品5800余幅，全面反映了中国—东盟日益密切的友好关系及其东盟旅游发展的全新面貌。中国—东盟中心是活动发起的主办方，作为由中国与东盟各成员国政府共同建立的唯一政府间国际组织，自2011年11月成立以来，中国—东盟中心一直致力于促进中国和东盟在贸易、投资、教育、文化和旅游领域的务实合作。②

2020年12月8日，由中国文化和旅游部、广西壮族自治区人民政府联合主办的中国—东盟数字文化旅游专业合作论坛在广西桂林举办。本届论坛以"科技引领旅游新未来"为主题，重点研讨中国与东盟在数字旅游领域的合作潜能。作为中国—东盟博览会的组成部分，中国—东盟数字文化旅游专业合作论坛呼应博览会"共建'一带一路'共兴数字经济"主题，旨在推动中国与东盟各国数字旅游的互动和成长。在论坛上，来自官产学研各界大咖充分碰撞数字旅游新理念、新策略。梳理了数字旅游最新理念和应用实践，并进行了前瞻分析，对中国、东盟各国文旅行业产业数字化是一次重要分享。同时借由中国—东盟博览会平台，推动"一带一路"沿线国家旅游业分享互联网、大数据、人工智能等科技成果，为数字旅游的深度合作开启序幕。中国文化和旅游部、广西壮族自治区人民政府在本届论坛上共同发起了《中国—东盟数字旅游合作倡议》。倡议共分8项，分别是发展数字旅游以提升游客满意度、获得感和安全感为核心目标；加强旅游抗疫的数字化合作；推动旅游业数字化升级；探索旅游电子商务跨境合作；促进数字旅游领域投资便利化；引导培训机制建立和人才流通；鼓励建立多层次交流机制和维护数字旅游安

---

① 《中国—东盟旅游合作论坛19日在昆明举行》，2020年1月3日，中国网（http://travel.china.com.cn/txt/2009-11/19/content_18918282.htm）。

② 《中国—东盟旅游合作论坛在北京举行》，2019年5月26日，新华网（http://news.cnr.cn/dj/20160526/t20160526_522247636.shtml）。

全。倡议的提出，为中国—东盟数字旅游合作擘画了美好蓝图。[①]

（三）澜沧江—湄公河合作五年行动计划（2018—2022）

《澜沧江—湄公河合作五年行动计划（2018—2022）》是在《三亚宣言》等文件基础上制订的，旨在推动澜湄沿线国家经济社会发展，缩小区域内国家发展差距，打造澜湄国家命运共同体。并在"一带一路"倡议、《东盟愿景2025》、《东盟互联互通总体规划2025》和其他湄公河次区域合作机制远景的基础上，以期将澜湄合作打造成内生动力强劲、独具区特色的新型次区域合作机制。《澜沧江—湄公河合作五年行动计划（2018—2022）》在密切结合澜湄六国实际发展需求和区域一体化进行的基础上，采用协商一致、平等相待、互相协商和协调、自愿参与、共建、共享的原则，在21世纪海上丝绸之路和中国—东盟自由贸易区升级版的基础上，推动国际产能合作等重点领域的贸易合作，促进贸易投资便利化；通过中国—东盟博览会，进一步深化互联互通、园区合作、港口物流、跨境经济合作、跨境电子商务、金融合作等领域的合作。[②]

自《澜沧江—湄公河合作五年行动计划（2018—2022）》提出以来，中国—东盟在各领域都取得了长足的发展。政治安全事务上，中国与东盟国家保持了每两年一次的领导人会议以及每年一次的外长会议，以不断规划、落实澜湄合作未来发展。各国政府支持各领域工作会议以及各政党交流活动，以扩大澜湄国家的交流平台。澜湄国家不断加强执法对话与合作，加强澜湄国家警察、司法部门及相关院校的合作，以提高非传统安全领域的合作应对能力；经济发展上，澜湄国家编制了"澜湄国家互联互通规划"，不断推动铁路、公路、水运、港口、电网、信息网络、航空等领域的互联互通建设。在《澜湄国家产能合作联合声明》的基础上，探讨搭建产能与投资合作平台，探索建立澜湄国家产能与投资合作联盟。通过建立跨境经济合作区的试点，推动跨境经济合作。为了更好地推动澜湄国家贸易与投资便利化水平，降低非关税贸易壁垒，成

[①]《中国—东盟数字文化旅游专业合作论坛引领数字旅游新时代》，2020年12月2日，中国发展网（http：//www.chinadevelopment.com.cn/news/zj/2020/12/1701575.shtml）。

[②]《澜沧江—湄公河合作五年行动计划（2018—2022）》，2019年11月11日，中华人民共和国中央人民政府官网（http：//www.gov.cn/xinwen/2018-01/11/content_5255417.htm）。

立了澜沧江—湄公河商务理事会，定期举办国际贸易展销会、博览会和招商会等促进澜湄国家间贸易的活动；资源上，澜湄国家定期举行各类型合作论坛，开展各方面的联合研究，以推动水资源、农业、林业等方面的交流学习；人文方面，澜湄国家探索成立澜湄旅游城市联盟，推动澜湄国家旅游业人才交流学习。为了应对登革热、疟疾等传染病，澜湄国家建立了跨境新生和再发传染病预警和联防联控机制，不断推动医院和医疗研究机构间的合作，开展"光明行"、"微笑行"、妇幼健康工程等短期义诊活动。

（四）《中国—东盟战略伙伴关系2030年愿景》

经过半个世纪的发展，中国与东盟各国都取得了骄人的成绩，为世界经济发展做出了不可磨灭的贡献。进入21世纪以来，全球环境复杂多变，原有战略合作伙伴框架已不能适应新的环境。为了进一步推动中国—东盟合作发展，深化中国—东盟合作机制，中国与东盟成员国2018年11月签署了《中国—东盟战略伙伴关系2030年愿景》，以进一步推动世界的开放包容、持久和平、普遍安全、共同繁荣和可持续发展。进一步重申彼此对领土完整的不懈追求，和和平共处五项原则。

总体来看，中国—东盟文明交流实践具体体现在政治安全、经济发展、社会交往等几个方面。

政治安全是中国—东盟合作的前提和基础，各国在尊重各自国情的基础上，不断增进互信和理解，深化区域安全合作，维护开放、透明、包容和基于规则的区域框架。加强高层往来和政策沟通，在东盟外长扩大会机制下，不断深化中国与东盟务实的防务合作，以共同应对跨境和非传统安全挑战，共同维护地区安全稳定。

经济发展是中国与东盟合作的重要领域，中国是东盟最大的贸易伙伴，也是第三大外国直接投资来源国。加强中国与东盟经贸联系，促进互联互通，不仅对中国经济发展具有重要意义，对东盟各国的经济发展也具有重要的推动作用。加强双方贸易、投资和旅游往来，不断提升营商环境，探索在电子商务、竞争和知识产权等方面的合作发展。深化金融合作，在亚洲基础设施投资银行等国际金融机构的参与下，积极调动私营资本，推动区域基础设施发展。通过"一带一路"建设平台，不断推动海洋经济合作。在共同关心的领域探讨科技创新合作和协作，在电信、电子商务和智慧城市发展等领域实现创新驱动。促进产能、创新产业发展，促进中小企业发展和区域经济增长，建立正式高级别合作机制，加强、深化和拓展双方旅游合作。积极融入经济全球化，进一步促进经济一体化，包括支持建立东亚共同体长期目标，为地区民众带来福祉。

社会文化的交流是中国—东盟交流不可缺少的部分，通过现有中国—东盟教育交流平台，不断加强教育创新和学术交流。同时，鼓励双方人文交流与合作。加强中国—东盟文化关系的认识，展开更广阔的文化交流，尤其是在双方文化遗址保护领域，增强文化保护意识。加强双边人口对话和合作，积极应对人口老龄化，加强社会福利方面的建设，完善相应的制度来更好地应对老龄化社会的挑战。政府层面，中国在具有优势的和适当的领域对东盟成员国家提供一定的援助，以实现可持续发展，最终消除自身的各种贫困。

第二节　中国—东盟国家文明交流互鉴状态及潜力评价

中国与东盟国家山水相依、交流频繁，自古以来在政治、经济、贸易、文化、科技方面有着密切的往来，不同国家产生的优秀文明对彼此都产生了重要的影响。近年来，随着"一带一路"倡议的持续开展，中国与东盟国家间文明交流互鉴整体上呈现出加速发展态势，但是不同国家间依然存在较为显著的差异。本节基于文明交流互鉴的内涵，通过构建指标体系和定量评价方法对中国与东盟各国文明交流互鉴的潜力和状态差异进行评价，找到导致差异的原因，以期为未来发展提供方向和思路。

一　文明交流与互鉴现状评价

文明是一个十分宏大的体系，涉及了人类社会发展的方方面面，从政治、经济、社会、生态，到科技、文化、法律、军事、艺术、体育，不同文明之间的交流与互鉴的内涵也十分丰富，包括了人类文明一切要素和载体在不同文明或者国家间的互动影响。因此，要准确地评价国家间文明交流互鉴的状态不能只从单一要素进行分析，需要从经济、社会、文化等多个维度构建综合性的指标体系，进行较为全面的评价。

(一) 中国—东盟文明交流互鉴评价指标体系构建

本部分根据文明交流与互鉴的内涵，中国与东盟国家交流、交往的特征，评估数据的可得性与质量，构建了中国—东盟文明交流互鉴评价指标体系。指标体系分为三个层次。第一层为目标层，通过中国—东盟文明交流互鉴综合指数表征中国与东盟国家间的交流与互鉴程度；第二层为准则层，通过经济交流与互鉴、社会交流与互鉴、文化交流与互鉴三个维度来支撑目标层；第三层为指标层，选取了年出口额、年进口额、投资额、国际航班数量、每年到中国留学生人数占总人口的比重等11个指标（见表6-3）。

表6-3　　　　中国—东盟文明交流互鉴评价指标体系

目标层	准则层	指标层	指标单位	指标性质
中国—东盟文明交流互鉴综合指数	经济交流与互鉴	出口额	亿美元	正向
		进口额	亿美元	正向
		投资额	亿美元	正向
		中国海外年承包工程数量	项	正向
	社会交流与互鉴	国际航班数量	%	负向
		常住人口中国际移民占比	%	负向
		华侨华人占比	%	正向
		中国劳务输入量	人	正向
	文化交流与互鉴	每年到中国留学人数占总人口比重	人/万人	正向
		各国孔子学院数量	所	正向
		友好城市数量	对	正向

(二) 分析方法与数据来源

1. 分析方法

在综合性指标体系的测算中，确定每一个指标所占权重是关键性的测算步骤。指标的赋权方法较多，如专家打分法、主成分分析法、熵权法等。本部分采用客观性较强的熵权法进行测算，具体测算方法和步骤如下。

(1) 数据的标准化处理

运用极差标准化方法，对各指标进行归一化处理，消除不同指标存在量纲、量级的差别，使指标值转化为 [0，1]。正程和逆程指标标准化处理的公式为：

$$X'_{ij} = \frac{(X_{ij} - X_{min})}{(X_{max} - X_{min})} \tag{1}$$

$$X'_{ij} = \frac{(X_{max} - X_{ij})}{(X_{max} - X_{min})} \tag{2}$$

(2) 指标权重的赋值

指标权重采用熵权法确定。熵权法是一种比较客观、全面、无须先验结果的综合评价方法，是根据各指标的信息量大小来确定其权数，如果指标的信息熵越小，该指标提供的信息量则越大，权重就越高，在综合评价中所起作用也就越大，反之亦然。计算公式如下：

$$H_j = \frac{1}{lnm}(\sum_{i=1}^{m} f_{ij} ln f_{ij}) \tag{3}$$

$$f_{ij} = \frac{X_{ij}'}{\sum_{i=0}^{n} X_{ij}'} \tag{4}$$

$$W_j = \frac{1 - H_j}{n - \sum_{j=1}^{n} H_j} \tag{5}$$

公式中：X_{ij}' 为归一化后的指标值；X_{ij} 为具体指标的属性值；i 为国家；j 为指标；H_j 为第 j 项评价指标的熵值；m 为国家的总数；f_{ij} 为第 i 年第 j 项指标占该年所有因子的比例；W_j 为各指标的权重；n 为评价指标的个数。

(3) 中国—东盟文明交流互鉴综合指数计算

根据各指标的标准化值与权重，加权求和计算中国—东盟文明交流互鉴综合指数。计算公式为：

$$C_i = \sum_{j=1}^{n} W_j \times X_{ij}'　\quad (6)$$

2. 数据来源

本部分所使用的数据，除了国际移民占常住人口比重外，都是中国与每一个东盟国家之间的数据。数据来源于中国商务部、世界银行、联合国移民署等机构数据库及相关文献。[①]

（三）结果分析

根据公式（1）—公式（6）可以得到中国与东盟10个国家间的文明交流互鉴综合指数（见图6-1）。根据中国与东盟国家文明互鉴指数的测算方法，指数得分值在0—1之间，数值越高说明该国在东盟国家中与中国的交流合作水平越高。从与中国文明交流互鉴综合指数得分来看，东盟十国按照从高到低的顺序依次为：新加坡（0.67）、泰国（0.59）、越南（0.45）、马来西亚（0.43）、印度尼西亚（0.41）、菲律宾（0.30）、老挝（0.16）、柬埔寨（0.14）、文莱（0.08）、缅甸（0.05）。根据分值的高低，东盟十国与中国的文明交流与互鉴程度可以分为四个组别。第一组为新加坡与泰国，这一组国家与中国的文明交流互鉴水平最高，与中国有着密切的交流与合作；第二组为越南、马来西亚、印度尼西亚，这三个国家与中国的文明互鉴指数在0.41—0.45之间，与中国交流合作水平较高；第三组为菲律宾、老挝、柬埔寨，这三个国家与中国的文明互鉴指数在0.30—0.14之间，与中国交流合作处于较低水平；第四组为文莱和缅甸，这两个国家与中国交流合作处于东盟十国中的最低水平。

[①] 进出口额来源于世界银行数据库：https://databank.shihang.org/databases，2021年3月1日；投资额来源于中华人民共和国商务部：《2019年度中国对外直接投资统计公报》，2020年10月31日，http://images.mofcom.gov.cn/hzs/202010/20201029172027652；中国海外年承包工程数量、中国劳务输入量来源于商务部编写的相应国家《对外投资合作国别（地区）指南》：http://fec.mofcom.gov.cn/article/gbdqzn/index.shtml，2020年10月31日；国际航班数量来源于中国民航资源网：http://www.cadas.com.cn；国际移民数据来源于国际移民组织数据库：https://www.iom.int/，2020年12月2日；华人华侨数据来源于庄国土《东南亚华人华侨数量的新估算》，《厦门大学学报》（哲学社会科学版）2009年第3期；到华留学人数来源于方宝《近十五年东盟国家来华留学生教育的变化趋势研究——基于1999—2013年相关统计数据的分析》，《比较教育研究》2015年第11期；孔子学院数量来源于国家汉办官网：www.hanban.org，2021年1月3日；中国与东盟国家友好城市数量整理于李靖《中国与东南亚国家友好城市关系缔结现状分析》，《东南亚纵横》2017年第4期。

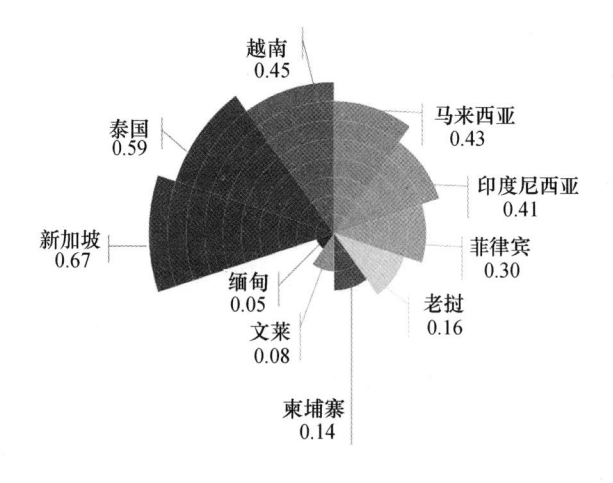

184 / 中国—东盟文明交流互鉴之路

越南 0.45
马来西亚 0.43
泰国 0.59
印度尼西亚 0.41
新加坡 0.67
菲律宾 0.30
缅甸 0.05
老挝 0.16
文莱 0.08
柬埔寨 0.14

a.中国与东盟国家文明交流互鉴指数

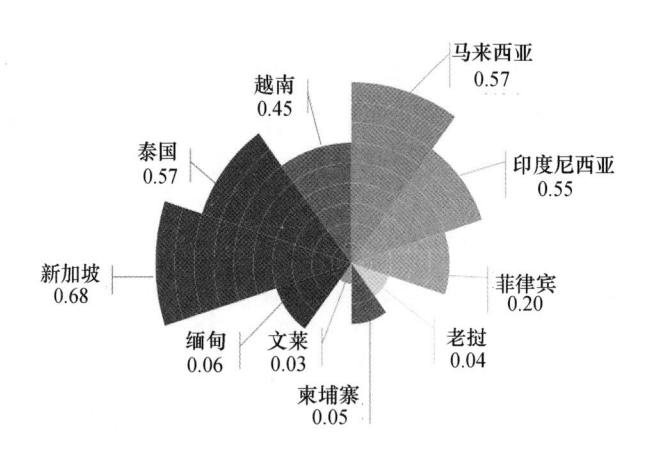

马来西亚 0.57
越南 0.45
印度尼西亚 0.55
泰国 0.57
新加坡 0.68
菲律宾 0.20
缅甸 0.06
老挝 0.04
文莱 0.03
柬埔寨 0.05

b.中国与东盟国家经济交流互鉴指数

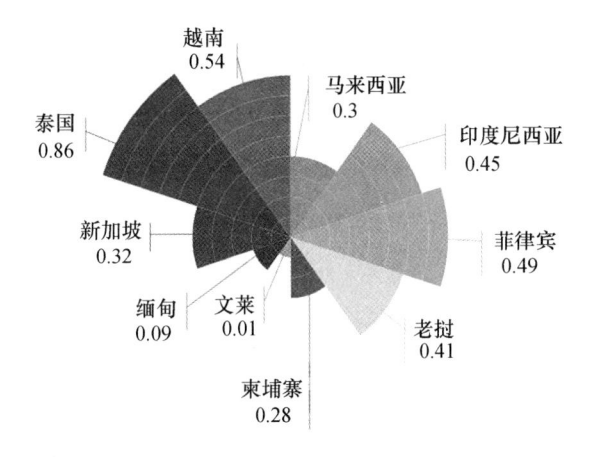

第六章　中国—东盟各国文明交流实践与潜力评价 / 185

越南 0.54
马来西亚 0.3
泰国 0.86
印度尼西亚 0.45
新加坡 0.32
菲律宾 0.49
缅甸 0.09
文莱 0.01
老挝 0.41
柬埔寨 0.28

c. 中国与东盟国家文化交流互鉴指数

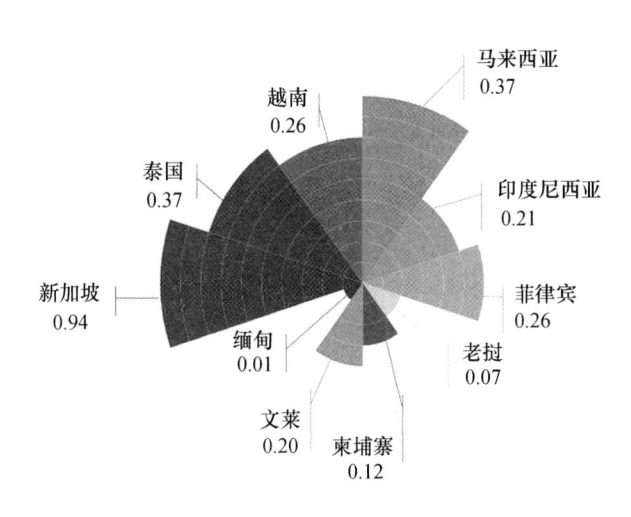

马来西亚 0.37
越南 0.26
印度尼西亚 0.21
泰国 0.37
菲律宾 0.26
新加坡 0.94
老挝 0.07
缅甸 0.01
文莱 0.20
柬埔寨 0.12

d. 中国与东盟国家社会交流互鉴指数

图 6-1　中国—东盟文化交流互鉴指数

从构成文明交流互鉴综合指数的三个维度的得分来看，不同国家间存在较大差别。在经济交流互鉴方面，新加坡、泰国、马来西亚、印度尼西亚、越南位列东盟十国的前列，得分显著高于缅甸、文莱、老挝、柬埔寨、菲律宾五国。在社会交流互鉴方面，新加坡一枝独秀，其得分值高达 0.94，远远高于其他国家，这与华人在新加坡民族构成中占据的比例有着较大关系。华人社会与母国的特定关系使得新加坡与中国之间人员往来十分紧密，目前新加坡已经成为中国在东盟国家中劳务派遣规模最大的国家，常年接受中国外劳数量接近 10 万人；泰国、马来西亚得分值为 0.37，与中国的人员往来、交通联系都处于一个较高的水平；缅甸、老挝、柬埔寨的得分值最低。从文化交流互鉴指数来看，泰国居于首位，得分值达到了 0.86，在东盟十国中处于绝对领先的地位，这得益于中泰两国双边良好的文化交流和教育合作，进一步推动了文化教育交流进程的深入推进。截至 2019 年，中国在泰国建立的孔子学院已经达到 16 所，占东盟十国的 40%，缔结友好城市 33 对，居东盟十国的第二位。其余九国中越南、菲律宾、印度尼西亚得分值较高，在 0.54—0.45 之间，文莱和缅甸较低，分别只有 0.01 和 0.09。需要指出的是新加坡和文莱作为城市型的国家，由于人口少、地域范围小，在友好城市缔结、孔子学院建设方面存在天然的劣势，这也使得这两个国家的得分值偏低。总体而言，在东盟十国中新加坡由于与中国在社会和经济交流方面的绝对优势使得其文明交流互鉴整体水平位居十国首位；泰国与越南在与中国的社会、经济、文化交流方面都处于前列，使得两国分别位列第 2—3 位；马来西亚由于在文化交流方面的劣势拉低了综合指数得分，仅位列第 4 位；印度尼西亚和菲律宾在社会、经济、文化交流中没有特别突出的指标，其文明交流互鉴综合水平在十国中也位居中游；缅甸、文莱、柬埔寨、老挝四国与中国的社会、经济、文化交流无论在数量和质量上在十国中都处于最低水平，因此其与中国的文明交流互鉴综合水平也最低。

二 文明交流与互鉴潜力评价

在国与国之间的交流与合作中，国别差异是一个重要的推动力量。国家间在人口、资源、环境、产业、科技、文化、教育等方面禀赋与发展能力方面的差异往往成为国家间经贸、产业、教育、文化合作的一个基础性的条件。各国通过互通有无、取长补短，实现一加一大于二与合作共赢的目标。因此，国家发展差异驱动了国与国之间的文明交流互鉴，也决定了国与国之间交流合作的基本潜力。通过分析中国与东盟十国发展状态的差异性可以对中国与东盟国家文明交流与互鉴的潜力做出评价。

（一）分析方法

人口与经济是决定国家发展基本特征的最重要的因素，通过构建表征国家发展特征的人口经济系统，可以比较中国—东盟国家经济社会发展的差异性与相似性。表6-4为本部分所构建的评价中国与东盟国家人口经济发展特征的指标体系。该指标体系由人口系统与经济系统两大部分组成。在人口系统中选取了人口密度、人口总量、人口自然增长率、平均预期寿命、老龄化指数、人口城市化率等9个指标从人口数量、人口质量、人口结构三个维度揭示各国人口系统的发展特征。在经济系统中选取了GDP总量、人均GDP、人均GNI、单位GDP能源能耗量、对外贸易额、外贸依存度等11个指标从经济数量、经济质量、投资与贸易、就业四个维度揭示各国经济系统的发展特征。

表6-4　　　　中国—东盟国家人口经济系统评价指标体系

系统	系统特征	指标	单位
人口系统	人口数量特征	人口密度	人/平方公里
		人口总量	万人
		人口自然增长率	%
		人口净迁移率	%
	人口质量特征	高等教育入学率	%
		平均预期寿命	岁
	人口结构特征	老龄化指数	%
		抚养比	%
		人口城市化率	%

续表

系统	系统特征	指标	单位
经济系统	经济数量特征	GDP 总量	亿美元
		人均 GDP	万美元/人
		人均 GDP 增长率	%
		人均 GNI	万美元/人
	经济质量特征	单位 GDP 能源能耗量	千克石油当量/万美元
		高新技术产品占出口产品比重	%
	投资与贸易特征	对外贸易额	亿美元
		外贸依存度	%
		外国直接投资净流入量	亿美元
	就业特征	就业率	%
		非农就业比率	%

资料来源：就业率和非农就业比率数据整理自国际劳工组织：https：//www.ilo.org/global/lang-en/index.htm，2021 年 1 月 3 日；其余各项数据均整理自世界银行数据库：https：//data.worldbank.org.cn/，2021 年 1 月 3 日。

根据表 6-4 构建的指标体系，本部分使用系统聚类分析方法来探讨中国与东盟十国国家发展状态之间差异，并得到中国与东盟各国文明交流潜力的评价。其中聚类分析通过 SPSS 分析软件中的聚类分析模块计算和实现。使用数据来源于世界银行数据库 2019 年数据。

（二）聚类分析结果

中国—东盟国家社会经济发展状态的积累分析结果如图 6-2 所示。根据树状聚类图，可以发现，中国和东盟十国被分为四个组别。第一个组别为老挝、柬埔寨、缅甸。这一组国家人口与经济发展的基本特征为：在人口发展方面仍然处于人口转变所导致的人口特征快速变化时期，人口特征表现为数量增长较快，低龄人口在总人口中的比重较低，社会养老负担较轻，人口素质较低，接受过高等教育的人口比重远远低于区域内的其他国家。在经济发展方面处于工业化未充分发展的阶段，农业仍然在国民经济中占有重要地位，成为吸纳就业与居民维持生计的主要产业部门；这三个国家经济规模总量普遍较小，社会财富积累和居民收入较低，是区域内典型的欠发展和低收入国家。

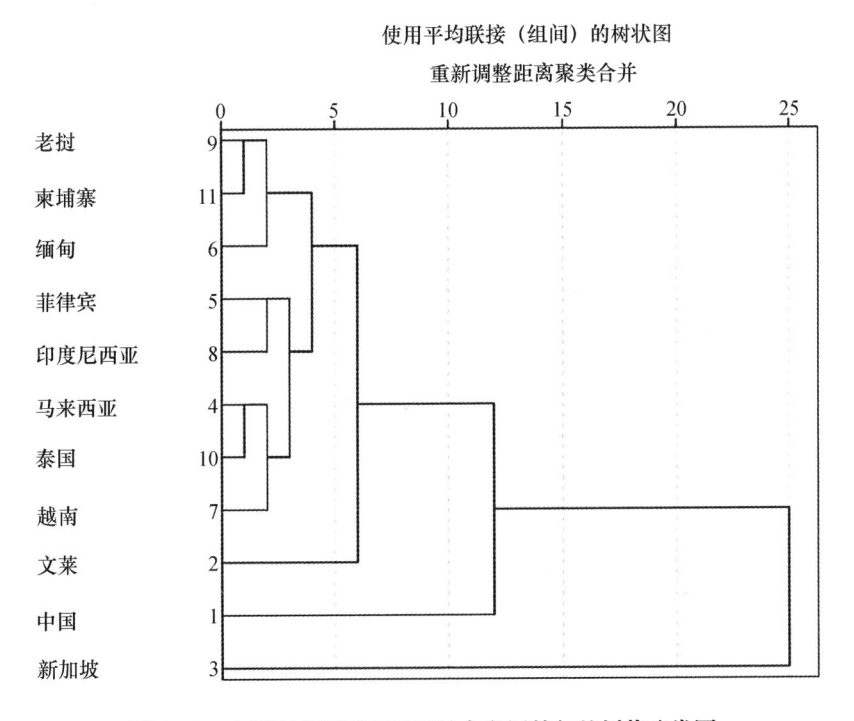

使用平均联接（组间）的树状图
重新调整距离聚类合并

图 6-2　中国与东盟国家经济社会发展特征的树状聚类图

第二个组别为菲律宾和印度尼西亚。这两个国家人口与经济发展的共同特征为：第一，人口规模较大。菲律宾和印度尼西亚是东盟国家中人口数量最多的两个国家，2019 年菲律宾和印度尼西亚的人口数分别达到 1.08 亿和 2.71 亿，占东盟十国中人口的 57.3%。巨量的人口既给两国的社会经济发展带来了丰富的劳动力资源，也使得解决人口就业和缓解人口压力成为重要的发展目标。第二，人口老化开始加速，人口质量的提升相对较慢。随着人口转变的持续进行，两国的人口老龄化持续发展，人口老龄化指数即将达到老龄化社会的门槛；两国的人口素质仍然较低，尤其是高等教育入学率仅仅达到 35% 左右，在东盟国家中处于相对落后的水平。第三，经济体量较大，但人均经济产出水平较低。2019

年印度尼西亚、菲律宾的经济规模在东盟十国中分别列第一和第三位，但人均 GDP 和人均 GNI 却位列中游，这表明两国的经济产出效率仍然较低。

第三个组别为马来西亚、越南和泰国。这三个国家人口与经济发展的共同特征为：其一，人口转变进入中后期，人口增速放缓，人口老龄化进程开始加速。三国人口自然增长率已接近到 10‰ 的人口中低速增长的门槛值，尤其是泰国已经低至 2.7‰ 的极低水平；与此同时，三国的老龄人口比重增长迅速，已经进入人口老龄化社会。其二，工业化和外向型经济成为驱动经济发展的主要力量。泰国、马来西亚、越南都是东南亚主要的新兴经济体，在 20 世纪 80 年代之后就一直致力于承接国际产业转移，发展外向型经济。这使得这些国家工业化程度较高，经济效率和人均收入水平在东盟国家中处于中等偏上的位置。

第四个组别包括文莱、新加坡和中国。从树状聚类图中各个国家特征的距离来看，这三个国家并没有被明显地归为一类，而是独立存在的，这表明这三国的人口经济发展具有各自的特征。文莱是一个人口小国，其显著的特征为人口系统发展滞后于经济系统的发展。依靠丰富的石油资源形成的能源开采与加工产业，文莱经济得到了快速发展，无论人均 GDP 还是居民平均收入水平都在东盟国家中处于领先的位置，但是由于宗教和社会发展的原因，其人口发展却处于相对滞后的状态，生育率水平较高、人口增长相对较快、人口受教育程度较低拖后了其人口转变的进程。新加坡是典型的城市型国家，人口发展已经进入后人口转变阶段，人口低增长、高素质、高度老龄化、高密度成为了人口发展的基本特征，同时高收入与高福利使得新加坡成为区域内接受国际移民比例极高的国家，这使得新加坡在人口增长率减低的情况下保持着较快的迁移增长；在经济发展方面，以现代服务业为核心的产业结构使得经济效率极高，新加坡是在经济发展质量、经济收入水平等方面达到国际先进水平的少数亚洲国家。中国人口经济发展与东盟十国都有显著的差异。第一，人口和经济体量巨大；第二，人口转变基本完成，低生育导致的人口自然增长快速下降使得人口老龄化迅速发展，人口素质和人口城镇化稳步提高；第三，工业化进程基本完成，服务业逐渐成为国民经济发展和承担就业的主要部门；第四，已近中等收入国家行列，经济增长由要素驱动向智力驱动转变。

（三）中国与东盟国家文明交流互鉴发展潜力评价

图 6-2 中聚类分析的结果表明，由于发展的差异，中国与东盟国家表现出不同的人口经济发展特征。从发展程度和差异性的角度而言，新加坡发展程度较大幅度高于中国，具有较强的正向发展"势能差"；文莱、马来西亚、泰国、越南发展程度在一定程度上低于中国，具有较弱的负向发展"势能差"；印度尼西亚、菲律宾发展程度较大程度上低于中国，具有较大的负向发展"势能差"；柬埔寨、老挝、缅甸发展程度显著低于中国，具有极大的负向发展"势能差"。根据当前中国与东盟各国文明交流互鉴的状况，以及发展特征差距越大，合作交流的空间就越大的基本原则可以对中国与东盟国家文明交流互鉴的发展潜力做出判断（见表 6-5）。

表 6-5　中国—东盟国家文明交流与互鉴增长潜力评价结果

国家	文明交流与互鉴状态				增长潜力
	总体水平	经济维度	社会维度	文化维度	评价
新加坡	高	高	高	中	较大
文莱	极低	极低	低	极低	小
马来西亚	中	中	中	低	小
泰国	中	中	中	高	小
印度尼西亚	中	中	低	中	小
菲律宾	低	低	低	中	中等
越南	中	中	低	中	小
老挝	低	极低	极低	中	较大
柬埔寨	低	极低	低	中	较大
缅甸	极低	极低	极低	极低	较大

注：文明交流互鉴水平根据综合和分项得分进行划分，其中得分值≤0.1 为极低水平，0.1＞得分值≤0.3 为低水平，0.3＜得分值≤0.6 为中等水平，得分值＞0.6 为高水平。

新加坡、柬埔寨、老挝、缅甸在与中国合作交流方面有较大的发展潜力。尽管新加坡目前与中国的文明交流互鉴水平很高，但是由于新加坡与中国在社会发展上仍然具有较大的差距，新加坡在促进经济发展制度设计方面有许多成功经验可以为中国借鉴，两国间的合作交流具有较大的空间。虽然老挝、柬埔寨、缅甸三国与中国文明交流互鉴的综合得分较低，但是与中国发展水平的巨大落差，尤其是这些国家充足的劳动力、农业资源禀赋以及与中国接壤的优势使得中国与这些国家在劳务合作、农业产业合作方面就有巨大的潜力。文莱、马来西亚、泰国、越南、印度尼西亚五国与中国交流合作的增长潜力小，文莱虽然目前与中国的文明交流与互鉴水平极低，但由于经济和人口体量较小，且与中国发展程度相似，增长空间有限；泰国、马来西亚、越南、印度尼西亚与中国人口与经济发展的差异并不大，增长潜力也不大。菲律宾目前与中国文明交流互鉴水平低，且与中国发展存在一定的差异，未来两国间的交流合作具有一定的增长空间。

第七章

中国—东盟各国文明交流互鉴发展方向与路径

第一节 中国—东盟各国文明交流互鉴发展方向

中国与东盟十国历史悠久，彼此友好交往。中国与东南亚各国要做好邻居、好朋友、好伙伴。比如中国与越南都是社会主义国家，有着共同的价值理念，政治制度，都是共产党执政。当前中越两党两国人民都在为建设现代化的社会主义国家而奋斗。"一带一路"和"两廊一圈"相互对接，合作共赢，是两国的最大公约数和利益交汇点。中越两党两国要不断加强政治互信，双方人民要持续民心相通，共同警惕、反对美国和西方对中越两国的"和平演变"和"颜色革命"，妥善管控海上分歧，共同开发油气资源，实现互利互惠；尤其要防止域外国家从中兴风作浪，挑拨离间，通过和平谈判解决岛礁与海域争端。

一 文明交流互鉴的中国主张与方案

（一）推动文明交流互鉴的中国主张

1. 要坚持相互尊重、平等相待

"等闲识得东风面，万紫千红总是春。"世界上任何一种文明都扎根于各自生存的土壤中，是智慧和精神锤炼的精华。正如习近平主席指出："人类只有肤色语言之分，文明只有姹紫嫣红之别，但绝无高低优劣之分。"[①]

[①] 习近平：《深化文明交流互鉴 共建亚洲命运共同体——在亚洲文明对话大会开幕式上的主旨演讲》，《中华人民共和国国务院公报》2019年第15期。

因此，中国与东盟各国的文明交流因在承认各自文明的基础上，相互尊重，摒弃傲慢与偏见，推动不同文明的交流与对话，平等相待，和谐共生。

2. 要坚持美人之美、美美与共

"夫物之不齐，物之情也"，但一切美好的事物都是相通的。在习近平主席看来，每一种文明都是美的结晶，任何力量也无法阻止人们对美好事物的向往。① 他指出："各种文明本没有冲突，只是要有欣赏所有文明之美的眼睛。我们既要让本国文明充满勃勃生机，又要为他国文明发展创造条件，让世界文明百花园群芳竞艳。"②

3. 要坚持开放包容、互学互鉴

一种文明没有做到开放包容，迟早会走向衰败。交流互鉴是文明的润滑剂，习近平主席说，"交流互鉴是文明发展的本质要求"，"深化人文交流互鉴是消除隔阂和误解、促进民心相知相通的重要途径"。③ 如何进行交流互鉴？他从正反两方面做出表述："文明交流互鉴应该是对等的、平等的，应该是多元的、多向的，而不应该是强制的、强迫的，不应该是单一的、单向的。"④ 有海纳百川的宽广胸怀、兼收并蓄的态度才能带来共同进步。

（二）推动文明交流互鉴的中国方案

1. 以文明交流互鉴推动中国—东盟合作共赢

中国改革开放取得的巨大成就和宝贵经验，对东盟发展具有借鉴意义，中国经济的腾飞，也为东盟提供了巨大的机遇。中国已经坚持改革开放40多年，国内生产总值占全球比重从1.8%持续上升到15%，人均国内生产总值也迅速增加到8800美元，扣除价格因素，比1978年增长了23倍。中国已完成从低收入国家，向中高等收入国家的转变。目

---

① 习近平：《深化文明交流互鉴 共建亚洲命运共同体——在亚洲文明对话大会开幕式上的主旨演讲》，《中华人民共和国国务院公报》2019年第15期。

② 习近平：《深化文明交流互鉴 共建亚洲命运共同体——在亚洲文明对话大会开幕式上的主旨演讲》，《中华人民共和国国务院公报》2019年第15期。

③ 习近平：《深化文明交流互鉴 共建亚洲命运共同体——在亚洲文明对话大会开幕式上的主旨演讲》，《中华人民共和国国务院公报》2019年第15期。

④ 习近平：《深化文明交流互鉴 共建亚洲命运共同体——在亚洲文明对话大会开幕式上的主旨演讲》，《中华人民共和国国务院公报》2019年第15期。

前中国对全球和东亚经济增长贡献率,分别达到30%和70%。[①] 2020年,即使在疫情冲击之下,中国进出口贸易还是实现了一定的增长,中国和东盟之间的双边贸易实现了稳定的增长,预计全年增速在6%左右,东盟也因此成为中国的第一大贸易伙伴。2020年东盟在中国整个进出口贸易的占比在14.5%左右,预计2021年会突破15%。随着RCEP正式签订,2021年在RCEP的积极作用下,东盟会继续延续中国第一大贸易伙伴的趋势。

2. 合作共赢

中国改革开放进程,对东盟发展至关重要。从始至终,中国始终把握着积极向上原则。从试点开始,在积累经验基础上由点及面。从区域看,地方政府之间并存合作与竞争,也因此增强了各地的积极性。在几次全球和地区金融危机中,中国采取积极稳妥的应对措施,最大限度地缓解了消极影响。中国经济可持续发展为东盟经济发展和世界稳定做出了杰出贡献。

"讲信修睦、合作共赢、守望相助、心心相印、开放包容",这是习近平主席2013年在印尼国会的演讲中提出的"携手建设中国—东盟命运共同体"倡议。中国与东盟国家地缘相近,邻里友好,长期以来秉承经济合作、优势互补,促进中国—东盟自由贸易区建设的宗旨,借助各国经贸合作平台,发挥民间外交力量,逐步畅通"南宁渠道",有效促进了中国与东盟学术界、工商界的互动和交流。[②]

3. 和平发展

中国—东盟的和平发展,基础在亚洲,而基础的基础在中国和东盟的真诚和坚实的合作。通过中国与东盟自由贸易区,全面巩固发展中国和东盟的交流与合作。首先,中国—东盟的和平发展,有利于化解东盟对中国崛起的焦虑与担心,并可以实现拉动日、韩、澳大利亚,促进东亚合作,推动亚洲区域一体化进程,使RCEP自2021年真正发挥其实质

[①] 赵晋平:《预计今年出口增约10% 东盟欧洲在中国贸易占比会上升》,2021年1月2日,新京报新闻网(http://www.bjnews.com.cn/detail/160987142415347.html)。

[②] 《合作共赢 共建中国—东盟发展新格局》,2020年12月11日,中国网(http://www.china.com.cn/opinion2020/2020-12/01/content_76966933.shtml?f=pad&a=true)。

性作用。其次，中国—东盟的和平发展，有利于打破美国、日本那些死抱旧思维之鹰派"围困中国龙"的战略图谋。长期以来，西方国家某些人的狂妄自大、目中无人、强权霸权的病态恶习，一直干扰与破坏新兴国家特别是中国的前进步伐。中国—东盟和平与健康发展，将促进亚洲区域一体化进程，推动亚洲命运共同体的建设，中国与东盟国家的和平崛起是不可阻挡的。最后，中国—东盟的和平发展有利于保障中国南海经济命脉。东盟地处太平洋和印度洋之交界，是沟通两洋的重要通道，对中国的南海经济主权和资源进口，其战略地位尤为重要。通过亚洲的和平、发展、合作，保障地区和平崛起，将有力地推动整个世界的和平、发展与合作。

二　文明交流互鉴发展方向

在现有中国—东盟合作交流平台基础上，不断完善和加深各领域的合作，以下领域将会是重点发展方向。

（一）扩大学生双向交流、拓展职业教育

中国—东盟教育交流周是外交部、教育部及贵州省人民政府联合主办的。作为中国与东盟教育交流合作的重要平台，也是中国与东盟教育合作的重要内容，不仅促进了贵州与东盟国家在教育上的深度交流合作，也搭建了贵州"立足东盟、面向亚洲、辐射欧美"的对外开放道路。中国与东盟近年来教育交流合作发展迅速，相关计划和文件致力于继续扩大相互间留学生规模，开展合作办学。除此之外，双方举办的办学机构和相关项目规模也在不断增大。但与巨大的高等教育市场、良好的合作基础和一系列利好政策同时存在的还有部分东盟国家对中国发展的战略意图和今后持续友好合作的愿望心存戒备。中国希望带动东盟国家的共同繁荣，希望双方成为以互信为基础的合作伙伴，推动双方战略伙伴关系的巩固升级。

中国和东盟国家双交流生中，广西和云南两省份占比例最大，其他省份明显滞后，且研究生学历教育和高级进修生比总体偏低，学科专业也不齐全。诸多利好与缺陷并存的现状映射出今后双方合作巨大发展空

间的同时，一些挑战也浮出水面。①

另外，世界范围内的职业教育机构的交流合作都面临着一些问题，急需打破国界障碍，建立教育区域化的合作机制。目前，中国—东盟职业教育交流合作的发展历史并不长，合作机制仍在探索和实践中。中国—东盟职业教育交流合作，虽说冠以中国名头，但在实际合作中大部分还是广西、云南、贵州等几个西南省、自治区。由于东盟经济发展不平衡，在大多数中国人眼里，东盟十国都是小国（除新加坡外）。正是这样对东盟的不了解，中国其他省份、地区职业教育机构对与东盟合作不感兴趣，即使有合作的，大多也是出于国家战略层面考虑，出于提升中国职业教育国际影响力的原因少，导致中国与东盟合作主题数量少。

目前，部分东盟国家正在快速从农业社会过渡到工业社会，制造业蓬勃发展，而技术人才相当缺乏，需要大量高技术职业人才参与经济发展。中国—东盟职业教育交流合作的前景广阔，中国应进一步深化与东盟国家在职业教育领域的合作交流，扩大开放合作，互相学习借鉴，共同进步发展。

（二）深入加强文化融合，积极开展特色文化活动

信息时代的社会互动，文化交流不可阻挡。全社会共享信息文化意味着人类文明多元文化交融的发展进入新的阶段。东盟国家作为"一带一路"通往中东、非洲、欧洲的关键节点，地理位置相当优越，战略意义不言而喻，深入推进中国—东盟文化融合事关全局，因此，中国与东盟的发展不仅限于经济上的利益交易，更需注重文化的交流，推动"一带一路"倡议的顺利进行。②

推进中国—东盟文化的深度融合，需要借助相关媒介工具，既要彼此传播好双方文化的真实故事，搭建好通往双方文化融合的桥梁，同时也要尽快推进"一带一路"框架下双方共创共建共享文化。一是构建由中国和东盟国家人员共同建立的新闻媒体，以"一带一路"为主线，用

---

① 韩进、杨佳、尹宁伟：《"一带一路"背景下中国—东盟高等教育合作的路径选择》，《河北科技大学学报》（社会科学版）2019年第12期。

② 郭映珍、刘庆：《一带一路背景下中国—东盟文化融合的探究》，《东南传播》2019年第6期。

不同语言传播同一种声音,用不同文化模式在同一个平台里传播共同的理念,既要保持新闻传播信息的真实性、客观性,又要保证文化价值的有效性,充分使中国和东盟的人民认识、理解、尊重、消化、接纳、包容"一带一路"共同创造的文化。二是培育智库学者文化交流机制。中国与东盟国家共同搭建好智库学者交流平台,为双方在各领域的交流提供便利条件,引导新闻媒体正确、客观、真实地传播,促进相互间了解,推进双方文化融合。①

(三) 发展运输业,加强安全合作

近年来,中国与东盟各国合作紧密,在经济、文化等方面都有着十分密切的往来。由于地缘优势,泰国、印度尼西亚、新加坡、越南、马来西亚等东盟国家一直是中国游客境外旅游的热门目的地。东盟旅游的发展对中国与东盟各国的文化交流与经济往来都有着巨大的促进作用,不仅极大丰富了各国人民的出行需求和文化需求,对旅游目的地经济发展也有着巨大的促进作用。在旅游业得到充分发展的同时,同样也促进着航空事业的发展。为了加强中国—东盟经贸合作,航空运输应起到保障性作用。中国—东盟的经贸合作进一步加强,需要一个开放、便利、安全的航空运输体系支撑其大量的人员和货物的流动。② 旅游安全是旅游业发展的基础,旅游安全问题一直是旅游研究的重点。近年来随着东盟旅游发展迅速,中国游客在旅游过程中已出现多次突发安全事件,旅游安全问题凸显。建立中国—东盟旅游安全联动机制是可行的,有必要的。构建中国—东盟旅游安全合作机制需要多方共同努力。最终,能够提升东盟旅游的安全水平,保障游客的切身利益,保证东盟旅游的稳定发展。③

另外,中国一贯且真诚地坚持与邻为善、以邻为伴,希望以自身发展带动地区、惠及周边。坚定支持东盟建成政治安全、经济、社会文化

---

① 郭映珍、刘庆:《一带一路背景下中国—东盟文化融合的探究》,《东南传播》2019 年第 1 期。

② 田圆:《中国——东盟航空运输自由化的影响分析及对策》,《港口经济》2015 年第 7 期。

③ 马超、张青磊:《"一带一路"与中国—东盟旅游安全合作——基于亚洲新安全观的视角》,《云南社会科学》2016 年第 4 期。

共同体，为地区稳定发展发挥积极作用，积极倡导共同、综合、合作、可持续的安全观，加强传统和非传统安全合作，为本地区提供更多的公共安全产品。

（四）加快推进中国与东盟国家地缘经济发展

近几年来，中国—东盟地缘经济发展迅速。截至2019年末，中国已连续11年保持东盟第一大贸易伙伴，2019年上半年，东盟上升为中国第二大贸易伙伴。

一是农业领域合作。2002年11月，中国农业部与东盟正式签署了农业合作谅解备忘录，这标志着中国—东盟的农业合作进入了全新的发展阶段。2020年上半年，中国与东盟农产品进出口达1370.5亿元，同比增长13.2%，拉动与东盟贸易增长0.8个百分点。[①] 中国与东盟国家农业合作的势头发展前景十分广阔。

二是金融领域合作。亚洲金融危机爆发后，为恢复经济防止危机的再次出现，亚洲各国认识到，任何国家和地区都很难依靠自身力量防止危机的深化和蔓延。加强地区金融合作是保持金融市场稳定、防止金融危机再度发生的有效途径，为此均开展了经济领域的合作，探索共同利益的结合点，这为中国—东盟区域金融合作奠定了基础。中国—东盟金融合作文件源自2000年5月4日，第九届东盟与中日韩"10+3"财长在泰国清迈共同签署了建立区域性货币互换网络的协议，即《清迈协议》。该协议是亚洲货币金融合作所取得的最为重要的制度性成果，它对于防范金融危机、防止货币大幅度贬值与推动进一步的区域货币合作具有深远的意义。中国—东盟国家未来应加快制定宏观经济合作机制；加强金融监管和预警；完善金融救助机制；稳定区域内货币汇率；建立区域金融市场等。

三是合理布局产业链。当前，受多因素影响，全球产业链和价值链发生了改变，外贸企业如履薄冰。产业链供应链危机不仅是对外贸企业的考验，也是中国—东盟国际贸易过程中需要警惕的。2018年以来，美国先后推出了一系列对中国输美产品加征关税举措，其目的就是打乱全球已经形成的供应链和产业链布局，尤其是阻挠中国在产业链和供应链

[①] 马玉荣：《全球变局下中国—东盟加强经贸合作》，《中国发展观察》2020年第7期。

中发挥的重要作用。此种情形下,中国—东盟区域必须调整供应链和产业链的布局,鼓励许多中国企业到东盟国家投资,把中下游的一些生产环节转移到这些国家,而一些核心环节依然留在国内。通过把核心零部件设备出口到越南等东盟国家,然后利用当地廉价的劳动力加工组装成成品后,再直接进入美国市场,这样就可以避免美国对中国产品采取贸易保护主义措施所带来的不利影响。国际经济贸易环境依然很复杂,中国发展的外部环境依然十分严峻,需要采取与周边国家合作的方式,加强投资和贸易合作方式建立一个以区域生产网络为依托的全球产业链供应链,这有助于域内国家在全球保持较高的国际竞争优势,有利于域内各国经济稳定和持续发展。

（五）加强反恐与能源合作

当前,世界能源形态变化无常,实现能源供需稳定和能源的清洁高效,日益成为全球各国关注的焦点。第一,基于当今形势,中国和东盟各国一致明确了中国—东盟的能源合作。这使得所有成员国都面临巨大的投资和技术需求。第二,中国与东盟在能源合作方面潜力巨大,特别是新能源的开发上。在上述情况下,实现能源的双方合作,将日益成为未来双方的合作重点。①

此外,中国与东盟是一衣带水的邻邦,中国与东盟经济交往频繁,人员往来密集。在包括媒体、智库、卫生、医疗、民间交流等方面,双方都将开辟双方新的合作空间以及深层次的发展和交流。

第二节　中国—东盟文明交流互鉴发展新路径

一　新的逻辑起点:文化成为中国—东盟各国交流的重要向度

（一）中国与东盟国家间文明交流互鉴形式

2019年5月15—22日,在北京举行了第一届亚洲文明对话,吸引了大量国内外民众参与,同时,参加大会的中外机构签署了一系列多边、双边倡议和协议,发布了一批重大项目成果和研究报告,形成了一

---

① 孟婵:《中国与东盟能源合作研究》,硕士学位论文,广西大学,2019年,第23页。

批推动文明交流互鉴的务实举措和合作成果,共4大类26项。① 亚洲文明对话大会,为促进亚洲及世界不同文明的相互交流、相互理解与相互尊重,为构建亚洲命运共同体和人类命运共同体提供了交流平台与精神支撑。

在不同文化背景下,推动不同文明交流互鉴。在亨廷顿《文明的冲突与世界秩序的重建》②中划分的世界八大文明中,有五大文明存在于亚洲地区,包括中华文明、日本文明、印度文明、伊斯兰文明、东正教文明。

自中国和东盟建立了对话关系尤其中国—东盟自由贸易区建成以来,中国—东盟交流合作日益频繁,呈现多领域、全方位、多元化特征。其中以经济贸易与教育合作形式最为典型。比如随着教育交流和合作日渐深入,双方留学规模持续扩大,2015年中国在东盟国家留学生超过12万人,东盟国家在华留学生达7.1万余人,预计将提前实现到2020年双方互派留学生人数双双超过10万的目标。双方教育合作与交流领域覆盖面广,已逐渐涵盖到基础教育、中等教育、职业教育和高等教育。③ 与此同时,双方境外合作办学也取得较快发展,政府间合作机制和平台不断完善。中国同东盟十国均签署了教育交流合作协议。每年8月在中国贵州举行中国—东盟教育交流周暨教育部长圆桌会议成为双方教育交流合作的主要平台。2016年第二届中国—东盟教育部长圆桌会议讨论通过的《中国—东盟教育合作行动计划2016—2020》,成为中国与东盟之间首个教育领域5年行动计划,内容涵盖基础教育、高等教育、职业教育、学生交流、智库合作等多个领域。

(二) 新高度:文化上升为建立中国—东盟命运共同体强有力的软实力

党的十八大以来,文化在党和国家事业发展全局中的地位和作用不断得到提升。2016年7月1日,习近平在庆祝中国共产党成立95周年大

---

① 《亚洲文明对话大会筹委会负责人发布本次大会成果》,2019年5月24日,新华网(http://www.xinhuanet.com/world/2019-05/24/c_1124539181.htm)。

② [美]塞缪尔·亨廷顿:《文明的冲突与世界秩序的重建》,新华出版社2002年版,第65页。

③ 陈东升:《"一带一路"背景下中国——东盟教育交流与合作研究——基于国际服务贸易的视角》,《东南亚纵横》2017年第3期。

会上的重要讲话中指出："坚持不忘初心、继续前进，就要坚持中国特色社会主义道路自信、理论自信、制度自信、文化自信，坚持党的基本路线不动摇，不断把中国特色社会主义伟大事业推向前进。"[①] 该论述创造性地在文化维度上丰富和拓展了中国特色社会主义的深厚根基和前进动力，明确了文化自信与道路自信、理论自信、制度自信具有同等重要的意义。2017 年 10 月 24 日，党的十九大通过的《中国共产党章程（修正案）》，把中国特色社会主义文化同中国特色社会主义道路、中国特色社会主义理论体系、中国特色社会主义制度一道写入党章。[②] 这一历史性创举将中国特色社会主义文化提升为中国特色社会主义基本内涵的重要内容，从而使中国特色社会主义文化在最本质、最精髓、最高形态上，构成了新时代中国特色社会主义的新向度。

（三）新使命：增强东盟各国文明交流互鉴力度走可持续道路

如果说理论体系、道路、制度是形构中国特色社会主义的刚性向度，文化则是意构中国特色社会主义柔性向度并赋予中国特色社会主义事业发展以更基本、更深沉、更持久的力量。历史的正义性正是在文化积淀中萃取而出。

中华民族几千年文明史和新中国 70 多年社会主义创业史的缔造，这种非侵略性的文明形态在世界上是独一无二的，具有超越资本主义文明的包容性与进步性。同时，抵抗外侵的苦难历史锻造了中国人顽强坚韧的民族性格，积淀下不断自我修复、扬弃、创新的文化传统。中国与东盟国家的文明交流交往中，就是在中国自信文化中增强区域文明交流互鉴力度，以中华民族的文明史与宝贵的文化传统，自信于中国人民的民族性格，坚信以此为血肉生命的新时代中国特色社会主义文化，坚持走可持续发展道路，既更加牢固地承托马克思主义理想信念在中国的政治实践，同时使马克思主义文化观、文明观在 21 世纪的中国焕发出新的生机与新的生命力，推进中国—东盟区域文明互信。

---

① 习近平：《在庆祝中国共产党成立 95 周年大会上的讲话》，人民出版社 2016 年版，第 511 页。

② 《中国共产党第十九次全国代表大会文件汇编》，人民出版社 2017 年版，第 89 页。

二 新的建设范式：从马克思主义实践哲学出发推动中国当代文化建设形态的第二次飞跃

文化范式往往具有较强的惯性，并不总是与时代发展相适应，这需要强而有力的政治力量推动其创新并实现发展。考察中国当代文化建设范式的历史演展，总体上可以看到文化建设逻辑与建设形态的两次跃升。如果说党的十一届三中全会恢复了党的八大思想路线将文化建设范式从"以阶级斗争为纲"中超拔出来转向"以经济建设为中心"[①]从而实现了第一次跃升，那么党的十八大以来就是习近平基于中国社会主要矛盾变化和"新冷战"国际形势的现实考量，推动中国当代文化建设范式的第二次跃升，即在国内构建符合人民美好生活需要的文化建设逻辑和形态，在国外稳健推进由含蓄到主动的范式转换以应对大国文化霸权挑衅。

（一）实现人民美好生活的需要：文明交流互鉴推动文化建设范式转型升级

随着经济发展水平的变化，中国社会主要矛盾也发生了变化。党的十九大报告指出："中国特色社会主义进入新时代，我国社会主要矛盾已经转化为人民日益增长的美好生活需要和不平衡不充分的发展之间的矛盾。"[②] 这表明："人民群众的需要在领域和重心上已经超出物质文化的范畴和层次，只讲'物质文化'已经不能真实全面反映人民群众的愿望和要求。"[③] 按照党的十八大以来习近平从历史唯物主义科学原理出发，深刻把握文化发展内在规律，以提高质量和加强社会效益为根本着力点，以回应人民群众更高层次、更为全面的文化需求变化，推动文明交流互鉴中的文化建设范式在新的历史方位上实现转型升级。

[①] 俞吾金：《邓小平与中国当代文化范式的转变》，《复旦学报》（社会科学版）1993年第3期。

[②] 《中国共产党第十九次全国代表大会文件汇编》，人民出版社2017年版，第100页。

[③] 中共中央宣传部：《习近平新时代中国特色社会主义思想三十讲》，学习出版社2018年版，第90页。

（二）文化走出去模式：由含蓄到主动的对外文化范式转换

中国对外文化范式由含蓄转向主动，以使国际社会客观认识中国，理解中国"开放、包容、和平"的文化传统及其支撑下的发展道路。中国从来没有也更加不可能将自身的发展建立在侵略和殖民他国的基础之上，相反，中国"天下和合"的文化特质与马克思主义理想信念的有机结合，反而超越了资本主义文化的侵略性的基因缺陷，有益于推动21世纪人类文明的历史进化。①

（三）文明交往：携手建设中国—东盟命运共同体

中国和东盟国家山水相连、血脉相亲。正如习近平主席2013年在印度尼西亚国会的演讲上所提出的，坚持讲信修睦。中国愿同东盟国家真诚相待、友好相处，不断巩固政治和战略互信；坚持合作共赢。② 中国愿在平等互利的基础上，扩大对东盟国家开放，使自身发展更好惠及东盟国家；坚持守望相助。中国和东盟国家唇齿相依，肩负着共同维护地区和平稳定的责任；坚持心心相印。促进青年、智库、议会、非政府组织、社会团体等的友好交流，为中国—东盟关系发展提供更多智力支撑，增进人民了解和友谊；坚持开放包容。中国—东盟是充满文明多样性的区域，各种文明在相互影响中融合演进，为中国和东盟国家人民相互学习、相互借鉴、相互促进提供了重要文化基础。③

第三节　中国—东盟文明交流互鉴新模式

一　新的外交理念：推进区域公共文化建设

国家间人文交流、交往与合作，以往更多是从国家层面进行推动，但这种交流范式很容易被误解为带有地缘政治意图、强行推动等难以被接受。新时期，中国推行文明交流合作应树立一种全新的公共文化外交

---

① 潘娜：《习近平关于文化建设的重要论述：逻辑理路与擘画路径》，《科学社会主义》（双月刊）2019年第3期。
② 习近平：《携手建设中国—东盟命运共同体——在印度尼西亚国会的演讲》，《人民日报》2013年10月4日第2版。
③ 习近平：《携手建设中国—东盟命运共同体——在印度尼西亚国会的演讲》，《人民日报》2013年10月4日第2版。

新合作理念，实现从"国之交"到"民之亲"主动合作理念。为此应在对外交往中传播上述理念，经贸往来、投资等不应只重视经济利益，也不能被冠以财富掠夺者印象。投资与交流交往应侧重民心工程，实现民心相通，增强彼此经济、文化、文明融合度。

（一）传承文明

优秀传统文化是中华文化认同培育的思想根基，同时中华优秀传统文化是中华文化传承至今的血脉之源，也是中华民族文化生命的根基，它以深厚的底蕴承载着中华民族最基本的思想观念、理想信仰、价值认识、共有记忆、语言文字、审美表达等，是涵养社会主义核心价值观的重要源泉，也是在世界文化激荡中不被"他者化"的坚实根基。在文明交流互鉴视域中，培育中华文化认同，首先就要强化中华优秀传统文化认同培育，"中华优秀传统文化不仅是汉族文化、中原文化，还包括各少数民族不同形态、特质各异的优秀传统文化"。[1] 中华民族自古以来就是一个讲究个人修养、品德教育以及执着追求的民族，即要唤醒每个中华同胞形成中华文化的历史记忆，在文化寻根中建立认同，传承中华文明。

传承中华优秀传统文化就是传承文明，首先要突出以爱国主义为核心的民族精神培育。中华民族精神对民族社会发展具有重要的促进和导引作用。文化的多元多样决定了中华民族精神也是一个内容多元、层次多维、形式多样的有机体，"尽管中华民族精神的其他要素，从不同的侧面反映了中华民族不同的精神风貌，但是在爱国爱民、忧国忧民、救国救民这一价值取向上，却表现出惊人的一致"。[2]

传承优秀传统文化，还要透过文化内容传承中华文化的包容性和多元性。优秀传统文化，往往保存着自身最有价值的精髓，属于中华民族优秀文化的代表，是各民族成员对中华文化整体认同、对中华民族共同体意识深入理解的基础。

因此，传承中华文明，要继续秉持开放包容与发展理念，凝聚中华民族共同体成员的认同意识。同时将中华文明进行创造性转化与创新性

---

[1] 尹绍亭：《谈新时期中华文化认同》，《云南社会科学》2018年第6期。
[2] 詹小美：《民族文化认同论》，人民出版社2014年版，第67页。

发展，要与现代文化特别是新时代中国特色社会主义文化一起建构形成有机接续关系，建立具有传承性的中华文化内容、逻辑、话语体系。另外，中国—东盟各民族传统文化的弘扬，既需要中国与东盟各国推进文化交流与项目的通力合作，也需要依靠东盟各国华侨华人帮助中国的优秀传统文化、文化产品等走出去，才能实现中国—东盟各国更好地传承文明。

（二）传播文明

习近平总书记指出，"人类社会发展的历史表明，对一个民族、一个国家来说，最持久、最深层的力量是全社会共同认可的核心价值观"。价值观是文化的内核与灵魂，文化认同的核心就是价值观的认同，特别是对全社会共同认可的核心价值观的认同。[1]

放眼世界，不同文明所倡导的核心价值观往往是有差异性的。马克思主义认为，价值的"阶级性"和"普世性"是统一不起来的，不可能有超越并凌驾于一切阶级之上的价值观，也不会有某个阶级的"普世价值"。[2] 中国符号浸润与传了中华古老与优秀文明的精髓，社会主义核心价值观是当代中国精神的集中体现，凝结着全体人民共同的价值追求。它将文化认同准确地限定于中华民族范畴，有利于聚合民族共同体意识，深刻影响各民族人民对中华民族的认可程度和社会稳定状况。因此，"把社会主义核心价值观融入社会发展各方面，转化为人们的情感认同和行为习惯"[3]。

中国—东盟文明交流互鉴与文明传播，可以通过影视作品、文学作品、综艺节目等形式与手段，通过强化教育引导、社交媒体与制度保障等传承文化与传播文明。"一带一路"倡议的成功推进，让中华文明，以更加全面、更加深入与更加生动的形式展现在世界面前，吹响了中华文化海外传播的新号角，扩大了世界对中国的了解，获得了更广泛的国际支持，同时也增强了中国对世界各民族的认知。

---

[1] 教育部课题组：《深入学习习近平关于教育的重要论述》，人民出版社2019年版，第218页。

[2] 汪亭友：《"普世价值"评析》，社会科学文献出版社2012年版，第102页。

[3] 习近平：《决胜全面建成小康社会 夺取新时代中国特色社会主义伟大胜利——在中国共产党第十九次全国代表大会上的报告》，《人民日报》2017年10月18日第1版。

(三) 建设文明

东盟新安全观是指"共同、综合、合作、可持续"的观点，并在此基础上，营造公道正义，共建共享安全格局，推动构建中国—东盟人类命运共同体。该观点顺应全球安全问题发展趋势，强调共同安全，主张世界各国在彼此平等的基础上，共同参与全球安全治理。

习近平强调，"贯彻落实总体国家安全观，必须既重视外部安全，又重视内部安全，对内求发展、求变革、求稳定、建设平安中国，对外求和平、求合作、求共赢、建设和谐世界"[1]。对外，总体国家安全观倡导实现共同、综合、合作、可持续的安全，这是发展壮大的中国为世界提供的公共安全产品。这一方面表明了中国发展需要和平稳定的国际环境，中国的国家安全也将促进国际安全。另一方面，亚洲新安全观是对联合国宪章精神的认可、支持和创新，其从更宏观的角度肯定了联合国宗旨与原则，强调了国际和平与安全、主权平等、和平解决争端等内容。并在此基础上，新安全观提出了以发展促安全的全新理念，突出发展问题在安全问题中的基础作用，这不仅是对全球安全理念的重要补充，更是对人类安全理论的重大贡献。[2]

随着"一带一路"建设的持续推进，中国—东盟经贸往来加速推进，人员往来互访迅猛发展，双方文化产业也实现了迅速崛起。同时传播优秀文化与文明，对文化产业发展与满足民众日益增长的物质与精神文化需求有着十分重要的意义，对中国—东盟各国文明程度的提升、和谐社会的构建等有着十分重要的作用，因此，应加速中国—东盟文明建设，促进发展。

(四) 发展文明

在文明交流互鉴视域下强化中华文化认同，要从中华文化"一体多元"的总特征出发，在尊重"多元"的基础上更加强调"一体"。在"一体"中最能反映全体人民价值诉求的是中华民族伟大复兴的"中国梦"。"中国梦"将国家、民族与个人紧紧地联系在一起，最大限度地兼

---

[1] 中共中央文献研究室编：《习近平关于社会主义社会建设论述摘编》，中央文献出版社2017年版，第170页。

[2] 张立国：《中国的亚洲新安全观及其实践》，硕士学位论文，兰州大学，2019年。

顾各阶层、各领域、各方面群众的利益，符合最广泛的社会共识，具有令人信服的必然性、广泛性和包容性。党的十九大明晰了新时代坚持和发展中国特色社会主义的总任务是实现社会主义现代化和中华民族伟大复兴，在全面建成小康社会基础上，分"两步走"建成富强民主文明和谐美丽的社会主义现代化强国。① 这使"中国梦"的宏伟愿景进一步转化为有步骤的目标，转化为人们更现实可期的景象，巩固了人们对实现"中国梦"的坚定信心。因此，着力强化共同理想信念的培育，有利于引导各民族人民在追求和实现共同理想的过程中，铸牢中华民族共同体意识，坚定"五个认同"。②

习近平主席指出："交流互鉴是文明发展的本质要求。人是文明交流互鉴最好的载体。深化人文交流互鉴是消除隔阂和误解、促进民心相知相通的重要途径。"③

当前，东盟国家懂汉语的人越来越多，教育文化领域交流、人文交流、影视媒体交流也越来越丰富，旅游与商务等领域的人员密切往来，不仅大大推动了双方传统语言文化之间的交流融合，也推动了中国—东盟现代商业文化的交流合作，促进了不同文明之间的对话与交流，持之以恒地开展彼此间文明交流互鉴，加速推动亚洲文明的交流与快速发展。

二　新的思想引领：确立观念文化发展的主导性原则

（一）交流互鉴新观念：建立文化自信

中华民族五千多年连绵不断的文明发展史创造了独步世界、博大精深的中华文化，并以开放包容的性格特质实现了文明的多样性，主张文明间对话交流、和平共处、和谐共生。正如习近平主席所说，"中华文明

---

① 习近平：《决胜全面建成小康社会　夺取新时代中国特色社会主义伟大胜利——在中国共产党第十九次全国代表大会上的报告》，《人民日报》2017年10月18日第1版。
② 徐丽曼：《文明交流互鉴视域下中华文化认同初探》，《广西民族研究》2019年第4期。
③ 习近平：《深化文明交流互鉴，共建亚洲命运共同体——在亚洲文明对话大会开幕式上的主旨演讲》，《中华人民共和国国务院公报》2019年第15期。

是在中国大地上产生的文明，也是同其他文明不断交流互鉴而形成的文明"。① 它以悠久的历史、深厚的底蕴和优秀的传统文化内容深刻影响着周边国家、地区乃至世界；对内形成了多元一体、尊重差异的文化格局。

中华文化的包容性体现在对待外域文化上，本着"不同国家、民族的思想文化只有姹紫嫣红之别，而无高低优劣之分"②的理念，以开放的胸怀，博采众长，扬弃吸收。中华文化对外来文化所保持的开放心态，展示出了中华文化有容乃大、强调和合的包容性格。

中华文化在对待少数民族的优秀文明上，展现的是自然融合、广泛吸收的包容。这种包容性使中华文化保持着宽容豁达的性格，在发展中产生非凡的融合力。比如中国与东盟国家的饮食文化交流就是源远流长、丰富多彩，并实现了双方饮食文化长期的交流与融合。东盟多国语言中就有类似"包子""豆腐"等发音词汇。"一带一路"倡议提出以来，双方"美食节"的举办与饮食文化交流更是有更多直接"面对面"的机会，共同合作与发展新的文化自信，共同推进亚洲文化走向世界。

今天，我们依然尊重和支持世界文明多样性发展。习近平主席多次强调："不同文明没有优劣之分，只有特色之别"，"对待不同文明，我们需要比天空更宽阔的胸怀"，"要树立平等、互鉴、对话、包容的文明观"。③ 我们坚信，只要秉持包容精神，"文明冲突"就可以化解，文明和谐就能实现，坚定文化自信，就能建设强区域文化。

（二）交流互鉴新文明观：构建中国—东盟命运共同体

中国与东盟国家的文明交流互鉴已有两千多年的历史，在不同历史时期呈现出了不同的阶段性特征。从文明交流互鉴的历史启示与经验看，推动构建中国—东盟命运共同体，文化交流是基础，文化认同是关键，文缘相融是优势，文明对话是必由之路，文明发展是目的。因此，首先

---

① 习近平：《出席第三届核安全峰会并访问欧洲四国和联合国教科文组织总部、欧盟总部时的演讲》，人民出版社2014年版，第12页。

② 习近平：《在纪念孔子诞辰2565周年国际学术研讨会暨国际儒学联合会第五届会员大会开幕会上的讲话》，《人民日报》2014年9月25日第2版。

③ 《新理念 新思想 新战略80词》编写组编：《新理念 新思想 新战略80词》，人民出版社2016年版，第73页；习近平：《出席第三届核安全峰值并访问欧洲四国和联合国教科文组织总部、欧盟总部时的演讲》，人民出版社2014年版，第15页；《改革开放简史》编写组编著：《改革开放简史》，人民出版社、中国社会科学出版社2021年版，第342页。

应大力弘扬丝绸之路精神，既要挖掘中国—东盟国家历史文化资源，大力开展人文交流，不断夯实构建中国—东盟命运共同体的人文基础，同时也要坚定不移地走和平发展道路，奉行互利共赢的合作发展战略，建设双方认可的交流互鉴新文明观，积极推进中国—东盟命运共同体项目合作与建设。

中国古语云："人之相知，贵在知心。"外国谚语："人心之间，有路相通。"只要彼此愿意沟通、用心交流，就可以不断推动双方间文明交流互鉴，促进民心相通。中华文化的民族性不仅体现于优秀传统文化中所倡导的"天下一统的国家观、人伦和谐的社会观、兼容并蓄的文化观、勤俭耐劳的生活观"，[①]也体现在其内容体系上"多元一体"的独特特征。这是由中华民族共同体结构的"多元一体"性决定的。历史演进特点决定了中华文化发展也具有"多元一体"特色。"多元"表现为各民族各地区丰富多彩的文化特色，"一体"表现为各民族、各地区文化在历史发展中逐步交融、整合形成的中华文化共性。[②] 习近平总书记指出，"中华文化是各民族文化之集大成"，[③] 揭示了中华文化与56个民族文化间多元一体的关系，阐明了中华文化的民族性特征，在文明交流互鉴中形成内聚力。

三 新的制度环境：建构益于文化更平衡、更充分发展的政策导向

（一）倡导文艺发展时代先声：让中国文化得到充分舒展，同时创造双赢模式

1. 加大中华文化对外传播力度

加大中华文化的对外传播力度，可以增强国际话语权，有利于传播中华文化，有利于提升国家的国际形象，也有利于提高中华文化国际影响力与增强世界对中国的了解与认识。对外传播中华文化的前提是中华文化的认同，即中华民族共同体成员对共有历史、文化的正确认知和深

[①] 罗豪财：《弘扬中华优秀传统文化 增强民族认同感和凝聚力》，《中央社会主义学院学报》2007年第4期。
[②] 沈桂萍：《铸牢中华民族共同体意识是民族工作的核心理念》，《中央社会主义学院学报》2017年第6期。
[③] 国家民族事务委员会编：《中央民族工作会议精神学习辅导读本》，民族出版社2015年版。

刻理解，培育中华文化认同，促进中华优秀文化与中华文明的对外传播。一是采取简单易传播的方式，强调语言是文化的形式，也是传播文化的工具，以通俗易懂的语言阐释中华文化的深刻内涵，能够相对简单点、有更多机会地促进中华优秀传统文化和世界各国文化的交流与碰撞，增进世界对中国历史文化的了解，有利于求同存异、增进彼此共识。二是坚持软实力与硬实力共同发力。让文化作为软实力可以为发展硬实力提供价值遵循与理论指导。文化的传播离不开硬实力的协调发展，使之成为中华优秀传统文化发展的强大支撑，在东盟各国生根发芽。三是加大文化宣传内容与形式的创新力度。加大中华文化的对外传播，需要通过多样化的内容、多元化的形式、多种类的载体，实现文化在更广范围内的传播，既发挥政府主导作用，也要动员广泛民间力量的参与，让丰富多彩的中华文化活动走进东盟各国，充分考虑受众群体语言思维习惯、文化特征等，因地制宜地、适时地改变中华文化对外传播形式，广泛采用当地民众喜欢的传播形式，从而真正实现文化交流、文化传播、文明促进与共同发展的目的，提升中华文化影响力。

2. 合理分配利益、增进民生福祉，夯实中华文化认同的利益基础

合理的利益分配是一个国家、一个民族建立自身文化认同的基础。"以中华民族精神为代表的中华民族主体文化，是建立在中华民族共同利益之上的观念意识形态，是维系中华民族生存和发展的精神力量；它的形成和发展与中华各民族成员对美好生活的向往以及对物质需要的追求紧密地联系在一起。"[1] 要培育中华文化认同，就要关注人们共同关注的利益问题，致力于使各地区、各民族的利益得到更广泛、全面、均衡的维护，奠定文化认同的利益基础。一是着力缩小城乡区域发展和收入分配差距，建立社会阶层间可以更加自由流动的社会环境，避免富者越富、穷者越穷，避免阶层固化，滋生社会矛盾。二是多谋民生之利、多解民生之忧，在人民普遍关注的重点民生领域补齐短板、促进公平正义，确保每个人在国家发展进步中都有实在的获得感。三是巩固脱贫攻坚成果，严防深度贫困地区群众的再返贫，加快实现农业农村现代化。共同富裕是社会主义制度优越性的体现。做大"蛋糕"、分好"蛋糕"、改善民生，

---

[1] 詹小美、王仕民：《论民族文化认同的基础与条件》，《哲学研究》2011年第12期。

中华文化认同水平就会不断得以提升，起到固本培元的作用，避免因利益分化带来思想观念和价值取向多元化，造成人心离散、共识难成。

（二）强调社会效益首位原则：保持文化事业与文化产业前进方向

1. 加大文化研究与文化产业开发力度，提升中华文化软实力

文化软实力是一个国家综合国力和国际竞争力的重要组成部分。提升国家文化软实力，是实现国家富强、民族复兴的重要举措。加大文化研究、推进文化产业发展、加强社会主义文化建设，是提升国家文化软实力的重要途径。

一个民族越能输出代表本民族特色的文化产品，其民族文化认同率就越高，文化软实力就越强。文化产业是文化生存和发展的载体和动力，助推文化产业化发展、让大量文创产品走进公众视野，多形式地鼓励文化产业发展，这是中华文化适应时代要求、推进中华文化对外传播的必由之路，文化产业的发展与繁荣，实现文化建设与经济建设相协调，是让中国文化走出国门，让世界了解中华文明的重要举措。

2. 实施中华文化"走出去"战略，提升中华文化国际影响力

只有不断提高中华文化对外辐射能力，才能更好地提升自身活力。在与世界各种文化的交流互鉴中，保持个性并增强话语权，是培育本民族文化认同与自信的重要渠道。一是借助各种国际会议、重大场合、重要合作推动文明交流对话，创造宣传中华文化的机会，增强中华民族的民族自豪感和文化认同度。二是积极搭建各种平台，推动中华文化走出国门、走向世界。近年来在海外频频成功举办了"中国文化日""中国文化周""中国文化月""中国文化季""中国文化年"，以及颇具影响力的"孔子学院"、各种对外文化援助项目，大量被中国文化吸引来的留学生、民间持续升温的"中国文化热"等，这些平台与契机大大推动了中华文化"走出去"，提升了中华文化影响力。

（三）倡导文明交流互鉴作为中国—东盟国家间共通的理念和主张

诚如习近平主席所言："文明因多样而交流，因交流而互鉴，因互鉴而发展。"[①] 中国自始至终提倡不同国家、不同民族和不同宗教间相互尊

---

① 中共中央宣传部、中华人民共和国外交部编：《习近平外交思想学习纲要》，人民出版社、学习出版社2021年版，第188页。

重、平等相待，欣赏彼此文明之美、增添与创新文明发展动力，坚持开放包容、交流合作、互学互鉴，中国通过与东盟国家共建"一带一路"，致力于推动不同文明交流互鉴，携手共同构建更为紧密的中国—东盟命运共同体。

第四节 文明交流互鉴构建中国—东盟共建亚洲命运共同体

当前，世界多极化、经济全球化、文化多样化、社会信息化深入发展，人类社会充满希望。同时，国际形势的不稳定性不确定性更加突出，人类面临的全球性挑战更加严峻，需要世界各国齐心协力、共同应对。应对共同挑战、迈向美好未来，既需要经济科技力量，也需要文化文明力量。[①] 在中国—东盟双方共同努力下促进亚洲及世界各国开展平等对话，促进文明交流互鉴。同时，中国—东盟关系将以创新为动力，成功实现提质升级，携手共建更为紧密的亚洲命运共同体。

一 文明交流互鉴与全球治理

（一）新时代文明交流互鉴逻辑

人类文明的魅力在于多姿多彩，人类进步的真正意义在于互学互鉴。[②] 新时代深化文明交流互鉴，只有在实践中践行和推行才能赋予其生命力，才能更好地推动构建人类命运共同体。新时代深化文明交流互鉴具有深刻的理论逻辑、现实逻辑和实践逻辑。[③]

1. 理论逻辑：马克思主义文明交往观的当代表现

新时代深化文明交流互鉴是对马克思主义文明观的继承与发展，也是马克思主义文明交往观的当代表现。

---

① 习近平：《深化文明交流互鉴 共建亚洲命运共同体——在亚洲文明对话大会开幕式上的主旨演讲》，《中华人民共和国国务院公报》2019 年第 15 期。
② 陈凌：《架设不同文明互学互鉴的桥梁》，2020 年 12 月 3 日，人民网（http://opinion.people.com.cn/n1/2019/0515/c1003-31084937.html）。
③ 《新时代深化文明交流互鉴的三重逻辑》，2019 年 9 月 11 日，光明网（https://theory.gmw.cn/2019-07/11/content_32990152.htm）。

马克思认为精神文明不是单一而是多样的，精神的太阳不能去要求它所照耀着的个体只产生一种色彩。马克思和恩格斯十分重视文化交往的作用："某一个地域创造出来的生产力，特别是发明，在往后的发展中是否会失传，完全取决于交往扩展的情况。"① 在文明发展方式上，马克思绝不认为资本主义制度文明是唯一的选择，他认为，"俄国可以不通过资本主义制度的卡夫丁峡谷，而把资本主义制度所创造的一切积极的成果用到公社中来"，而这"一切都取决于它所处的历史环境"。②

毛泽东在延安时就指出："中国应该大量吸收外国的进步文化，作为自己文化食粮的原料，这种工作过去还做得很不够。"③ 他指出："这种新民主主义的文化是民族的。它是反对帝国主义压迫，主张中华民族的尊严和独立的。它是我们这个民族的，带有我们民族的特性。"④ 新中国成立后，毛泽东思想与文化主要体现为文化繁荣与教育发展的实践，即"无产阶级取得政权以后，发展教育、科学和文化事业，提高人民的科学文化水平，在落后的国家中还有一个扫除文盲的问题"。⑤ 毛泽东文化理论中的革命逻辑既包含着对马克思主义的文化革命理论尤其是对列宁关于社会主义文化革命理论的继承发展，也明显受到中国传统文化深刻而复杂的影响。改革开放以来，中国更加重视文化交流，我们在向世界介绍中国文化的同时，努力向外国学习，强调文明交流互鉴。⑥ 邓小平曾指出："社会主义要赢得与资本主义相比较的优势，就必须大胆吸收和借鉴人类社会创造的一切文明成果，吸收和借鉴当今世界各国包括资本主义发达国家的一切反映现代社会化生产规律的先进经营方式、管理方法。"⑦ 邓小平提出的社会主义文

---

① 《马克思恩格斯选集》第1卷，人民出版社1995年版，第107页。
② 《马克思主义历史理论经典著作导读》编写组：《马克思主义历史理论经典著作导读》，人出版社2013年版，第162页。
③ 《毛泽东选集》第2卷，人民出版社1991年版，第706页。
④ 《毛泽东选集》第2卷，人民出版社1991年版，第706页。
⑤ 《关于建国以来党的若干历史问题的决议注释本（修订本）》，人民出版社1985年版，第382页。
⑥ 胡长栓：《毛泽东的文化理论及其内在逻辑》，2020年12月1日，人民网（http://theory.people.com.cn/n1/2016/0602/c40531-28406450.html）。
⑦ 中共中央文献研究室编：《邓小平思想年谱（1975—1997）》，中央文献出版社1998年版，第460页。

明观，包括社会主义物质文明和精神文明，这是邓小平在深刻总结社会主义发展乃至人类社会发展的历史经验基础上提出来的。① 他指出："正确的政治领导的成果，归根结底要表现在社会生产力的发展上，人民物质文化生活的改善上。如果在一个很长的历史时期内，社会主义国家生产力发展的速度比资本主义国家慢，还谈什么优越性？"② 也就是说，中国要尽快赶上世界文明发展的潮流，而不是被他人远远甩在身后，首先必须大力加强物质文明建设。"所谓精神文明，不但是指教育、科学、文化（这是完全必要的），而且是指共产主义的思想、理想、信念、道德、纪律，革命的立场和原则，人与人的同志式关系等等。"③ 党的十八大以来，习近平反复强调文化自信，文化是一个国家、一个民族的灵魂。在庆祝中国共产党成立95周年大会上，习近平总书记指出，"文化自信，是更基础、更广泛、更深厚的自信"，强调"坚持不忘初心、继续前进，就要坚持中国特色社会主义道路自信、理论自信、制度自信、文化自信"④。面向未来，习近平主席深刻指明："中国共产党将以开放的眼光、开阔的胸怀对待世界各国人民的文明创造，愿意同世界各国人民和各国政党开展对话和交流合作，支持各国人民加强人文往来和民间友好。"⑤ 总书记进一步指出："中华优秀传统文化是我们最深厚的文化软实力，也是中国特色社会主义植根的文化沃土。"⑥ 实现"两个一百年"奋斗目标、实现中华民族伟大复兴的中国梦，需要充分运用中华民族数千年来积累下的伟大智慧。⑦

---

① 参见杨金海《邓小平新文明观的世界历史意义》，《毛泽东邓小平理论研究》2014年第6期。
② 《邓小平文选》第2卷，人民出版社1994年版，第128页。
③ 《邓小平文选》第2卷，人民出版社1994年版，第367页。
④ 中共中央宣传部编：《习近平新时代中国特色社会主义思想学习纲要》，学习出版社、人民出版社2019年版，第138页；《新理念 新思想 新战略80词》编写组编：《新理念 新思想 新战略80词》，人民出版社2016年版，第256页。
⑤ 习近平：《携手建设更加美好的世界——在中国共产党与世界政党高层对话会上的主旨讲话》，《人民日报》2017年12月2日第2期。
⑥ 中共中央宣传部编：《习近平新时代中国特色社会主义思想学习问答》，学习出版社、人民出版社2021年版，第316页。
⑦ 《十八大以来，习近平这样强调文化自信》，2017年10月13日，新华网（http://www.xinhuanet.com/politics/2017-10/13/c_1121796384.htm）。

2. 现实逻辑：对现存不合理文明观念的深刻批判

当今世界，在处理不同文明之间关系的问题上，存在着诸多不和谐的论调，"文明中心论"和"制度模式单一论"就是典型的代表。新时代深化文明交流互鉴，既不认同文明有中心和边缘之分，也不认为文明发展模式是单调统一的。面对不时泛起的"文明冲突论""文明优越论"，推动构建人类命运共同体，就必须大力弘扬平等、互鉴、对话、包容的文明观，不断深化不同文明之间的交流互鉴。①

一方面，新时代深化文明交流互鉴是对"文明中心论"的批判。西方社会热衷于对不同文明进行主客二分，西方的文明必然是中心文明。新时代深化文明交流互鉴，倡导的是不同文明平等、包容、和谐相处，认为文明有特色、有地域的差异，但没有地位、好坏的差别，② 世界上并不存在一种超越其他一切民族具有绝对优越性的文化，对待异域文明不能抱有文化宗派主义和门户之见，文化上的盛气凌人，只会招来怨恨与鄙夷，绝非文明之间的长久相处之道。因此，文明交流的现实逻辑就是既要实现本国文明的生机勃发，又要善于与他国文明进行交流互鉴，相互取长补短，形成百花齐放与群芳竞艳的良好局面。

另一方面，新时代深化文明交流互鉴是对"制度模式单一论"的批判。西方社会习惯把资本主义文明看作人类文明的普遍形式，并竭力推广资本主义的社会制度和发展模式。③ 新时代深化文明交流互鉴，强调要尊重不同民族和国家选择适合本国、本民族发展的道路和制度模式。各国探索适合本国国情的道路是人类文明的多样呈现，一味引进或效仿西方制度模式，会引起水土不服，甚至会把国家前途命运葬送掉。文明之间不应该是整齐划一、千篇一律，而是要求同存异、多元共存、共同发展。

3. 实践逻辑：着力推动文明交流互鉴落到实处

自不同文明之间有了交往以来，相互交流、相互学习、相互融合，

---

① 陈明琨、徐艳玲：《新时代深化文明交流互鉴的三重逻辑》，《中国教育报》2019 年 7 月 11 日。

② 陈明琨、徐艳玲：《新时代深化文明交流互鉴的三重逻辑》，《中国教育报》2019 年 7 月 11 日。

③ 陈明琨、徐艳玲：《新时代深化文明交流互鉴的三重逻辑》，《中国教育报》2019 年 7 月 11 日。

实现共同进步，就成为人类文明发展的重要路径。历史一再证明，任何一种文明都是世界性与民族性的统一体，它通过传承和延续体现民族性，也通过开放和吸收体现着世界性。①

一是要重视中华文明的创新与发展。我们要对中华文明有"自知之明"，对它的来龙去脉、发展阶段、特色特征、未来走向等有一个深刻的认知，奠定自立自强的资本以及与其他文明和平共处、各抒所长、联手发展的条件；要做到与历史同步伐、与时代共命运，使中华文明与当代文化氛围相适应，充分挖掘中华文明中能够指引人类社会发展的丰富智慧，将博大精深、灿烂悠久的中华文明发扬光大，永葆中华文明的青春与活力。②

二是要用好现代化传播手段。要做强文明对外传播的旗舰媒体，推进媒体融合，着力构建全媒体传播格局，做好文明传播的供给侧结构性改革；要掌握运用先进的对外传播技术方法，学习和掌握5G、大数据、云计算、移动直播等技术，包括短视频、互动H5、音乐快闪、线下体验馆等方法，推动双方文明多维互动和深度交融。

三是要发挥"一带一路"的载体作用。中国要以"一带一路"倡议为抓手，依托"六廊六路多国多港"的基本架构，发扬"和平合作、开放包容、互学互鉴、互利共赢"的丝路精神，在加强经济交往的同时开展领域广泛、形式多样的文明交流活动，架设不同文明互学互鉴的桥梁，塑造和而不同、多元一体的文明共荣发展态势，把"一带一路"建成文明交流互鉴之路。

(二) 文明交流互鉴的本质要求

文明交流互鉴是人类文明进步的重要推动力，文明因多样而交流，因交流而多彩，因互鉴而丰富。《习近平谈治国理政》第3卷收入的《深化文明交流互鉴，共建亚洲命运共同体》一文指出："交流互鉴是文明发展的本质要求。只有同其他文明交流互鉴、取长补短，才能保持旺盛生

---

① 《深化文明交流互鉴》，2020年12月30日，中国军网（http://www.81.cn/ll/2020-12/30/content_9960579.htm）。

② 陈明琨、徐艳玲：《新时代深化文明交流互鉴的三重逻辑》，《中国教育报》2019年7月11日。

命活力。"文明交流互鉴，是推动人类文明进步和世界和平发展的重要动力。推动文明交流互鉴，需要秉持正确的态度和原则。人类文明因多样因交流才有互鉴的真正价值。①

文明交流互鉴因平等、包容才有互鉴的可能与动力。人类创造的各种文明都是劳动和智慧的结晶。每一种文明都是独特的。一切文明成果都值得尊重，一切文明成果都要珍惜。人类文明因包容才有交流互鉴的动力，各种人类文明在价值上是平等的，都各有千秋，也各有不足。世界上不存在十全十美的文明，也不存在一无是处的文明，文明没有高低、优劣之分。②

习近平总书记指出："今日之中国，不仅是中国之中国，而且是亚洲之中国、世界之中国。未来之中国，必将以更加开放的姿态拥抱世界、以更有活力的文明成就贡献世界。"③ 中华文明的发展离不开世界，世界的繁荣也离不开中华文明。推动文明交流互鉴，可以丰富人类文明的色彩，让各国人民享受更富内涵的精神生活、开创更有选择的未来。④

（三）新思路模式与全球治理

1. 基于"一带一路"框架推进设立南海生物多样性保护工程

面对诸如珊瑚礁退化、渔业资源衰减等当前南海生态环境最为迫切的问题，中国与东盟国家可以充分利用"一带一路"倡议框架，设立"南海生物多样性保护系统工程"。中国是联合国《生物多样性公约》的最早缔约和制订保护生物多样性行动计划的国家之一，保护生物多样性是全体中国人民必须履行的共同义务，也是关系子孙后代生存的大事。有关各方可联合设立由海洋和环保等技术职能部门组成的协调委员会，并组织地区内外相关领域知名专家学者，成立联合专家技术工作组，借助中国—东盟海上合作基金、丝路基金等已有融资渠道，成立专项保障

---

① 习近平：《文明交流互鉴是推动人类文明进步和世界和平发展的重要动力》，《思想政治工作研究》2019 年第 6 期。
② 习近平：《文明交流互鉴是推动人类文明进步和世界和平发展的重要动力》，《思想政治工作研究》2019 年第 6 期。
③ 习近平：《文明交流互鉴是推动人类文明进步和世界和平发展的重要动力》，《思想政治工作研究》2019 年第 6 期。
④ 习近平：《文明交流互鉴是推动人类文明进步和世界和平发展的重要动力》，《思想政治工作研究》2019 年第 6 期。

资金，如珊瑚礁修复基金、渔业资源调查和保护基金等，重点围绕珊瑚礁修复、濒危海洋生物物种保护、海洋养殖技术研发等方面开展海上务实合作。

2. 加速推进将油气联合勘探纳入中国—东盟科研合作项目

目前，南海油气共同开发合作仍面临政治意愿、合作海域和模式选择等问题的困扰，短期内"一步到位"难度较大。但从以往经验看，开展科研性质的联合勘探在现阶段较为可行，加速推进将油气联合勘探纳入中国—东盟科研合作项目，作为中菲、中越在南海有关争议海域油气共同开发的前期准备。当前，中国与有关声索国可首先探索在海洋科研合作框架下推进南海有关争议海域的联合油气勘探，为后续共同开发合作实践做好准备。

3. 秉持"有序开展、创新延展"的原则，与东盟各国开展区域货币合作

中国在与东盟各国进行区域货币合作时应根据各国经济和金融发展具体实际情况，可采用纵向深化和横向拓展相结合的原则，有秩序、分阶段、分层次地稳妥推动区域货币合作。

一方面，积极研发离岸人民币金融产品，例如人民币国际债券、股票、基金以及大宗商品期货等，推动人民币离岸金融市场的纵深发展，扩大人民币的网络效应。另一方面，在深化和完善传统货币合作基础上，探索数字货币合作新路径。自2014年起，中国开始对法定数字货币进行研发设计。数字货币合作的开展有助于人民币区域化，现阶段中国的主要任务仍是人民币"走出去"，重点致力于中国—东盟扩大双边本币互换、结算范围及规模，加速布局人民币清算行以及其他中资金融机构，提高人民币在东盟各国的接受度。

4. 主动转变发展模式，深层次地推动减贫区域合作

随着东盟国家人口老龄化加快、劳动力成本提高、劳动力整体素质较低等问题日益凸显，依靠低成本劳动力获得红利的发展模式将受到冲击。加上世界面临新一轮科技革命与技术创新，东盟制造业大多产业链短、产品附加值较低，在未来的产业变革浪潮中相对脆弱，可持续发展能力不强。当前的保护主义和逆全球化思潮已对东盟国家制造业产生了较大冲击。例如2018年前9个月，柬埔寨新开工厂129家，关闭工厂40

家，导致 18645 名工人失业。① 受新冠肺炎疫情影响，到 2020 年 7 月 6 日，柬埔寨已有 400 多家工厂暂时停产，约 15 万名工人失业。新冠肺炎疫情发生后，中国—东盟双方相互配合和扶持，共克时艰，积极进行防控合作。为此，东盟国家主动转变经济发展模式，加强中国和东盟双方经贸合作，既是战胜新冠肺炎疫情的重要举措，也是未来创造区域经济持续新发展的重要举措。

同时，中国—东盟减贫区域合作也是交流互鉴的重要内容，中国的减贫为全世界树立了典范，除了双方继续加强基础设施建设、人员交往与产业合作外，还需提升科技创新领域合作，积极转变发展模式。中国—东盟通过科技创新合作，主动转变发展模式以提升区域价值链，既要确保不因生产方式落后导致返贫，也要积极预防新的贫困现象的发生。

（四）新时代文明交流中的中国态度

1. 遵循"文明多样性是人类社会的基本特征"格局观

作为社会历史变迁和世界格局演变的一种见证，文明是习近平把握世界视野中的新时代中国特色社会主义发展逻辑的重要范式。在以文明存在状态和演变规律解码中，突破历史与现实、理论与实践的鸿沟，人类一直存在以文明多样性为结点的纵向（时间）/横向（空间）的知识建构路径。文明的多元并行始终是世界在同一时序的自然图景，主要体现在：其一，文明多元并行反映的各有特色，甚至因自然或人为条件而呈现的非平衡性，不表示文明在交流互鉴中存在高低、优劣之分。其二，文明多元并行说明文明的源起和生成有其独特性，但这不等同它们在交流互鉴前后没有共通共谋之处。其三，"多样带来交流，交流孕育融合，融合产生进步"②。可见，文明多元并行就是遵循人类文明多样性的最基本的特征，也是最本质的特征。

2. 突出"体现亲、诚、惠、容理念"的价值观

价值、精神、情感等理念因素是现实运动的规律性反映，并随客观历史条件的变化而变化。2013 年 10 月，习近平在周边外交工作座谈会上

---

① 《柬埔寨今年新开工厂 129 家，倒闭 40 家》，2018 年 11 月 3 日，搜狐网（https://m.sohu.com/a/273144233_807570）。

② 习近平：《论坚持推动构建人类命运共同体》，中央文献出版社 2018 年版，第 32 页。

指出："我国周边外交的基本方针，就是坚持与邻为善、以邻为伴，坚持睦邻、安邻、富邻，突出亲、诚、惠、容的理念。"① 主要包括：第一，从理念决定生活的天国哲学，到生活决定理念的人间哲学，使理念在抽象真理的"理性主义"和"绝对精神"的光谱中得以"祛魅"，是马克思世界观的重要革命创制。第二，中国和西方在与他者文明交往之时，始终存在着可继承延续的价值观。第三，从 20 世纪 50 年代的"和平共处"五项原则与"求同存异"精神，到 21 世纪以来的"和谐世界"主张与"亲、诚、惠、容理念"，创制和阐释契合人类价值诉求的交往理念，是中华人民共和国 70 年来对外关系的重要工作内容和实践经验。②

3. 掌握"本国本民族思想文化自尊、自信、自立"的底线观

一是树立底线思维和风险意识，作为新时代中国特色社会主义的鲜明特质。具体到作为交往活动的文明交流互鉴，中国同其他国家、民族在历史境遇、现实需要和未来关怀的求同，并不意味着消解或放弃思想文化、社会制度和发展道路的边界。"只有扎根脚下这块生于斯、长于斯的土地，文艺才能接住地气、增加地气、灌注地气，在世界文化激荡中站稳脚跟。"③ 对本国本民族文明自觉自信，不对某一种文明独尊或贬损，这正是习近平文明交流互鉴观的底线考量。为此，习近平曾说："文明因交流而多彩，文明因互鉴而丰富。"开放包容、兼收并蓄非但不会造成自我文明特有内涵和魅力的消解，反而确证其中的历史文化、社会制度和发展模式，具有他者文明不可替代的作用，并为自我文明的转向和重构创造契机。

二是文明交流互鉴的有效性关键取决于对自我文明是否在比较性的世界视野中具有全面、客观、公正的认知。习近平多次指出，任何文明都不是绝对完美的，特别是文明传统形态终究受制于低水平的生产条件和生活方式，对当代人类生活具有诸多非适应性。正因如此，"每一种文明都延续着一个国家和民族的精神血脉，既需要薪火相传，代代守护，

---

① 《习近平谈治国理政》，外文出版社 2014 年版，第 45 页。
② 吴海江、徐伟轩：《习近平交流互鉴观的时代内涵》，《社会主义研究》2019 年第 3 期。
③ 《习近平谈治国理政》第 2 卷，外文出版社 2017 年版，第 203 页。

更需要与时俱进、勇于创新"①。唯有对本民族、国家历史文化足够了解，以自觉意识、谦逊的姿态、科学的态度有的放矢，才能在与不同文明的对话中，不至于走向或以抱残守缺对待民族文明，或以极端迷思憧憬他者文明。

三是文明自觉自信与交流互鉴是紧密联系在一起的，割裂二者关系而纯粹对传统或他者文明模仿照搬，不仅会在封闭、保守、虚无的戾气和歧途中丧失自我文明的独立思考，也将在文明的僵化或同质中，使文明的交流互鉴不复存在，从而滑向部落主义或拿来主义。

二 书写人类文明交流互鉴新篇章

只有文化的认同，才有文化的互信；有了文化的互信，中国—东盟双方的政治、经济、教育乃至军事等多维合作方能持久并发挥最大的价值、获取最大的利益。换言之，文明交流互信是中国—东盟合作保持长久稳固的重要基石。"国之交，在于民相亲；民相亲，在于心相通。"加强高层政治对话、外交磋商、经贸促进、人员往来对发展双方关系十分重要，同时还需加强文明交流与沟通，才能书写中国—东盟共建亚洲命运共同体与人类文明新篇章。

（一）文明发展动力

1. 原生动力论：文明多样性

多样性是人类社会进步与发展的源泉之一，每个国家的文化特征和民族气质各不相同，世界文明呈现丰富多彩的多元图景。文明作为一种实践产物，是人类对于人与自然、人与人和人与自我的不同认识与把握后的实践改变。文明存在于人类的各类实践活动之中，存在于生产力与生产关系、经济基础与上层建筑的矛盾运动之中，更是生产力与生产关系、经济基础与上层建筑发展水平和状态的显示。相同的经济基础由于受到不同经验事实、自然条件和种族关系等因素的影响，在现象上会显示出各种变异和程度的差别，因此不同的国家、民族和地区的文明必然

---

① 习近平：《论坚持推动构建人类命运共同体》，中央文献出版社2018年版，第35页。

是不同的，世界文明必然是多样的。① 承认与尊重各成员国间的文化文明多样性，是开展信任对话、合作共赢和建设伙伴关系的重要基础。

马克思指出："一切历史的冲突都根源于生产力和交往形式的矛盾运动。"② 原生动力论强调文明的多样性是客观存在的，是从人类社会存在伊始就原生存在的。文明不是单一存在的，不同国家、民族和地区的人们在不同的环境和条件下创造了不同的文明，决定了文明必定是多样的。习近平主席在联合国教科文组织总部发表演讲时用"物之不齐，物之情也"来阐述文明的多样性，也就是说，事物之间的差异和不齐是一种客观的事实，文明也是一样，文明的多样性产生于人类社会生活的生产实践，是物质世界的产物，具有客观存在性。每一种文明扎根于自己的土壤，不同的土壤孕育不同的文明，无论是古代的亚洲孕育的中华文明、印度文明、两河文明，古代的非洲孕育的埃及文明，古代的欧洲孕育的爱琴海文明，还是现代的亚洲文明、非洲文明、欧洲文明、美洲文明、大洋洲文明等等，它们都是在特定的、独一无二的生活环境下创造、发展和积累起来的，它们都是客观的存在，具有极大的价值，每一种文明都是世界文明的瑰宝。③ 正如习总书记所说："人类文明多样性是世界的基本特征。"④ 原生动力论要求我们必须要维护世界文明的多样性。

习近平主席认为，应该坚持相互尊重、平等相待，美人之美、美美与共，开放包容、互学互鉴，与时俱进、创新发展，夯实共建亚洲命运共同体、人类命运共同体的人文基础。⑤ 正是多样的文明让文明交流互鉴成为可能，文明对话让人类社会不再受地缘限制而成为了互相联结的整体，历史发展表明，任何一种文明的存续和发展都是以其他文明的存续

---

① 孙英、杨扬、田详茂：《人类社会进步：文明交流互鉴动力论》，《西北民族大学学报》（哲学社会科学版）2019年第6期。
② 《马克思恩格斯文集》第1卷，人民出版社2009年版，第806页。
③ 孙英、杨扬、田详茂：《人类社会进步：文明交流互鉴动力论》，《西北民族大学学报》（哲学社会科学版）2019年第6期。
④ 《习近平谈治国理政》第2卷，外文出版社2017年版，第459页。
⑤ 习近平：《深化文明交流互鉴共建亚洲命运共同体——在亚洲文明对话大会开幕式上的主旨演讲》，《中华人民共和国国务院公报》2019年第15期。

和发展为前提条件的。因此，文明多样性是人类社会进步的原生动力。①

2. 内生动力论：文明交流

文明因多样性而交流。美国学者布鲁斯·马兹利什在其著作《文明及其内涵》中提到，文明终归事关"文明互渗"，表示朝向、趋向等含义。② 人类社会进步原生于文明多样性，但决定其发展的内因在于文明交流的需求。从动力论而言，文明交流在人类社会进步中的地位与作用可以概括为内生动力。③

内生动力论要求平等、尊重、包容的文明交流。文明多样性催生了文明交流，但也面临着障碍。正如费孝通先生所说："当今世界上，还没有一种思想或意识形态能够明确地、圆满地、有说服力地回答我们面临的关于不同文明之间应该如何相处的问题。"④ 文明的平等交流，并不是一个自然而然就形成的过程，当今世界上，仍然存在着以"西方中心论"和"文明优越论"为主导的观念，文明的平等交流还是需要正确的文明观、价值观来引领，需要平等、开放、包容的原则来规范。习近平总书记指出："文明是平等的，人类文明因平等才有交流互鉴，傲慢和偏见是文明交流互鉴的最大障碍。"⑤ 美国学者布鲁斯·马兹利什也认为，文明交流就要认可各个文明，各个文明之间都是一如既往的同等重要，交流不应该出现某一种文明凌驾于各文明之上。所以，文明交流的趋向性目的是文明互鉴，因为互鉴的过程是彼此学习、互促互进的过程，也是人类社会进步发展的过程。⑥

3. 外生动力论：文明互鉴

文明的交流互鉴是世界历史进程中的内在规定，而文明互鉴是更高

---

① 孙英、杨扬、田详茂：《人类社会进步：文明交流互鉴动力论》，《西北民族大学学报》（哲学社会科学版）2019年第6期。

② ［美］马兹利什：《文明及其内涵》，商务印书馆2017年版，第516页。

③ 孙英、杨扬、田详茂：《人类社会进步：文明交流互鉴动力论》，《西北民族大学学报》（哲学社会科学版）2019年第6期。

④ 费孝通：《美美与共和人类文明》，《新华文摘》2005年第8期。

⑤ 习近平：《出席第三届核安全峰会并访问欧洲四国和联合国教科文组织总部、欧盟总部时的演讲》，人民出版社2014年版，第410页。

⑥ 孙英、杨扬、田详茂：《人类社会进步：文明交流互鉴动力论》，《西北民族大学学报》（哲学社会科学版）2019年第6期。

一级的文明交流，文明交流不一定促成文明互鉴，但文明互鉴的前提一定是文明交流，故文明互鉴是推动人类社会进步的外在动力。从动力论而言，文明互鉴在人类社会进步中的地位与作用可以概括为外生动力。①

站在"世界历史"的角度，文明之间的区别和差异是必然存在的，不同文明之间的差异和区别让不同文明借鉴成为可能。马克思说："凡是有某种关系存在的地方，这种关系都是为我而存在的。"② 文明互鉴就是需要在坚持"以我为主，为我所用"中借鉴他人的优点和长处，发展和丰富自己。文明互鉴切记不要丢失自己，全盘吸收。不同文明所具有的不同性质，就决定了不同文明的发展还是要走不同的道路，但是不同路不等于封闭，更不等于互不相融，而是要做到坚持开放包容、互学互鉴，坚持与时俱进、创新发展，在发展自己文明的过程中促进人类文明的进步与发展。③

(二) 建设新型文明观

1. "世界大同，和合共生"的理想观

"文明的繁盛、人类的进步，离不开求同存异、开放包容，离不开文明交流、互学互鉴。历史呼唤着人类文明同放异彩，不同文明应该和谐共生、相得益彰，共同为人类发展提供精神力量。"④ 从目的论角度来说，文明交流互鉴是人类社会发展的现实展望，但并不代表这就是习近平文明交流互鉴理想观的落脚点，反而以文明交融共存推动人与人、人与社会、人与自然的和谐发展，才是往复上升的文明交往及其运动的"坐标系"。实现人类文明的"世界大同，和合共生"绝非一劳永逸，需要在长期的实践与不断发展中，实现文明交流互鉴在理想和现实、价值和事实中的有效结合，该理想观可为新型文明观指明清晰的目标与方向。

---

① 孙英、杨扬、田详茂：《人类社会进步：文明交流互鉴动力论》，《西北民族大学学报》(哲学社会科学版) 2019 年第 6 期。

② 《马克思恩格斯全集》第 3 卷，人民出版社 1965 年版，第 65 页。

③ 孙英、杨扬、田详茂：《人类社会进步：文明交流互鉴动力论》，《西北民族大学学报》(哲学社会科学版) 2019 年第 6 期。

④ 中共中央宣传部、中华人民共和国外交部编：《习近平外交思想学习纲要》，人民出版社、学习出版社 2021 年版，第 56 页。

2. "推动构建人类命运共同体"的实践观

"让和平的薪火代代相传,让发展的动力源源不断,让文明的光芒熠熠生辉,是各国人民的期待,也是我们这一代政治家应有的担当。中国方案是:构建人类命运共同体,实现共赢共享。"这不仅宣示了推动构建人类命运共同体是文明交流互鉴和交融共存的实践方案,也由此构成了习近平文明交流互鉴观的完整逻辑。主要体现于三个层次:一是遵循人类文明发展与交往规律;二是破除世界文明交往的内外壁垒;三是搭建文明交流互鉴的长期平台。

参考文献

《马克思恩格斯全集》第 3 卷，人民出版社 1965 年版。
《马克思恩格斯文集》第 1 卷，人民出版社 2009 年版。
《马克思恩格斯选集》第 1 卷，人民出版社 1995 年版。
《毛泽东选集》第 2 卷，人民出版社 1991 年版，第 706 页。
《习近平谈治国理政》第 2 卷，外文出版社 2017 年版。
《习近平谈治国理政》，外文出版社 2014 年版。
习近平：《出席第三届核安全峰值并访问欧洲四国和联合国教科文组织总部、欧盟总部时的演讲》，人民出版社 2014 年版。
习近平：《在庆祝中国共产党成立 95 周年大会上的讲话》，人民出版社 2016 年版。
习近平：《论坚持推动构建人类命运共同体》，中央文献出版社 2018 年版。
陈衍德、彭慧、高金明、王黎明：《全球化进程中的东南亚民族问题研究》，厦门大学出版社 2008 年版。
国家民委民族理论政策研究室：《中央民族工作会议创新观点面对面》，民族出版社 2015 年版。
陆建人：《中国—东盟合作发展报告（2015—2016）》，中国社会科学出版社 2017 年版。
《马克思主义历史理论经典著作导读》编写组：《马克思主义历史理论经典著作导读》，人出版社 2013 年版，第 162 页。
司马云杰：《文化价值论》，安徽教育出版社 2011 年版。
汪亭友：《"普世价值"评析》，社会科学文献出版社 2012 年版。

徐杰舜：《从多元走向一体：中华民族论》，广西师范大学出版社 2008 年版。

《新理念　新思想　新战略 80 词》编写组编：《新理念　新思想　新战略 80 词》，人民出版社 2016 年版，第 256 页。

杨武：《当代东盟经济与政治》，世界知识出版社 2006 年版。

詹小美：《民族文化认同论》，人民出版社 2014 年版。

中共中央宣传部编：《习近平新时代中国特色社会主义思想三十讲》，学习出版社 2018 年版。

中共中央宣传部、中华人民共和国外交部编：《习近平外交思想学习纲要》，人民出版社、学习出版社 2021 年版，第 188 页。

《中国共产党第十九次全国代表大会文件汇编》，人民出版社 2017 年版。

中共中央文献研究室编：《邓小平思想年谱（1975—1997）》，中央文献出版社 1998 年版，第 460 页。

中共中央宣传部编：《习近平新时代中国特色社会主义思想学习纲要》，学习出版社、人民出版社 2019 年版，第 138 页。

中共中央宣传部编：《习近平新时代中国特色社会主义思想学习问答》，学习出版社、人民出版社 2021 年版，第 316 页。

中共中央宣传部、中华人民共和国外交部编：《习近平外交思想学习纲要》，人民出版社、学习出版社 2021 年版，第 56 页。

[美] 马兹利什：《文明及其内涵》，汪辉译，商务印书馆 2017 年版。

[美] 塞缪尔·亨廷顿：《文明的冲突与世界秩序的重建》，周琪等译，新华出版社 2002 年版。

习近平：《携手建设更加美好的世界——在中国共产党与世界政党高层对话会上的主旨讲话》，《人民日报》2017 年 12 月 2 日第 2 期。

毕书磊：《中国—东盟经贸现状浅析》，《全国流通经济》2019 年第 26 期。

曹丽娜、黄荣清：《东盟各国的人口转变与人口政策——兼论对中国计划生育的启示》，《人口与发展》2015 年第 21 期。

查雯：《争论中的城市外交与东南亚国家的经验》，《北京社会科学》2015 年第 9 期。

陈东升：《"一带一路"背景下中国—东盟教育交流与合作研究——基于国际服务贸易的视角》，《东南亚纵横》2017年第3期。

陈建军、肖晨明：《中国与东盟主要国家贸易互补性比较研究》，《世界经济研究》2004年第8期。

陈俊杰：《中国水果在东盟市场上的营销竞争力研究》，《农家参谋》2019年第6期。

陈明琨：《理解习近平文明交流互鉴重要论述的四重纬度》，《党的文献》2019年第6期。

陈盼盼：《"21世纪海上丝绸之路"框架下中国—东盟渔业法制机制探究》，《资源开发与市场》2019年第35期。

成汉平、宁威：《"大变局"视野下中国—东盟关系中的问题、挑战与对策》，《云南大学学报》（社会科学版）2020年第19期。

仇焕广、杨军、黄季琨：《建立中国—东盟自由贸易区对我国农产品贸易和区域农业发展的影响》，《管理世界》2007年第9期。

储伶丽、郭江：《中国—东盟老龄服务贸易发展思考》，《对外经贸》2020年第6期。

崔瑶、魏晶：《文化视角下中国—东盟的交流与发展》，《海南热带海洋学院学报》2018年第25期。

董恒宇：《"茶叶之路"文明交流互鉴中的现实意义》，《内蒙古统战理论研究》2019年第6期。

方晓丽、朱明侠：《中国及东盟各国贸易便利化程度测算及对出口影响的实证研究》，《国际贸易问》2013年第9期。

费孝通：《美美与共和人类文明》，《新华文摘》2005年第8期。

冯悦：《东盟社会文化共同体与中国—东盟社会文化合作》，《东南亚纵横》2017年第6期。

高杰：《中国—东盟养生产业合作开发路径研究》，《中国西部》2019年第2期。

高璇雨、孟玉、贾丹丹、冯忠江、刘超：《"一带一路"倡议下中国对东盟研究的智力支持》，《世界地理研究》2019年第28期。

郭敏：《中国—东盟黄金市场在人民币国际化进程中的作用研究》，《区域金融研究》2019年第9期。

郭映珍、刘庆：《一带一路背景下中国—东盟文化融合的探究》，《东南传播》2019年第1期。

韩进、杨佳、尹宁伟：《"一带一路"背景下中国—东盟高等教育合作的路径选择》，《河北科技大学学报》（社会科学版）2019年第19期。

何成学：《"一带一路"建设推进文明交流互鉴》，《当代广西》2019年第7期。

何星亮：《文明交流互鉴与人类命运共同体建设》，《人民论坛》2019年第7期。

贺圣达：《中国东南亚关系60年回顾》，《东南亚南亚研究》2010年第9期。

胡正荣：《人类命运共同体与文明交流互鉴——基于数字时代传播体系建设的思考》，《人民论坛学术前沿》2019年第5期。

纪宝坤：《中国与东盟的关系：人口流动的重大影响》，《南洋问题研究》2001年第1期。

纪亚光、马超：《"各美其美 美人之美 美美与共"——基于习近平"文明交流互鉴"观构建新疆宗教和谐》，《西北民族大学学报》（哲学社会科学版）2015年第3期。

贾佳、方宗祥：《"一带一路"倡议下中国与东盟跨境高等教育刍议》，《高校教育管理》2018年第12期。

江凌、任润蕾：《文明交流互鉴视角下中国（上海）自由贸易试验区高质量发展路径探析》，《经济与社会发展》2019年第4期。

姜晔、茹蕾、杨光、陈瑞剑：《"一带一路"倡议下中国与东盟农业投资合作特点与展望》，《世界农业》2019年第6期。

金德湘：《东盟十五年的回顾与展望》，《现代国际关系》1983年第4期。

金凤君、刘会远、陈卓、王姣娥、张正峰：《中国与东盟基础设施建设合作的前景与对策》，《世界地理研究》2018年第9期。

赖林冬：《"一带一路"背景下东盟孔子学院的发展与创新》，《南洋问题研究》2017年第3期。

雷小华：《中国—东盟命运共同体在抗疫中进一步升华》，《广西日报》2020年3月24日。

雷一祎、唐婵娟、夏国恩：《"互联网+"背景下中国—东盟高等教育合作机制研究》,《西部素质教育》2020年第6期。

李峰:《中国—东盟艺术文化交流活动的思想政治教育功能探析》,《广西社会科学》2017年第6期。

李红、彭慧丽:《区域经济一体化进程中的中国与东盟文化合作:发展、特点及前瞻》,《东南亚研究》2013年第1期。

李化树:《中国—东盟高等教育共同体:价值向度、社会挑战及行动设计》,《教育与教学研究》2020年第34期。

李靖:《中国与东南亚国家友好城市关系缔结现状分析》,《东南亚纵横》2017年第4期。

李铭:《中国—东盟在教育文化领域合作机制建设探究——基于"21世纪海上丝绸之路"研究视角》,《太原城市职业技术学院学报》2019年第7期。

李珊:《"一带一路"背景下创新中国—东盟职业教育交流合作的探索》,《广西青年干部学院学报》2019年第29期。

李婷:《促进广西开展中国—东盟技术转移服务平台的思考》,《大众科技》2014年第6期。

李小好、蔡幸:《中国—东盟股票市场一体化进程及其时变特征研究——基于DCC-GARCH模型》,《学术论坛》2019年第5期。

梁培林、蒋玉莲:《中国—东盟多元文化的博弈与共生》,《广西社会科学》2017年第7期。

梁儒谦、杨海光:《增强我国文化在东盟国家影响力的研究》,《文化学刊》2019年第10期。

刘雪梅:《"一带一路"背景下广西—东盟职业教育发展研究》,《职业技术教育》2017年第12期。

陆建人、蔡琦:《中国—东盟人文交流:成果、问题与建议》,《创新》2019年第3期。

吕玲丽:《中国与东盟农产品比较优势分析》,《中国农村经济》2004年第9期。

罗豪财:《弘扬中华优秀传统文化 增强民族认同感和凝聚力》,《中央社会主义学院学报》2007年第4期。

罗圣荣、李代霓:《东盟2018年回顾与2019年展望》,《东南亚纵横》

2019年第1期。

罗弦、阚阅：《中国—东盟高等教育合作政策的回顾与展望》，《重庆高教研究》2017年第5期。

马超、张青磊：《"一带一路"与中国—东盟旅游安全合作——基于亚洲新安全观的视角》，《云南社会科学》2016年第4期。

孟乔：《中国—东盟：25载，万象更新》，《国际工程与劳务》2016年第12期。

聂红隆：《中国与东盟贸易竞争性、互补性及贸易潜力研究》，《改革与开放》2019年第15期。

潘娜：《习近平关于文化建设的重要论述：逻辑理路与擘画路径》，《科学社会主义》（双月刊）2019年第3期。

彭跃刚、丁龙：《中国—东盟高等教育合作机制思考》，《教育文化论坛》2019年第3期。

钱秋蓉、朱耀顺：《中国—东盟高等教育国际合作必要性分析》，《黑河学刊》2017年第3期。

秦艺：《中国—东盟水果进出口市场现状调研》，《科技经济导刊》2019年第27期。

热依汗·卡德尔：《"一带一路"倡议中的文明互鉴与遗产共享——论维吾尔古典遗产与非物质文化遗产的文化桥梁作用》，《西北民族研究》2017年第8期。

荣静、杨川：《中国与东盟农产品贸易竞争和贸易互补实证分析》，《国际贸易问题》2006年第8期。

沈桂萍：《铸牢中华民族共同体意识是民族工作的核心理念》，《中央社会主义学院学报》2017年第6期。

宋朋宇：《浅析东盟与中国关系的历史演变》，《中国科技博览》2015年第14期。

孙林、李慧娥：《中国和东盟农产品贸易波动的实证分析》，《中国农村经济》2004年第7期。

孙林、倪卡卡：《东盟贸易便利化对中国农产品出口影响及国际比较——基于面板数据模型的实证分析》，《国际贸易问题》2013年第4期。

孙笑丹：《中国与东盟国家农产品出口结构比较》，《中国农村经济》2003

年第 7 期。

孙英、杨扬、田详茂:《人类社会进步:文明交流互鉴动力论》,《西北民族大学学报》(哲学社会科学版) 2019 年第 6 期。

唐拥军、杨波:《中国—东盟高等教育国际合作与交流的障碍与对策》,《东南亚纵横》2004 年第 10 期。

田圆:《中国—东盟航空运输自由化的影响分析及对策》,《港口经济》2015 年第 7 期。

万锦辉、苏浩、万莉:《浅析中国—东盟科技合作与技术转移信息服务平台服务能力的提升》,《大众科技》2019 年第 7 期。

王娟:《中国—东盟产业内贸易发展趋势的实证分析》,《东南亚纵横》2004 年第 6 期。

王勤:《中国的东盟区域经济研究评述》,《东南亚纵横》2012 年第 8 期。

王伟:《东盟经济共同体建设与发展评述》,《亚太经济》2015 年第 32 期。

王喜娟、朱艳艳:《中国—东盟高等教育合作特点及其发展空间》,《高教发展与评估》2019 年第 35 期。

王贤:《东盟国家高层次来华留学生教育发展研究》,《广西教育学院学报》2019 年第 4 期。

韦倩:《数说"中国—东盟教育交流周"十年成果》,《当代贵州》2017 年第 28 期。

魏民:《打造中国—东盟自贸区"升级版":问题与方向》,《国际问题研究》2015 年第 2 期。

温师燕:《东盟基础公共服务地区间差异及均等化路径探析》,《创新》2019 年第 3 期。

吴海江、徐伟轩:《论习近平文明交流互鉴观的时代内涵》,《社会主义研究》2019 年第 3 期。

吴建友:《文化融合是推动中国—东盟关系的重要基础》,《光明日报》2014 年 4 月 23 日。

吴士存、陈相秒:《中国—东盟南海合作回顾与展望:基于规则构建的考量》,《亚太安全与海洋研究》2019 年第 6 期。

吴寿平:《促进文化交流与合作提高开放型经济水平》,《南宁日报》2016

年6月7日。

谢娟娟、岳静:《贸易便利化对中国—东盟贸易影响的实证分析》,《世界经济研究》2011年第8期。

徐丽曼:《文明交流互鉴视域下中华文化认同初探》,《广西民族研究》2019年第4期。

徐明江、张新花、梁文杰:《中国与东盟国家医疗保障体系比较研究》,《医学与哲学（A）》2013年第34期。

徐善宝:《中国—东盟关系四十年发展的历程及其启示:共同利益的视角》,《东南亚研究》2007年第6期。

许涛:《文明交流互鉴对中外民间交往实践的指导意义———基于义乌民众与外籍商人社会交往的调查与思考》,《福建论坛》（人文社会科学版）2019年第10期。

杨进红:《中国—东盟教育交流研究综述》,《传播力研究》2018年第2期。

杨林伟、朱耀顺、李富娜:《30年来中国—东盟高等教育合作机制研究综述》,《昆明理工大学学报》（社会科学版）2019年第19期。

杨明洪:《丝路文明交流互鉴的重要平台》,《中国民族报》2019年6月16日。

殷一榕、刘华:《文明交流互鉴与全球治理》,《红旗文稿》2019年第7期。

尹绍亭:《谈新时期中华文化认同》,《云南社会科学》2018年第6期。

余卫国:《"文明互鉴论"的科学内涵、理论价值和实践意义》,《宁夏社会科学》2017年第6期。

俞吾金:《邓小平与中国当代文化范式的转变》,《复旦学报》（社会科学版）1993年第6期。

云建辉、朱耀顺、杨乐琦:《中国—东盟高等教育共同体建设探索》,《产业与科技论坛》2019年第8期。

云倩:《"一带一路"倡议下中国—东盟金融合作的路径探析》,《亚太经济》2019年第5期。

云倩:《中国—东盟科技合作现状及对策研究》,《经济与社会发展》2019年第3期。

曾雁：《东盟小语种人才服务于贸易现状调查报告——以广西区学生的抽样调查为例》，《企业科技与发展》2019年第5期。

翟青青：《中国—东盟旅游安全联动机制构建研究》，《合作经济与科技》2019年第15期。

詹小美、王仕民：《论民族文化认同的基础与条件》，《哲学研究》2011年第12期。

战伟：《"一带一路"与东盟的经贸合作及路径研究》，《智库时代》2018年第19期。

张凤林：《区域全面经济伙伴关系与中国区域经济一体化战略选择》，《经济纵横》2013年第12期。

张海燕：《中国东盟民族文化与消费心理研究》，《产业与科技论坛》2018年第17卷第12期。

张晶：《中国—东盟航空运输合作概况》，《中国民用航空》2009年第6期。

张鑫：《中国—东盟次区域跨境旅游一体化合作研究》，《华北理工大学学报》（社会科学版）2019年第19期。

张一帆：《中国—东盟教育合作现状分析与对策研究》2007年第9期。

章琳：《第11届中国—东盟文化论坛》，《湖南艺术职业学院学报》2016年第12期。

赵力涛、陈红升：《加强东亚共同体社会—文化支柱建设》，《东南亚纵横》2018年第6期。

赵雨霖、林光华：《中国与东盟10国双边农产品贸易流量与贸易潜力的分析》，《国际贸易问题》2008年第12期。

郑先武：《中国—东盟安全合作的综合化》，《现代国际关系》2012年第4期。

中国旅行社协会：《深化亚洲文明交流互鉴》，《中国社会组织》2019年第6期。

周曙东、胡冰川、崔奇峰：《中国—东盟自由贸易区的建立对区域农产品贸易的动态影响分析》，《管理世界》2006年第10期。

朱锦晟：《中国—东盟旅游产业竞争力演变探析》，《全国流通经济》2019

年第 27 期。

庄礼伟：《中国式"人文交流"能否有效实现"民心相通"?》，《东南亚研究》2017 年第 6 期。

左瑞瑞：《中国对东盟出口产品质量测度与事》，《南宁职业技术学院学报》2019 年第 24 期。

习近平：《在纪念孔子诞辰 2565 周年国际学术研讨会暨国际儒学联合会第五届会员大会开幕会上的讲话》，《人民日报》2014 年 9 月 25 日第 2 版。

习近平：《决胜全面建成小康社会 夺取新时代中国特色社会主义伟大胜利——在中国共产党第十九次全国代表大会上的报告》，《人民日报》2017 年 10 月 18 日第 1 版。

习近平：《深化文明交流互鉴 共建亚洲命运共同体——在亚洲文明对话大会开幕式上的主旨演讲》，《人民日报》2019 年 5 月 16 日第 1 版。

陈楠：《当代中国城市外交的理论与实践探索》，博士学位论文，华东师范大学，2018 年。

吴昕泽：《新世纪以来中国—东盟农业合作研究》，博士学位论文，北京外国语大学，2017 年。

徐丹丹：《交通基础设施互联互通对中国—东盟双边贸易的影响研究》，硕士学位论文，广西大学，2019 年。

张佳慧（MAY KYI LWIN）：《基于世界卫生组织的基本卫生原则：东盟国家和中国的卫生系统比较研究》，硕士学位论文，广西医科大学，2015 年。

张立国：《中国的亚洲新安全观及其实践》，硕士学位论文，兰州大学，2019 年。

东盟博览会官网：http：//www.caexpo.org/，2020 年 12 月 2 日。

南亚会官网：https：//www.csa-expo.com/NBGW2/gw/newsCenter，2020 年 12 月 31 日。

后　　记

　　文明因交流而多彩，因互鉴而丰富。任何一种文明，不论产生于哪个国家、哪个民族的社会土壤中，都是流动的、开放的，这是文明传承和发展的一条重要规律。夯实共建亚洲命运共同体、人类命运共同体的人文基础，离不开不同国家、不同民族、不同文化的交流互鉴。中国和东盟山水相连、血脉相亲，相似的地理环境赋予双方相近的生活习惯，孕育出了共通的文化审美；友好关系源远流长，双方友好交往交流日益深化，自建立对话关系以来，各领域合作成果丰硕，随着中国与东盟国家经贸往来的不断深化，双方文化交流合作在持续提质升级，持续不断地增进了文明互鉴，促进了民心相通。中国—东盟关系发展已成为亚太区域合作中最成功的典范。可以说，文明交流互鉴是实现中国—东盟各国人民美好生活向往的现实途径，为了各国民众与社会生活的更加美好，双方文明交流互鉴还需持有更广阔的胸怀和劲头，把文明交流互鉴作为精神指引和强大动力，携手各国共同面对风险与挑战，不断创新新时代文明交流互鉴发展新辉煌，按照习近平主席提出的"携手建设中国—东盟命运共同体"倡议，"要坚持讲信修睦、合作共赢、守望相助、心心相印、开放包容，使双方成为兴衰相伴、安危与共、同舟共济的好邻居、好朋友、好伙伴"[1]，推动人类社会文明繁荣与发展。

　　本书在写作与出版过程中得到了云南大学周边外交中心、"一带一路"研究院和云南大学创新团队建设的大力支持。云南大学民族学社会

---

[1]　习近平：《携手建设中国—东盟命运共同体——在印度尼西亚国会的演讲》，《人民日报》2013年10月4日第2版。

学学院硕士研究生郑伊然（第一章）、李忠骥（第二章、第三章）、黄旭东（第五章）、饶晋铭（第六章）、黄美璇（第七章）在文献资料搜集、数据统计分析、归纳整理与写作等方面做了大量富有成效的工作。中国社会科学出版社马明老师为本书的写作与修改提出了诸多有益的建设性意见，对于完善书稿写作、修订与出版给予了鼎力支持与全力帮助，还有所有为本书稿出版发行给予支持帮助的各位朋友，在此一并致以最诚挚的谢意，也衷心感谢广大读者对本书的厚爱。

晏月平

2022 年初春于云南大学